T. A. WILLIAMS

Ein Sommertraum in Rom

Weitere Titel des Autors

Ein Sommertraum in der Toskana

Über den Autor

T. A. Williams wurde in England geboren und schloss ein Studium der Modernen Sprachen an der Nottingham University ab. Er ist Autor mehrerer romantischer Beziehungskomödien mit mediterranem Kolorit und hat in der Schweiz, in Frankreich und Italien gelebt und gearbeitet. Gemeinsam mit seiner italienischen Ehefrau lebt er in Devon.

T. A. Williams

Ein Sommertraum in Rom

Roman

Aus dem Englischen von
Angela Koonen

lübbe

Dieser Titel ist auch als Hörbuch und E-Book erschienen

Die Bastei Lübbe AG verfolgt eine nachhaltige Buchproduktion. Wir verwenden Papiere aus nachhaltiger Forstwirtschaft und verzichten darauf, Bücher einzeln in Folie zu verpacken. Wir stellen unsere Bücher in Deutschland und Europa (EU) her und arbeiten mit den Druckereien kontinuierlich an einer positiven Ökobilanz.

FSC www.fsc.org MIX Papier aus verantwortungsvollen Quellen FSC® C014496

Vollständige Taschenbuchausgabe

Deutsche Erstausgabe

Titel der englischen Originalausgabe: »Dreaming of Rome«
Originalverlag: Canelo Digital Publishing Limited, London

Dieses Werk wurde vermittelt durch Johnson & Alcock Ltd., London
Titelillustration: © Sven Hansche/shutterstock; Andrii Marushchynets/shutterstock; Alekcey/shutterstock; Potapov Alexander/shutterstock; © Michael Bhaskar
unter Verwendung von Motiven von Shutterstock
Umschlaggestaltung: FAVORITBUERO, München
nach einer Vorlage von © Michael Bhaskar
unter Verwendung von Motiven von Shutterstock
Satz: hanseatenSatz-bremen, Bremen
Gesetzt aus der Adobe Garamond Pro
Druck und Verarbeitung: GGP Media GmbH, Pößneck
Printed in Germany
ISBN 978-3-404-18494-1

2 4 5 3 1

Sie finden uns im Internet unter
luebbe.de
Bitte beachten Sie auch: lesejury.de

Für Mariangela und Christina

Wie immer in Liebe

1

Die Szenerie war zauberhaft, und egal, wohin sie schaute, überall lag Liebe in der Luft.

Außer an ihrem Tisch.

Und das war ihr sehr recht.

Sie saßen unter einem Schirm an der Westseite der Piazza Navona im Zentrum von Rom. Sie trank Prosecco, er ein kaltes Bier. Die Sonne stand tief und schien nicht mehr auf den Platz, aber die Julihitze stieg noch vom Kopfsteinpflaster auf. Dem Obelisken in der Mitte des Vierströmebrunnens verliehen die letzten Strahlen eine rubinrote Spitze, und sein Schatten auf den Hauswänden gegenüber wurde stetig länger. In der Fußgängerzone waren scharenweise gut gelaunte Leute unterwegs, viele Touristen, die plauderten und lachten, aber auch viele Römer.

Ein Römer saß auch bei ihr am Tisch.

Die Unterhaltung zwischen ihnen blieb jedoch zäh. Im Auto auf dem Rückweg in die Innenstadt hatte er kaum ein Wort gesprochen, und Jo hatte ihn nicht vom Verkehr ablenken wollen, während er sich mit seinem Fiat durch die dichten, unübersichtlichen Autoschlangen fädelte, die für die Römer zum Alltag gehörten. Unzählige Male hatte sie unwillkürlich auf die imaginäre Bremse getreten, wenn er sich zuversichtlich auf die Nachbarspur drängte, oft eine von vier oder fünf, oder wenn er knapp dem Zusammenstoß mit einem der Busse entging, die sich raumgreifend voranschoben.

Nach und nach hatte sie sich entspannt, denn er wusste offenbar, was er tat. Trotzdem waren ihre Hände noch feucht gewesen, als sie in der Gasse ankamen, in der er wohnte und sogar eine Garage hatte, in der Innenstadt sicher eine Seltenheit.

Unterwegs hatte sie auch durch seinen Hund immer wieder Mut geschöpft, denn Labrador Daisy hatte schwanzwedelnd hinter ihr gestanden. Die Rückbank war umgeklappt, sodass die Hündin die schwarze Schnauze aus dem Seitenfenster strecken konnte, wenn sie etwas Beachtenswertes entdeckte – meistens einen Artgenossen. Einige Male hatte sie es für nötig gehalten, freundlich oder herausfordernd zu bellen, sodass Jo noch immer das rechte Ohr davon klingelte. Doch die selbstbewusste Art des großen Hundes hatte sie beruhigt, obwohl sie sich nicht hatte ausmalen wollen, was ein nach vorn geschleudertes sechzig bis siebzig Pfund schweres Tier anrichten würde, wenn Corrado ein Manöver falsch einschätzte und auf den Vordermann auffuhr.

Nachdem sie unbeschadet im Zentrum der Ewigen Stadt angekommen waren, durfte Daisy sich von den Ereignissen des Tages erholen und döste ausgestreckt auf dem warmen Pflaster, während die beiden Menschen am Tisch nach einem Gesprächsthema suchten. Corrado war so freundlich gewesen, Jo in die Stadt mitzunehmen, aber anscheinend hatte er das nur aus Höflichkeit getan. Trotzdem musste sie sich weiter Mühe geben, denn er war der Bruder des Mannes, den ihre Schwester heiraten würde, also ihr künftiger Schwippschwager.

»Es freut mich, dass alles so wunderbar gelaufen ist, Corrado. Das Mittagessen war fantastisch.«

»Das musste meine Mutter nicht allein zubereiten. Einer der Köche vom Restaurant ist rübergekommen. Sie haben das zusammen bewerkstelligt.«

Dass ihre Schwester in eine Familie einheiratete, der ein Hotel und ein Restaurant gehörten, hatte seine Vorteile. »Nun, sie haben ein tolles Essen gezaubert. Ich habe noch nie Zucchiniblüten mit Mozzarella und Sardellen gegessen. Es hat ausgezeichnet geschmeckt. Und das Hähnchen mit Paprikaschoten …«

»Du mochtest unser Pollo alla Romana? Das ist eine von Mutters Spezialitäten.«

»Es war köstlich.«

Die Unterhaltung kam wieder zum Erliegen, doch Jo machte das nichts aus. Sie lehnte sich zurück, streckte die Beine von sich, behutsam, um den schlafenden Hund nicht zu stören, und schwelgte in der Atmosphäre der römischen Altstadt. Nach der großen Hitze des Tages war es nun recht angenehm, und sie fühlte sich erfreulich gelöst. Es war anstrengend gewesen, sich mit den künftigen Verwandten ihrer Schwester auf Italienisch zu unterhalten, und deshalb war sie froh, jetzt mit Corrado Englisch sprechen zu können. Und er sprach es sogar fließend.

»Arbeitest du in London, Joanne?«

»Ja, und nenn mich Jo. Nur meine Eltern reden mich noch mit Joanne an.«

»Und was arbeitest du, Jo?«

»Bei einer Umweltstiftung.« Sie nannte den Namen, und sein Blick verriet, dass sie ihm ein Begriff war. Er hatte die Sonnenbrille abgesetzt, und da er sie gerade ansah, fiel ihr zum ersten Mal auf, dass seine tiefblauen Augen etwas Hypnotisches hatten.

»Macht dir der Job Spaß?«

»Das schon, doch mein Chef kann einem ziemlich auf die Nerven gehen.«

»Worin besteht deine Arbeit?«

»Ich schlage dem CEO und dem Vorstand vor, wofür wir unser Geld ausgeben sollten. Wie alle gemeinnützigen Stiftungen haben wir nur begrenzte Mittel, während die Aufgaben rund um den Globus unbegrenzt sind.«

»Das ist eine große Verantwortung für eine junge Frau.«

»So jung bin ich nun auch nicht. In ein paar Wochen werde ich dreißig.«

Das brachte ihn zum Lächeln und hellte sein Gesicht auf. »Jünger als ich.«

Als sein Blick wieder einmal über den Platz schweifte, musterte sie ihn unauffällig. Sie wusste bereits, dass er der ältere von zwei Brüdern war. Sein Bruder Mario war achtundzwanzig, genau wie ihre Schwester. Das war heute bei dem Mittagessen erwähnt worden, mit dem sie die Verlobung von Mario und Angie gefeiert hatten. Jo war aus England gekommen, um ihre Familie zu vertreten. Denn wegen der Hüftoperation ihres Vaters konnten ihre Eltern zurzeit nicht reisen. Seinem Äußeren nach mochte Corrado Anfang bis Mitte dreißig sein, also mindestens zwei, drei Jahre älter als sie.

Das Beunruhigende an ihm war, dass er umwerfend aussah.

Er war groß und hatte hellbraune Haare, für einen Römer ungewöhnlich. Allem Anschein nach ging er regelmäßig ins Fitnessstudio oder trainierte zu Hause, denn er hatte breite Schultern und muskulöse Unterarme. Das teure Polohemd saß wie angegossen an seinem gut modellierten Oberkörper. Sein Gesicht hatte eine leichte Sonnenbräune. Er war zweifellos ein wirklich attraktiver Mann, der auf dem Laufsteg oder der Kinoleinwand nicht deplatziert wirken würde.

Während sie hier saßen, fiel ihr immer wieder auf, dass ziemlich viele Passantinnen ihre Ansicht teilten. Einige lächelten ihn sogar an, obgleich er das nicht erwiderte. Jo beobachtete das entspannt und schmunzelte. Dass Corrado bloß ihr künftiger Schwippschwager war, passte ihr ausgezeichnet. Denn eins stand fest: Für einen Mann, der wie ein Hollywoodstar aussah, war sie nicht zu haben. Sie hatte ein für alle Mal genug von diesem Typ und wusste aus Erfahrung, dass auf solche Männer kein Verlass war.

Seit ihrer Trennung saß sie zum ersten Mal auf einen Drink allein mit einem Mann zusammen, seit nämlich Christian, *ihre* große Liebe, zu dem Schluss gekommen war, dass sie leider doch nicht *seine* große Liebe war. Das hatte er ihr vor fünf Monaten klargemacht, indem er sie an einem eisigen Morgen hatte sitzen lassen, um in das noch eisigere Island zu reisen und mit seiner Model-Kollegin Helga zusammen zu sein.

Der Rest des Winters und das Frühjahr waren für Jo hart gewesen. Sie hatte sich in die Arbeit gestürzt und versucht, Christian zu vergessen, aber mit geringem Erfolg. In der Stiftung lief es zu der Zeit gemischt. Sie wurde auf ihre jetzige Position befördert, doch dadurch hatte sie nun täglich mit dem jähzornigen CEO Ronald zu tun, und sie fand das Arbeiten mit ihm äußerst schwierig. Und zu allem Überfluss verfolgten sie, sobald sie mal zur Ruhe kam, die Gedanken an Christian und seine eins achtzig große Isländerin.

Nun befand Jo sich also zum ersten Mal seit Monaten in Gesellschaft eines attraktiven Mannes, stand aber nicht unter dem Druck, ihm zu gefallen. Er war höflich und aufmerksam, doch in seinem Benehmen deutete nichts darauf hin, dass er an ihr ein romantisches Interesse entwickeln könnte, und das war definitiv zu begrüßen.

Von seinem guten Aussehen einmal abgesehen, würde es, gelinde gesagt, »kompliziert« werden, wenn sie mit ihrem künftigen Schwippschwager etwas anfinge. Er trug keinen Ring und war allein zu der Familienfeier auf den Landsitz gekommen, aber sie fragte sich, ob es eine Frau in seinem Leben gab. Wenn ja, wünschte sie ihr Glück. Sich an solch einen Adonis zu hängen war nervenaufreibend und würde unausweichlich zu Liebeskummer führen.

»Und deine Eltern haben einen Bauernhof, Jo?«

»Es ist nur ein Kleinbetrieb in der Nähe von Woodstock.«

Wie immer räumte sie gleich ein naheliegendes Missverständnis aus. »Nicht das berühmte Woodstock in den USA, sondern das bei Oxford.«

»Ich kenne es. Ich bin oft im *Woodstock Arms* etwas trinken gegangen.« Da er ihren überraschten Blick sah, ging er ins Detail. »Ich habe in Oxford studiert und bin am Wochenende meistens zu dem Reiterhof am Rand von Woodstock gefahren und dort geritten.«

»Daher sprichst du also so gut Englisch. Was hast du studiert?«

»Chemie, am Trinity College. Ich bin Chemiker.« Zum ersten Mal wirkte er unsicher. »Entschuldige, das war eine überflüssige Bemerkung.«

Die Unterhaltung flaute schon wieder ab, und Jo sah, dass seine Blicke zwei hübschen jungen Frauen folgten, die Arm in Arm an ihrem Tisch vorbeigingen. Er starrte ihnen auf den Po, bis sie zwischen anderen Passanten verschwanden. Jo musste an sich halten, um ihn ihren Ärger nicht spüren zu lassen. Christian hatte auch immer das Interesse an ihr verloren, sobald eine attraktive Frau auf der Bildfläche erschienen war. Der Chemiker Corrado war anscheinend vom gleichen Schlag.

Resigniert trank sie einen großen Schluck Prosecco. Leider bekam sie die Hälfte davon in den falschen Hals und musste so stark husten, dass sogar der Hund aufstand, eine Pfote auf ihr Knie legte und sie verwirrt anschaute.

»Hast du dich verschluckt?«

Corrado schenkte ihr wieder seine Aufmerksamkeit, doch da ihr die Augen tränten und ihr Gesicht sicherlich rot angelaufen war, wäre es ihr lieber gewesen, er hätte weiter woandershin gesehen, und sei es auf den Po einer anderen Frau. Sie zog ein Taschentuch aus der Handtasche, wischte sich die Augen und schnäuzte sich. Schließlich drückte sie dem Labrador die Pfote, ehe sie antwortete.

»Ja, aber es geht schon wieder.« Sie schaute zu der Hündin hinunter. »Danke für dein Mitgefühl, Daisy. Jetzt kannst du weiterdösen.«

Als sich der Hund wieder hinlegte und einen schweren Seufzer von sich gab, lehnte sie sich verärgert zurück. Es war frustrierend. Christian brachte sie selbst jetzt noch durcheinander, und das erboste sie. Sie putzte sich noch einmal die Nase und verscheuchte die Gedanken an ihren Ex.

Corrado versuchte, das Gespräch wieder in Gang zu bringen. »Und was machst du in deiner Freizeit? Angie hat mir erzählt, dass du viel reitest, so wie sie.«

Jo schüttelte den Kopf. »Inzwischen kaum noch. Ich fahre nicht mehr so oft aufs Land, wie ich gern möchte. Ich habe zu viel zu tun, und übrigens konnte ich nie so gut reiten wie Angie.« In ihrem Glas war noch ein Schluck Prosecco übrig, an dem sie weiter nippte. »Wenn ich mal ein bisschen freie Zeit habe, beschäftige ich mich ehrlich gesagt mit Schmetterlingen. Das ist mein Hobby.«

»*Lepidoptera?* Sieh an. Und hast du schon eine große Sammlung?«

»Ich sammle sie nicht. Es würde mir im Traum nicht einfallen, einen zu töten. Ich finde sie schön und fotografiere sie massenweise, aber für Schmetterlingssammler habe ich kein Verständnis.« Sie hörte selbst, wie hart sie klang, doch das musste einfach mal gesagt werden. »Sammler mit Netzen und Fangglas, das ist total viktorianisch. Fangen, töten, aufspießen. Dabei denke ich an Männer mit Zwirbelbart und Frauen mit langen Röcken, die einen Fuß auf einen erlegten Tiger oder eine Giraffe stellen. Und da wundern sie sich, warum es heutzutage so viele gefährdete Arten gibt.«

Sie fing Corrados Blick auf und musste lächeln.

»Entschuldige. Ich wollte nicht verbittert klingen. Es ist nur so, dass ich kein Tier töten möchte, egal, ob es läuft, fliegt oder schwimmt, und ich verstehe nicht, wie das jemand fertigbringt, solange er es nicht zum Sattwerden braucht.«

»Jetzt ist mir klar, warum du im Umweltschutz arbeitest. Wir richten auf dem Planeten reichlich Schaden an, nicht wahr? Aber wegen der Schmetterlinge solltest du mehr Zeit draußen im *Country Club* bei Mario und Angie verbringen. Sie verwenden keinen Unkrautvernichter, und alles ist bio. Da gibt es alle möglichen Schmetterlinge. Wann fliegst du morgen zurück? Vielleicht kann ich dich noch mal hinbringen.«

Corrados Familie besaß ein großes Anwesen mit Restaurant, Hotel und Reitställen zwanzig Kilometer außerhalb von Rom, ein großes Unternehmen, und Mario hatte gerade die Geschäftsführung übernommen, da sein Vater sich allmählich zur Ruhe setzen wollte. Angie hatte im vergangenen Jahr dort den Stall geführt und sich in dieser Zeit in Mario verliebt. Soweit Jo wusste, arbeitete Corrado jedoch nicht im Familiengeschäft.

»Danke, das ist nett, doch mein Flug geht sehr früh. Das würde ich also nicht schaffen.«

»Tja, dann nächstes Mal.«

»Genau.«

Die Unterhaltung versiegte, und Jo sah auf die Uhr. Es war kurz nach neun. Sie würde am Morgen wirklich früh aufstehen müssen, um rechtzeitig am Flughafen zu sein. Deshalb beschloss sie, ziemlich bald zum Hotel zurückzukehren. Sie brauchte den Schlaf, denn die kommende Arbeitswoche würde anstrengend werden. Nach dem üppigen Festmahl, das man ihnen zu Mittag serviert hatte, konnte sie an Essen vorerst nicht denken. Deshalb würde das Abendbrot ausfallen. Kaum gedacht, kam Cor-

rado mit einem Vorschlag, als hätte er gemerkt, um was sich ihre Gedanken drehten.

»Wie wär's mit Abendessen, Jo? Hier ist es zwar ziemlich touristisch, aber das Essen ist sehr gut.«

Sie schüttelte den Kopf und wollte gerade erklären, dass sie keinen Bissen mehr hinunterbekäme, als sie von einer weiblichen Stimme unterbrochen wurde.

»Ciao, Corrado. Come stai, amore?«

Jo blickte auf. Die Sprecherin war sehr hübsch und in den Zwanzigern. Sie schlang die Arme um Corrados Schultern und schien ihm das Ohr anknabbern zu wollen. Er fing Jos Blick auf und besaß den Anstand, wenigstens ein bisschen verlegen zu gucken, bevor er die junge Frau von sich schob und antwortete.

»Ciao, bellissima.«

Jo lehnte sich zurück und hörte zu, während die beiden miteinander redeten. Dabei legten sie ein gehöriges Tempo vor, und sie verstand kaum etwas, obwohl sie Italienisch auf der Schule gelernt hatte und seit einigen Jahren einen Abendkurs besuchte. Nur so viel war klar: *»Bellissima«* bedankte sich bei Corrado für etwas, was vor ein paar Wochenenden passiert war, und fragte, wann das wiederholt werden könne. Zwar war Jo mit dem verwendeten Vokabular nicht vertraut, man brauchte aber auch nicht besonders qualifiziert zu sein, um zu verstehen, welcher Art jenes Ereignis gewesen war und was sie vorschlug.

Zu Jos Überraschung klang Corrado ausweichend, und seine Bekannte ging schließlich, ohne dass er sich mit ihr verabredet hatte. Nach ihrem Gesichtsausdruck zu urteilen, war sie nicht bloß ein bisschen verstimmt, und zum Abschied schoss sie Jo einen giftigen Blick zu. Wahrscheinlich hielt sie sie für seine neueste Eroberung.

»Entschuldige. Eine alte Freundin.«

Jo nickte, sagte aber nichts. Die Szene hatte in ihr unglückliche Erinnerungen hochgespült. Nach kurzem Schweigen versuchte sie ein letztes Mal, eine längere Unterhaltung anzustoßen.

»Und was für ein Chemiker bist du, Corrado? Wo arbeitest du?«

»In einem Vorort von Rom. Wir haben mit Labortests angefangen, von Schwangerschafts- und Allergietests bis zu Darmkrebstests. Nichts Besonderes, aber sehr wichtig. Zurzeit wenden wir uns allerhand neuen Arbeitsfeldern zu. Es wird dich vielleicht interessieren, woran wir seit Neuestem forschen: an Alternativen zu Plastik für Verpackungen, Trinkgefäße, Trinkhalme und andere Verbrauchsgegenstände.«

»Das ist tatsächlich interessant.«

Er lächelte. »Bei deiner Arbeit für den Umweltschutz stößt du sicher auf alle möglichen Probleme, die durch Plastik verursacht werden. Ich hoffe, dass wir in nächster Zukunft günstige, biologisch abbaubare Ersatzmaterialien haben werden. Einige gibt es bereits, doch es kommt darauf an, die Herstellungskosten zu senken, damit die Industrie nicht weiter zum herkömmlichen Plastik greift.«

»Das klingt großartig.« Und das tat es wirklich. Also arbeitete er in vieler Hinsicht an den gleichen Problemen wie sie. »Unser Hauptgebiet ist der Naturschutz, aber wir setzen uns ganz generell für die Rettung des Planeten ein, und Plastikmüll ist eine der schlimmsten Plagen der modernen Zeit. Ich würde irgendwann sehr gern mehr über deine Arbeit erfahren. Stehst du den ganzen Tag im Labor?«

»Schön wär's. Mir kommt es vor, als verbrächte ich die meiste Zeit in Konferenzen oder Seminaren oder, noch schlimmer, spräche mit Buchhaltern und Bankern. Die Chemie ist eigentlich meine Leidenschaft, das Unternehmerische kann einem auf den Geist gehen.«

Also war er vermutlich viel mehr als ein einfacher Laborchemiker. Sie nahm sich vor, Angie danach zu fragen. Nach einem weiteren Blick auf die Uhr trank sie ihren Prosecco aus.

»Es war sehr nett, dich kennenzulernen, Corrado, und vielen Dank, dass du mich in die Stadt mitgenommen hast. Ich gehe jetzt zum Hotel zurück, damit ich früh im Bett bin. Ich muss morgen um fünf Uhr aufstehen.«

»Du möchtest ganz sicher kein Abendessen? Nicht mal einen Salat oder eine andere Kleinigkeit?«

»Nein, danke. Ich bin noch vollkommen satt.«

»Dann lass mich dich wenigstens zum Hotel fahren.«

Sie schüttelte den Kopf. »Es ist absolut nicht nötig, dass du den Wagen wieder aus der Garage holst. Ich habe drüben am Platz einen Taxistand gesehen. Von dort bin ich im Nu zu Hause. Mein Hotel liegt an der Piazza Barberini, also ganz in der Nähe.« Er schien widersprechen zu wollen, aber sie stand auf und bedeutete ihm, sitzen zu bleiben. »Wirklich. Bleib ruhig hier und trink dein Bier aus. Außerdem ist Daisy wohl ziemlich erschöpft. Übrigens wollte ich dich schon längst fragen: Wieso hat dein Hund einen englischen Namen?«

Er lächelte. »Zu Ehren meiner alten Vermieterin in Oxford. Sie war genauso eine treue Freundin.«

Als er sich erhob, sprang der Labrador auf und wedelte mit dem Schwanz. »Lass dich von Daisy nicht täuschen. Sie hat eine unerschöpfliche Energie. Nein, ich fürchte, ich muss darauf bestehen, dich wenigstens zum Taxi zu begleiten, wenn schon nicht zum Hotel. Mario hat mir befohlen, auf dich achtzugeben, und versprochen ist versprochen. Deine Schwester würde mich umbringen, wenn dir etwas passiert.«

Er winkte der Kellnerin, die bemerkenswert schnell kam, und drückte ihr lächelnd einen Schein in die Hand, wobei er sie bat, das Wechselgeld zu behalten. Die junge Frau errötete und sah ihm lächelnd in die Augen. Wahrscheinlich weniger wegen des großzügigen Trinkgelds als vielmehr wegen des Kontakts mit seiner Hand, vermutete Jo.

Gemeinsam überquerten sie den Platz, der Hund trabte munter neben ihnen her, und Jo genoss es, ein paar Schritte zu gehen. Als sie am Brunnen vorbeikamen, schlug Corrado etwas anderes vor.

»Dein Hotel ist an der Piazza Barberini. Bis dorthin sind es nur zwanzig Minuten zu Fuß. Meine vierbeinige Freundin braucht heute noch etwas Bewegung. Falls du Lust auf einen Spaziergang hast, würde ich dir gern Gesellschaft leisten. Es ist ein schöner Abend.«

Da hatte er recht. Es war ein herrlicher Abend. Es dämmerte, und ringsherum wurden die Lampen eingeschaltet. Straßenhändler verkauften funkelnde Frisbeescheiben, die hochgeschleudert wie kleine Ufos durch die Luft sausten, und plötzlich wurde der Brunnen aus dem Becken angestrahlt, sodass das Wasser hell leuchtete und schimmerte. Peruanische Musiker in traditioneller Tracht stellten sich gerade mit ihren Instrumenten auf.

Jo hegte keinen Zweifel, dass ein Abend auf dem Platz wunderbar wäre, und kurz war sie versucht zu sagen, dass sie doch noch bleiben und seine Einladung zum Abendessen annehmen würde, doch die Vernunft gewann die Oberhand. Wenn sie heute Nacht nur ein paar Stunden Schlaf bekäme, würde sie die ganze nächste Woche müde sein. Trotzdem, dachte sie, einen kurzen Spaziergang durch die Innenstadt sollte sie sich nicht entgehen lassen, auch wenn sich elegante Absätze und Kopfsteinpflaster nicht vertrugen. Sie trug selten hohe Schuhe, hatte sich jedoch für die Verlobungsfeier chic angezogen und war auf dem unebenen Pflaster daher nicht so gut zu Fuß.

»Das ist eine großartige Idee, Corrado. Ich bin zum ersten

Mal in Rom und habe die Stadt bisher nur aus dem Auto gesehen.«

Er blieb stehen und sie ebenfalls. Die Hündin wartete ab, welche Richtung Corrado einschlagen würde. Nach ein paar Augenblicken kam er zu einem Entschluss.

»Schade, dass du nicht mehr Zeit hast! Sonst könnten wir am Kolosseum vorbeigehen. Das liegt zu weit abseits. Wir können aber einen Umweg über das Pantheon machen, und wenn du noch zehn Minuten mehr aufbringen kannst, zeige ich dir den Trevi-Brunnen. So siehst du wenigstens zwei bedeutende Sehenswürdigkeiten, und beide liegen praktisch auf dem Weg zu deinem Hotel.«

»Wunderbar. Danke.«

Er führte sie zur Ostseite der Piazza und in eine schmale Straße. Auf beiden Seiten erhoben sich jahrhundertealte strenge Palazzi mit schmiedeeisernen Gittern vor den unteren Fenstern. Man sah Fassaden in vielen Schattierungen von Rosa, Orange und Ockergelb, durch die Sonne verblasst. Die Menschenströme dünnten sich keineswegs aus, sodass sie nur langsam vorankamen. Jo störte das nicht im Geringsten. Sie genoss die Atmosphäre und nahm sich fest vor, sehr bald wieder nach Rom zu fliegen und viel mehr Zeit mitzubringen, um die Stadt ausgiebig zu besichtigen.

Nach wenigen Minuten gelangten sie auf einen anderen Platz, und sie sah sich der gewaltigen Fassade des Pantheons gegenüber. Dort stand ebenfalls ein großer Marmorbrunnen, und daneben entdeckte sie eine Kutsche mit einem gelangweilt wirkenden Pferd, während der Kutscher sich am Ende eines langen, heißen Tages ausruhte und eine Zigarette rauchte. Straßenlampen an den Häusern und Scheinwerfer am Pantheon beleuchteten die Szene.

Der Platz war voller Touristen, die meisten in kurzer Hose

und T-Shirt, obwohl die Sonne hinter den Horizont gesunken war und anstelle der Schwalben nun Fledermäuse am klaren Abendhimmel hin und her sausten. An einem Geschäft zeigte ein Digitalthermometer fast dreißig Grad an, und Jo war froh, dass sie ein luftiges Sommerkleid trug. Trotzdem war ihr noch heiß. Als sie stehen blieb und sich umschaute, hörte sie die Hündin neben sich hecheln. Unter dem glatten schwarzen Fell musste es für einen Labrador in Rom ziemlich unangenehm sein.

Ehrfürchtig bestaunte sie das imposante Bauwerk mit den gigantischen Säulen. Dass es vor fast zweitausend Jahren errichtet worden war und heute noch stand, war in gewisser Weise einschüchternd. Corrados Gedanken gingen offenbar in die gleiche Richtung.

»Soweit ich weiß, wurde es im zweiten Jahrhundert fertiggestellt, steht aber auf einem noch älteren römischen Tempel. Überleg mal: Als das gebaut wurde, war das antike Rom auf dem Höhepunkt seiner Macht und herrschte über einen Großteil der damals bekannten Welt.«

Jo war überrascht und erfreut, ihn auf einmal unbefangen und begeistert reden zu hören. Offenbar interessierte er sich für Geschichte, und die war ein naheliegendes Thema, über das sie sich gut unterhalten konnten. Während sie weitergingen, merkte sie, dass er viel über das alte Rom wusste.

Als sie um das Pantheon herumgingen, wies Corrado auf die traditionell schmale Form der verwendeten römischen Ziegelsteine hin. Viele waren schadhaft, aber ob diese Schäden durch Witterung, Tiere oder Schüsse verursacht worden waren, wussten sie beide nicht. Als sie sich an der Rückseite des Rundbaus nach links wandten, blieb die Hündin unerwartet stehen, sodass Jo über sie stolperte. Sie wäre gestürzt, wenn Corrado sie nicht am Arm abgefangen hätte. Beim Aufrichten stieß sie gegen seine Brust und blickte ihm in die Augen, in denen sich das Licht der Straßenlampen spiegelte.

»Alles okay, Jo? Das tut mir leid. Daisy hat die Angewohnheit, plötzlich dicht vor einem haltzumachen.«

Sein Gesicht war nur eine Handbreit von ihrem entfernt, und der Lampenschein betonte seine markanten Konturen. Während sie sich sammelte und einen Schritt zurückwich, wurde ihr erneut bewusst, dass sie sich in Gesellschaft eines sehr attraktiven Mannes befand. Und ihr war klar, was das bedeutete. Augenblicklich trat sie noch ein Stück zur Seite und schenkte ihm ein dankbares Lächeln.

»Entschuldige, Corrado. Hohe Absätze sind auf solchem Pflaster nicht ideal. Danke, dass du so schnell reagiert hast, sonst hätte ich mich auf die Nase gelegt.«

»Du kannst dich bei mir einhängen, wenn du möchtest.« Nach seinem Ton zu urteilen, wollte er nur hilfsbereit sein. Trotzdem lehnte sie ab.

»Danke, ich komme zurecht. Ich muss nur etwas aufmerksamer sein.«

Nachdem sie das Pantheon umrundet hatten, lenkte Corrado sie nach rechts in eine andere schmale Straße. Jo überraschte es nicht, dass die Souvenirläden um diese Uhrzeit noch geöffnet waren, denn die Cafés und Restaurants machten mit den vielen Tischen im Freien ein Bombengeschäft, und ringsherum herrschte ein fröhlicher Trubel. Zweifellos brachte der Tourismus in Rom das meiste Geld ein.

Sie schlängelten sich durch die Straßen, bis sie auf der überraschend kleinen Piazza auskamen, auf der der Trevi-Brunnen stand. Auch er war angestrahlt und von Touristen belagert. Corrado fasste sie am Ellbogen und lenkte sie durch die Menschenscharen an den niedrigen Brunnenrand. Sie spürte, dass die Leute von hinten drängelten, und war froh über seine stützende

Hand. Als sie dort stand und den Anblick in sich aufnahm, hörte sie dicht an ihrem Ohr seine Stimme.

»Halt deine Handtasche gut fest.«

Obwohl sie sie bereits unter den Arm geklemmt an sich drückte, befolgte sie seinen Rat und hielt sie zusätzlich mit beiden Händen fest. Ihre Hauptsorge galt jedoch dem Umstand, dass seine Lippen einen Moment lang ihr Ohr berührt hatten und das stimulierender wirkte, als ihr lieb war. Hätte sie nicht in dieser dichten Menschenmenge gestanden, hätte sie für ein wenig Abstand gesorgt, nur sicherheitshalber.

»Daisy, nein!«

Die Hündin hatte sich den ganzen Abend einwandfrei benommen und war ohne Leine dicht bei ihnen geblieben. Aber das Wasser war für sie offenbar unwiderstehlich. Corrado bückte sich hastig und packte Daisy beim Halsband, zog sie zurück und befahl ihr, sich zu setzen. Als sie gehorchte, wurde sein Ton milder.

»Tut mir leid, Daisy, leider darfst du nicht im Brunnen planschen. Ich weiß, dir ist heiß. Ich würde selbst gern hineinspringen, aber das ist verboten. In Ordnung? Siehst du den Streifenwagen da drüben? Man würde dich verhaften.«

Daisy blickte zu ihrem Herrn hoch, und fast sah es so aus, als nickte sie. Derweil brachte Jos Unterbewusstsein unerwartet ein Bild hervor, in dem Corrado in Badehose ins Wasser sprang. Nicht zum ersten Mal an diesem Abend wunderte sie sich über sich selbst und musste sich konzentrieren, um bei der Realität zu bleiben.

Der Brunnen bestand aus einer Felslandschaft, und aus dem Wasser stiegen mythologische Gestalten in all ihrer muskulösen Pracht, »Tritonen«, wie Corrado sagte, begleitet von Meerespferden. Über ihnen stand der Titan Oceanus, der Gott des Meeres, und blickte majestätisch auf sie herab, an seiner Seite zwei schöne Göttinnen. Das beleuchtete Wasser schimmerte helltürkis, und der Grund des Beckens lag voller Münzen. Was es damit auf sich hatte, erfuhr sie sogleich.

»Hier, nimm die.« Corrado drückte ihr ein Geldstück in die Hand. »Wenn du wirklich noch einmal nach Rom kommen möchtest, weißt du, was du zu tun hast.«

Jo zögerte nicht. Sie warf das Eurostück über die Schulter ins Wasser, drehte sich um und sah es gerade noch zum Grund sinken. Neben ihr setzte Daisy zum Sprung an, doch Corrado hatte das vorausgesehen und hielt sie am Halsband fest. Er sah Jo von der Seite an.

»Hast du dir etwas gewünscht?«

»Aber sicher.«

»Du glaubst also, dass du bald wieder herkommst?«

»Nichts wird mich davon abbringen.«

2

»Wow! Wer ist denn das, Jo?«

Victorias ungläubiger, neidischer Tonfall angesichts des Fotos brachte Jo zum Lächeln.

»Das ist Corrado, der Bruder meines zukünftigen Schwagers. Aber komm gar nicht erst auf Ideen. Ich habe nicht vor, mit einem Verwandten etwas anzufangen. Das Leben ist auch so schon kompliziert genug.«

Victoria zog auf dem Handydisplay das Foto mit den Fingerspitzen groß. Was sie sah, bestärkte sie in ihrer Meinung. »Wahnsinn, Jo! Der absolute Traumtyp! Der siehst noch umwerfender aus als Christian, und das will was heißen.«

»Tja, das findest nicht nur du. Als wir an der Piazza Navona saßen, hat ihm jede zweite Römerin schöne Augen gemacht.«

»Ah, Piazza Navona … ich habe Bilder gesehen. Ich muss wirklich mal den Trip nach Rom organisieren, den wir beide schon so lange vorhaben.«

Victoria und Jo kannten sich seit der Schule und hatten kaum Geheimnisse voreinander. Seit drei Jahren besuchten sie den Italienischkurs und waren im vergangenen Jahr zusammen nach Venedig geflogen. Als Nächstes stand Florenz oder Rom auf dem Plan, oder beides.

»Wenn alles gut geht und Angie und Mario nächstes Frühjahr heiraten, können wir sie besuchen und im Gästezimmer übernachten. Das hat sie schon gesagt.«

»Fantastisch. Ich kann es kaum erwarten. Doch noch mal kurz zurück zu Mr Traumtyp. Habt ihr beide …?«

Jo schüttelte energisch den Kopf und sah ihre Freundin missbilligend an. »Selbstverständlich nicht.«

»Aber er sieht wahnsinnig gut aus, Jo. Und außerdem spricht doch nichts gegen ein kleines Abenteuer zwischen euch beiden. Das ist nicht verboten oder unmoralisch oder etwas in der Art.«

»Das mag nicht verboten sein, Vic, trotzdem wird es nicht passieren. Wie gesagt, wir werden bald verschwägert sein, und wenn ich mich mit ihm einlasse und es geht schief, könnte das meiner Schwester Unannehmlichkeiten bringen.«

»Aber das ist nicht der einzige Grund, oder?« Victoria gab ihr keine Gelegenheit zu antworten. »Du willst es auch nicht, gerade weil er so gut aussieht.« Sie nahm einen ironischen Ton an. Sie kannte Jo viel zu gut.

»Da hast du wahrscheinlich recht. Ich habe genug von solchen Männern. Ich hätte auf meine Großmutter hören sollen. Sie hat mir geraten, nie mit schönen Männern auszugehen, sondern mir einen auszusuchen, der nur einen Hauch besser aussieht als der Leibhaftige. Je hässlicher, desto besser. Bei den Schönen ist das Risiko zu hoch.«

»Kam der Rat bevor oder nachdem du mit Christian zusammengezogen bist?«

Jo zog ein reuiges Gesicht. »Bevor. Ich habe das da noch für Blödsinn gehalten. Ich hätte auf sie hören sollen. Jetzt weiß ich, dass sie recht hatte.«

»Also hältst du jetzt nach einem Hässlichen Ausschau?« Victoria klang noch ironischer.

»Ich halte nach gar keinem Mann Ausschau, Vic. Ich komme gut allein zurecht.«

Victoria schnaubte. »Sei nicht albern. Du willst dich doch auch verlieben.«

»Das kenne ich schon, hab ich hinter mir, muss ich nicht noch mal haben. Vielen Dank. Liebe ist eine Illusion.« Jo hielt inne und korrigierte sich. »Liebe ist Selbsttäuschung. Du glaubst, was du empfindest, wäre Liebe, aber in Wirklichkeit sind das die Hormone oder Lust oder Gott weiß, was. Ich habe mich einmal getäuscht, und das soll mir nicht noch mal passieren.«

Victoria sah sie an und unterzog sie dem strengen Blick, den sie als Lehrerin so gut beherrschte. »Nur weil es zwischen dir und Christian nicht funktioniert hat, heißt das nicht, dass es dir mit einem anderen genauso ergeht.«

Jo schüttelte den Kopf. »Da liegst du falsch, weißt du? Ich dachte … nein, ich war überzeugt, dass Christian und ich uns lieben und dass es für immer ist. Ich habe mir etwas vorgemacht, und du siehst ja, wohin das geführt hat. Ich habe mich getäuscht, und den Fehler begehe ich kein zweites Mal. Liebe ist bloß eine Erfindung von Schriftstellern und Stückeschreibern, eine vorübergehende Trübung des Verstandes, bei der man die albernsten Dinge glaubt.«

»Du hast dir die Finger verbrannt, Jo. Trotzdem kann es beim nächsten Mal super funktionieren.«

»Es wird kein nächstes Mal geben, Vic. Glaub mir, ich weiß, was ich tue.«

Victoria trank den letzten Schluck aus ihrem Prosecco-Glas aus und stand auf. »Ich glaube dir, Jo. Aber du irrst dich. Noch mal dasselbe?« Ehe Jo antworten konnte, verschwand ihre Freundin schon zwischen den Leuten.

Seit ihrer Rückkehr nach London gab es eine gute Neuigkeit, und die hatte Jo ihr noch nicht erzählt: Sie dachte nicht mehr so oft an Christian. Die ärgerliche schlechte Neuigkeit war jedoch die, dass sie jetzt viel zu oft an ihren neuen Verwandten dachte. Das war so offenkundig das Gegenteil von dem, was sie für sich beschlossen hatte, dass sie sich nur wundern konnte. Ja, Corrado war hinreißend. Ihre Großmutter wäre entsetzt.

»Bitte sehr.« Victoria stellte ihr ein frisches Glas Prosecco hin. »Und ich habe eine Tüte Chips mitgebracht, um den Alkohol aufzusaugen.«

Jo nippte an ihrem Glas, überzeugt, dass Victoria das Thema noch nicht würde ruhen lassen. Sie sollte recht behalten.

»Und? Ist schon ein hässlicher Mann in Sicht?«

Jo grinste sie an. »Überhaupt keiner.« Sie schaute auf die Uhr. Der Vortrag im Naturhistorischen Museum würde in einer knappen halben Stunde anfangen. »Was machst du am Wochenende? Hast du Lust, nach Woodstock mitzukommen? Ich möchte meine Eltern besuchen. Wir könnten mal zusammen reiten.«

Victoria verzog das Gesicht und schüttelte sich. »Nettes Angebot, aber nein danke. Pferde sind groß, haben Zähne, stinken und hinterlassen überall ihre riesigen Äpfel. Dir macht das nichts aus, du bist schon als Kleinkind geritten und hast eine Schwester, die olympische Springreiterin ist. Ich dagegen bin mehr für Katzen. Die braucht man nicht zu reiten.«

»Ich kann Pferde jeden Tag um mich haben. Und Hunde.« Jo lächelte. »Und Schmetterlinge.«

»Du und deine Schmetterlinge! Man könnte dich glatt für einen Nerd halten. Du ziehst mit deinem Notizbuch durch die Gegend und hakst ab, welche du gesehen hast, und findest das toll. Dabei sammelst du sie nicht mal.«

Jo wollte gerade ihre gewohnte Kritik an Schmetterlingssammlern vom Stapel lassen, als ihr einfiel, bei welcher Gelegenheit sie das kürzlich getan hatte. Wie ärgerlich, dass sie schon wieder an Corrado dachte! Kopfschüttelnd verscheuchte sie sein Bild.

»Wie auch immer, ich muss jetzt los. Gleich fängt der Vortrag über die gefährdeten Schmetterlingsarten Europas an, und den will ich nicht verpassen. Möchtest du vielleicht mitkommen? Das könnte auch für dich interessant sein.«

Victoria grinste. »Dazu müsste ich viel mehr Prosecco intus

haben. Nein, geh du nur und hab einen schönen Abend. Ich habe zu Hause noch einen Berg Wäsche zu bügeln, und den finde ich mit Sicherheit interessanter als deine Helicoptera.«

»*Lepidoptera*, Vic.« Jo grinste und leerte ihr Glas, während sie aufstand. »Viel Spaß beim Bügeln. Du weißt nicht, was dir entgeht.«

Ihre Freundin grinste zurück. »Doch, das weiß ich, Jo. Das weiß ich genau.« Sie stand ebenfalls auf und wurde ernst. »Ich könnte schon mal nach Flügen und Hotels für unsere Rom-Reise schauen. Wie wär's damit?«

Jo nickte. Die Idee, diesen Sommer Rom noch mal wiederzusehen, gefiel ihr gut. Doch dabei kam ihr nicht das Pantheon vor Augen, sondern ein gewisser Römer mit tiefblauen Augen.

Zwei Tage später rief ihr Chef sie um neun Uhr abends zu Hause an. Das hatte er sich angewöhnt, und allmählich ging ihr das auf die Nerven. Er gehörte zu den Leuten, die spät aufstanden, um zehn zur Arbeit erschienen, gegen Mittag munter wurden und am Nachmittag auf Hochtouren liefen. Der Gedanke, dass seine Mitarbeiter ein Leben außerhalb der Arbeit haben könnten, schien ihm völlig fremd zu sein. Natürlich passierte in ihrem Privatleben nicht mehr viel, seit Christian gegangen war. Ärgerlich war das Verhalten trotzdem.

»Ronald, hallo, was kann ich für Sie tun?« Sie knickte die Ecke der Buchseite nach innen, um sie wiederzufinden, und lehnte sich zurück, weil sie auf ein längeres Gespräch gefasst war – oder vielmehr auf einen Monolog seinerseits.

»Jo, ausgezeichnet. Hören Sie, ich habe nachgedacht. Erzählen Sie mir etwas über Seepferdchen, ja?«

Sie war klug genug, sich nicht überrascht zu zeigen. Ein paar Abende zuvor hatte er bei seinem Anruf als Erstes gefragt, wie man einen Seelöwen von einem Walross unterscheiden könne. Während die meisten Leute das im Internet recherchierten, griff er zum Telefon und rief jemanden an, neuerdings immer häufiger Jo. Sie unterdrückte einen frustrierten Seufzer und gab ihm Auskunft.

»Seepferdchen gehören zur Gattung Hippocampus. Das Hauptmerkmal ist, dass das Weibchen seine Eier in der Bauchtasche des Männchens ablegt und dieses die Jungen austrägt.« Sie beschloss, eine witzige Bemerkung zu riskieren. »Bin mir nicht sicher, ob das bei Menschen sehr beliebt wäre.«

»Menschen …? Oh, ja, natürlich.« Humor war nicht seine Stärke. »Wie auch immer, sind sie eine bedrohte Tierart?«

»Ronald, alle Meerestiere sind inzwischen bedroht.«

»Ausgezeichnet.«

Für den Vorsitzenden einer Stiftung, die sich dem Schutz der Natur widmete, insbesondere dem der Meere, war das eine überraschende Reaktion, doch Jo kommentierte das nicht. Worauf er hinauswollte, wurde rasch klar.

»Gibt es bei den Seychellen Seepferdchen?«

»Auf jeden Fall. Im gesamten Indischen Ozean, hauptsächlich in flachen Gewässern.«

»Ausgezeichnet.«

Jo ahnte allmählich, worauf das hinauslief.

»Denken Sie vielleicht an eine Reise? Eine Forschungsreise?« Es wäre nicht das erste Mal, dass er das »Geschäft«, wie er es nannte, mit einem Urlaub an der Sonne verband.

»Das überlege ich gerade. Ich habe ein Buch über die Inseln im Regal liegen. Augenblick, ich hole es mal schnell.«

Sie hörte ihn aufstehen, dann ein metallisches Knacken, als stiege er eine Leiter hoch, und kurz darauf einen Aufschrei, dumpfes Poltern und Jaulen. Sie drückte sich das Telefon fester ans Ohr.

»Ronald? Ronald, alles in Ordnung?«

Es dauerte ein, zwei Minuten, bis eine zweite Stimme laut wurde. Es war die von Ronalds Frau Deirdre. »Hallo, sind Sie das, Joanne? Ich fürchte, Ronald ist gestürzt. Ich sollte jetzt einen Arzt rufen.« Und damit legte sie auf.

Am nächsten Morgen im Büro erfuhr Jo den ganzen Sachverhalt von Melissa, Ronalds Assistentin.

»Ronald liegt im Krankenhaus. Deirdre hat gerade Bescheid gesagt. Anscheinend hat er sich das Bein gebrochen. Ein komplizierter Bruch. Er wird eine Weile im Streckverband liegen müssen. Die Ärzte sagen, dass er vier bis sechs Wochen außer Gefecht ist.«

Vier bis sechs Wochen ohne Ronald, das ist wie Urlaub. Das war Jos erster Gedanke, doch sie wahrte einen mitfühlenden Ton. »Der Ärmste. Haben Sie mit ihm gesprochen?«

»Ja. Gerade eben.« Sie grinste Jo an. »Er ist nicht glücklich darüber, wie Sie sich denken können.«

»Soll ich etwas für ihn übernehmen, solange er weg ist?« Es gehörte zu ihren Pflichten, ihn zu vertreten, aber bislang hatte sie nur Aufgaben übernehmen müssen, die er selbst nicht erledigen wollte. Reisen nach New York zur UNO oder zu Empfängen in Brüssel waren nie darunter gewesen.

In den vergangenen Monaten hatte sie bei einem Abfallverwertungsseminar in East London seinen Platz eingenommen, außerdem bei einem Wochenende im belgischen Kohlerevier, um stillgelegte Bergwerke zu besichtigen, und bei einer zweitägigen Schlesien-Reise, bei der es um Luftverschmutzung gegangen war. Ob sie nun die Reise zu den Seychellen antreten würde? Nein, das bezweifelte sie. Trotzdem drückte sie sich die Daumen, dass sein Unfall ihr etwas Aufregendes einbrachte, auch wenn sie sich eher dagegen sträuben würde, auf einem Podium vor Leuten zu sprechen.

»Ja, dies und das. Falls Sie heute Abend Zeit haben, würden Sie an der Cocktailparty in der Französischen Botschaft teilnehmen? Da geht es darum, den Zustand der Meere ins Bewusstsein zu bringen. Sie brauchen nichts zu tun, außer sich sehen zu lassen.«

Jo hatte sich einen ruhigen Abend machen wollen, aber auf ein Glas Wein in der Botschaft zu erscheinen, fand sie ziemlich reizvoll.

»Das kann ich übernehmen. Welche Uhrzeit?«

»Von sechs bis acht. Die Reden werden gegen sieben anfangen. Sie brauchen also erst kurz vorher dort zu sein und können gleich danach wieder gehen.«

»Schön, das werde ich tun.«

»Großartig. Ich werde die Botschaft über die Änderung informieren. Die sind, was die Sicherheit angeht, zurzeit enorm streng, aus offensichtlichen Gründen.«

Jo nickte geistesabwesend. »Noch etwas, wo ich Ronald vertreten soll?«

»Ja, tatsächlich. Er fragt, ob Sie Ende des Monats bei der »Save the Planet«-Tagung für ihn einspringen können. Sie findet in Rom statt.«

»Rom?« Jo durchlief ein Prickeln. »Sehr gern, Mel.«

Melissa wirkte erleichtert. »Wunderbar. Und Sie können das ganz sicher so kurzfristig einrichten? Sie beginnt Montag in einer Woche und dauert fünf Tage.« Sie sah Jo fragend an. »Sie müssen deswegen niemandem absagen?«

Jo schüttelte den Kopf. »Nein. Ich bin derzeit frei und ungebunden.«

»Ach, das tut mir leid. Hat es mit Ihrem Freund nicht funktioniert? Bei der Weihnachtsfeier haben Sie zusammen wahnsinnig gut ausgesehen. Ich dachte, das ist was Ernstes.«

»Ich auch, Mel.« Jo versuchte vergeblich, nicht bitter zu

klingen. »Im Februar sind wir auseinandergegangen. Also bin ich jetzt Single, doch ganz zufrieden. Was habe ich bei der Tagung zu tun?«

»Nur da sein und seinen Vortrag halten. Es geht darin um radikale Vorschläge zur Abschaffung von Plastikmüll bis 2030.« Als Melissa Jos besorgtes Gesicht sah, beruhigte sie sie rasch. »Keine Sorge. Sie müssen nicht im großen Saal vor sämtlichen Tagungsteilnehmern sprechen, sondern nur in einem Vortragsraum. Genauer gesagt ist es eine PowerPoint-Präsentation, und sie ist vollständig ausgearbeitet. Sie brauchen nur Ronalds Text abzulesen und die DVD laufen zu lassen. Ich soll Ihnen sagen, dass die Vorträge im Nebenprogramm oft nur eine Handvoll Leute anziehen.«

Jo nickte. Tatsächlich kannte sie den Vortrag auswendig, denn sie hatte ihn geschrieben und auch die Präsentationsfolien vorbereitet. Es war eine von Ronalds weniger liebenswerten Eigenschaften, dass er die brillanten Ideen von Mitarbeitern ein, zwei Monate später unter seinem Namen in Fachzeitschriften veröffentlichte. Die Vorstellung, vor einem Haufen Akademiker zu reden, unter denen einige bekannte Namen sein dürften, erschreckte sie zwar, aber es würde ein gutes Gefühl sein, ihr geistiges Eigentum selbst zu präsentieren. Und außerdem sagte sie sich, dass der Vortrag ein geringer Preis war, wenn sie dafür kostenlos nach Rom reisen konnte.

Ihr kam eine Idee. Es wäre gut, bei der Präsentation etwas über die neueste Forschung zu Plastikersatz einfließen zu lassen, die das Problem an der Wurzel packte. Und die fachkundige Person in dieser Frage war natürlich Corrado. Und wenn sie nach Rom reiste, würde sie sich mit ihm treffen und sich auf den allerneuesten Stand bringen lassen. Das war eine sehr verlockende Aussicht.

Ärgerlicherweise fragte ihr Unterbewusstsein sofort, ob ihr

Interesse an dem Treffen mit dem gut aussehenden Chemiker rein beruflicher Natur war, aber sie verbannte derlei Gedanken sofort aus ihrem Kopf. Er war der passende Experte, und das genügte. Es war sinnvoll, sich an ihn zu wenden. Ihr Unterbewusstsein überzeugte das nicht.

»Der Vortrag wird sicher gut ankommen, Mel. Geben Sie ihn mir möglichst bald, damit ich vor der Abreise noch alles durchgehen kann.«

Schon so bald wieder nach Rom – das war fantastisch! Als sie in ihrem Büro den PC einschaltete, fiel ihr Blick auf die Nahaufnahme eines violetten, weiß gefleckten Schmetterlings. Darunter stand: *Großer Schillerfalter, Apatura iris.* Der Dozent im Britischen Museum hatte beklagt, wie selten diese Art in Großbritannien mittlerweile war. Er hatte jedoch erwähnt, dass sie auch in Italien anzutreffen sei. Jo schaute lächelnd auf den Vortragsflyer. Vielleicht hatte sie ja Glück …

Am späten Nachmittag eilte sie nach Hause, duschte und zog sich für den Botschaftsempfang um. Laut Melissa sollte man sich für Veranstaltungen in der Französischen Botschaft schicker kleiden, und deshalb wählte sie das neuere ihrer beiden schicken Kleider. Es war eine Spur zu kurz, aber im Schnitt recht konservativ, und das helle Blau passte zu ihren Augen. Dazu zog sie Pumps mit hohen Absätzen an. Sie betrachtete sich prüfend im Spiegel und fand sich präsentabel. Bevor sie ging, rief sie ihre Schwester in Italien an und erzählte ihr die aufregende Neuigkeit.

Angie klang erfreut. »Das ist wunderbar, Jo. Versuch doch, ein, zwei Tage eher zu kommen, damit du schon das Wochenende bei uns verbringen kannst. Wenn du willst, kannst du bei uns im *Country Club* übernachten. Mario oder ich holen dich dann vom Flughafen ab.«

»Danke, Angie, doch für meine Unterbringung ist schon gesorgt. Ab Samstag bin ich in einem Hotel im Zentrum untergebracht.«

»Na gut, wir holen dich jedenfalls ab und nehmen dich später mit zu uns zum Abendessen, und am Sonntag können wir beide durch Rom bummeln. Was hältst du davon?«

»Klingt großartig. Die Piazza Navona und den Trevi-Brunnen habe ich schon mit Corrado gesehen.« Jetzt fragte sie sich, ob sie ihn tatsächlich wiedersehen oder ob er jeden Abend mit einer anderen verabredet sein würde. Wie immer, wenn sie an ihn dachte, ärgerte sie sich über sich selbst und beschloss, seinen Namen gar nicht erst ins Spiel zu bringen. Überraschenderweise tat das jedoch ihre Schwester.

»Er sagt, ihr habt euch gut verstanden. Er ist genau dein Typ, oder?«

»Mein Typ?«

»Anscheinend suchst du dir immer wahnsinnig gut aussehende Männer aus. Wie dein Model Christian zum Beispiel.«

Jo spürte, dass sie rot wurde, und beeilte sich, sie von der Meinung abzubringen.

»Nicht mehr, Angie. Von solchen Männern habe ich die Nase voll. Eigentlich generell von Männern, zumindest fürs Erste. Der ganze Ärger lohnt sich nicht.«

Dann sagte Angie etwas Unerwartetes. »Das ist wahrscheinlich gut so. Ich wollte dich sowieso vor Corrado warnen. Nur für alle Fälle. Aber wenn du gar nicht interessiert bist, umso besser.«

»Wieso warnen?«

»Ach, na ja … das ist ein bisschen kompliziert. Das erzähle ich dir, wenn du da bist.«

Nachdem Jo aufgelegt hatte, stand sie ein paar Minuten lang da und dachte über das Gehörte nach. Was für eine Enthüllung stand ihr da bevor? Schließlich schnaubte sie und verließ die Wohnung. Sie schloss gerade hinter sich ab, als Kevin aus Wohnung drei seine Tür öffnete und den Kopf herausstreckte, wie immer frech grinsend.

»'n Abend, Schätzchen. Du siehst hinreißend aus. Kommt dich dein Traumprinz mit seiner gläsernen Kutsche abholen?«

»Hi, Kevin. Hab lieber selbst ein spannendes Leben, anstatt dich in das deiner Nachbarn reinzusteigern.« Jo grinste ihn ebenfalls an. Sie hatte sich in den vergangenen zwei Jahren mit ihm und seinem Partner Justin angefreundet. »Und es gibt keinen Traumprinzen. Das solltest du inzwischen wissen.«

»Was hast du denn vor, dass du so aufgebrezelt bist? Einen Besuch bei der Queen vielleicht?«

»Ich fahre zu einer Cocktailparty in der Französischen Botschaft.«

»Interessant … Wer weiß? Vielleicht lernst du da jemanden kennen. Bestimmt einen attraktiven Franzosen. Hast du auch was Schickes darunter an? Für den Fall, dass du flachgelegt wirst?«

»Nichts, was sich mit deiner Unterwäsche messen könnte. Und ich habe nicht die Absicht, mich *flachlegen* zu lassen, vielen Dank. Jetzt geh weiter stricken, damit ich von hier wegkomme.«

»Tu nichts, was ich nicht auch tun würde.« Er zögerte und wurde ernst. »Und du siehst wirklich umwerfend aus, weißt du?«

»Du bist Balsam für mein Selbstbewusstsein. Danke, Kevin.«

»Schönen Abend, Prinzessin. Und pass gut auf deine Glaspantoffeln auf.«

In der Botschaft waren überraschend viele Gäste geladen. Wie verlangt traf Jo weit vor sieben Uhr dort ein und fand den großen Festsaal schon gut gefüllt. Sie wollte lieber nicht spekulieren, ob die Leute aus Sorge um die Verschmutzung der Meere gekommen waren oder weil die Botschaft für ihren exzellenten Champagner und die erlesenen Kanapees berühmt war. Sie entdeckte einige Gesichter, die sie schon von anderen Tier- und Umweltschutzevents kannte, aber die meisten Leute sah sie zum ersten Mal.

Gemäß ihren Instruktionen nahm sie ein Glas Champagner vom Tablett eines umhergehenden Kellners und fing an, »sich sehen zu lassen«.

Sie schlenderte stetig durch den Saal, nippte an ihrem Glas und erwiderte jedes Lächeln. Das Namensschild an ihrer Brust sorgte hoffentlich dafür, dass ihre Anwesenheit bemerkt wurde. Ab und zu blieb sie stehen und unterhielt sich mit jemandem, insgesamt mit einer Handvoll Leute, darunter auch mit einem sehr großen, freundlichen Amerikaner mit Pferdeschwanz.

Er trug kein Namensschild, stellte sich aber als Ricky vor und sah kaum älter aus als sie. Wie sich herausstellte, war er der Hauptredner des Abends. Er erwies sich als interessanter Gesprächspartner, und sie verstand sich gut mit ihm. Sie fragte sich, ob er vielleicht auch bei der Tagung in Rom sein würde, konnte ihn jedoch nicht mehr darauf ansprechen, da er in dem Moment zum Podium geholt wurde.

Sie war gerade am anderen Ende des Saales angelangt, als das Mikrofon angetippt wurde und die Gespräche verstummten. Ein Mann mittleren Alters mit glänzenden schwarzen Haaren, die verdächtig nach einem Toupet aussahen, trat ans Rednerpult und hieß die Gäste auf Französisch willkommen. Nach einem höflichen Applaus wechselte er ins Englische, um die Begrüßung zu wiederholen. Schließlich kündigte er den Gastredner an, Professor Richard Paris von der University of California in Los Angeles.

Ricky sprach über die Anstrengungen, die zurzeit unternommen wurden, um den Pazifischen Müllteppich zu beseitigen, eine grauenerregende Insel aus Plastikabfällen von der Größe Texas', die mitten im Nordpazifik schwamm. Für Jo war das nicht neu. Den Vortrag fand sie trotzdem interessant, genau wie den Redner.

Währenddessen hatte sich ein Mann neben sie gestellt, der immer wieder ihren nackten Oberarm streifte, und es kam ihr vor, als täte er das absichtlich. An ihrer anderen Seite stand eine ältere Dame mit Gehstock, sodass Jo der Berührung nicht ohne Weiteres ausweichen konnte. Sie musste weiter lächeln und es ertragen. Der Mann war groß und trug einen dunkelblauen Anzug. Sein Gesicht konnte sie nicht sehen. Dazu hätte sie sich auffällig nach vorn beugen und zu ihm hochschauen müssen. Als die Rede zu Ende war, wandte er sich ihr zu.

Sie fand ihn spontan sympathisch. Victoria hätte sofort erkannt, woran das lag. Man konnte ihn beim besten Willen nicht als attraktiv bezeichnen. Er war zwar nicht hässlich, würde jedoch so schnell kein Cover der *Männer Vogue* zieren. Seine dunklen Haare lichteten sich bereits, und seine Nase stand leicht schief, so als hätte er mal einen kräftigen Faustschlag abbekommen. Auch sein Mund war nicht gerade, aber er lächelte sie an, und sie erwiderte das Lächeln. Ermutigt durch ihre Reaktion neigte er sich zu ihr.

»Guten Abend. Sind Sie Akademiker, Finanzier oder Schnorrer?« Seine Art zu sprechen legte nahe, dass er seine Jugend in einer teuren Privatschule verbracht hatte.

»Wenn ich nur eins ankreuzen darf, dann Akademiker. Ich habe einen Abschluss in Zoologie und einen Doktor in Naturschutzbiologie. Aber ich tendiere noch zu einer zweiten Kategorie.« Sie deutete auf ihr Namensschild, auf dem auch der Name ihrer Stiftung stand, und er beugte sich herunter, um es zu lesen. Oder um ihre linke Brust zu betrachten. Da sie merkte, dass die alte Dame sich entfernt hatte, wich sie einen Schritt zurück. Dabei richtete er sich auf, vermutlich weil er begriff, dass seine Inspektion ein bisschen zu aufdringlich war.

»Verstehe. Also helfen Sie, den Planeten zu retten, Joanne.«

»Davon gehe ich aus.« Da er kein Namensschild trug, musste sie fragen. »Und Sie? In welcher Eigenschaft sind Sie hier?«

»Wenn ich nur eins wählen kann, würde ich mich als Finanzier bezeichnen, aber mit einem großen Anteil Schnorrer. Apropos, Ihr Glas ist leer. Darf ich uns noch zwei Gläser von dem schönen Champagner besorgen?«

In diesem Moment erschien neben ihnen eine Kellnerin mit einem Tablett. Geübt stellte er sein leeres Glas darauf ab und nahm sich zwei volle.

»Wenn Sie den Schampus nicht wollen, trinke ich auch gern beide. Doch es wäre nett, wenn Sie sich mir anschließen.«

Jo stellte ihr leeres Glas ab und nahm ein volles von ihm entgegen. Sie merkte, dass sie immer noch lächelte. Er machte den Eindruck, als könnte man mit ihm unbeschwert Spaß haben, und das Wunderbare war, dass sie zur Abwechslung mal von einem ganz alltäglich aussehenden Mann angegraben wurde.

»Und Ihr Name, Mister Schnorrer?«

»Markus. Markus Finchley. Sehr erfreut, Sie kennenzulernen, Joanne.«

»Jo. Alle nennen mich Jo.« Sie schüttelte ihm die Hand.

»Nun, Jo, wie stehen meine Chancen, Sie zum Essen einzuladen, wenn der Schwof hier vorbei ist?«

Sie trank einen Schluck und überlegte. Er schien ein ganz anständiger Kerl zu sein. Auf jeden Fall hatte er keine Ähnlichkeit mit Christian. Auch nicht mit Corrado. »Was schwebt Ihnen vor, Markus?«

»Draußen wartet mein Chauffeur. Sie entscheiden. Für so eine überdurchschnittlich schöne Frau sollte ich ein Flugzeug herbeordern und uns nach Deauville bringen lassen, damit wir im *Les Vapeurs* Austern und Hummer essen können.«

Jo hielt das für einen Scherz. Davon abgesehen hatte sie nur eine vage Ahnung, wo Deauville lag, und sie hatte noch nie vom *Les Vapeurs* gehört, aber sie wusste genau, dass sie nicht mit ihm in ein Auto steigen würde, geschweige denn in ein Flugzeug. Dazu müsste sie ihn erst viel besser kennenlernen. Ja, er schien in Ordnung zu sein, aber der Schein konnte trügen. Das hatte sie am eigenen Leib erfahren. Sie blieb bei dem heiteren Ton, der sich zwischen ihnen ergeben hatte.

»Schämen Sie sich, Markus. Denken Sie an Ihren CO_2-Fußabdruck. *Aber* wenn Sie mich wirklich einladen wollen, Knightsbridge ist voll von Restaurants, und sicher gibt es darunter auch einige französische, die man bequem zu Fuß erreichen kann.«

Er griff in die Jacketttasche und zog ein Handy hervor, führte ein kurzes, leises Telefonat und steckte es wieder weg. »Ausgezeichnete Idee. Einer meiner Leute reserviert uns einen Tisch.«

3

»Buonasera, Joanna.«

»Buonasera, Vittoria.«

Jo war zu spät zum Italienischkurs gekommen, und deshalb hatten sie vorher keine Zeit gehabt, die Neuigkeiten auszutauschen, die sich seit ihrem Treffen am Montag ergeben hatten. Da der Unterricht nun vorbei war, verließen sie den Klassenraum. *»Vuoi un Prosecco?«*

»Sì, grazie.«

Sie gingen nach draußen und hinüber zu dem Pub, in dem sie nach den beiden Italienischstunden donnerstagsabends meist noch etwas trinken gingen. Victoria hatte schon immer gern Sprachen gelernt. Jos Großvater war Italiener gewesen, und deshalb hatte ihre Mutter darauf bestanden, dass ihre beiden Töchter neben all ihren Leistungskursen Italienisch lernten, sosehr sich die Mädchen auch gesträubt hatten. An diesem Abend beschlossen Jo und Victoria einvernehmlich, zu ihrer Muttersprache zurückzukehren, sobald sie einen freien Tisch fanden, der möglichst weit von dem großen Bildschirm entfernt stand, auf dem ein Fußballspiel übertragen wurde.

»Also, willst du wirklich Prosecco oder lieber etwas anderes, Vic?«

»Eigentlich hätte ich gern eine Tasse Tee.«

»Gute Idee. Da schließe ich mich an.«

Als Jo mit dem Tee zum Tisch zurückkehrte, hatte Victoria ihr iPad herausgeholt und blätterte durch die Angebote von Booking.com. Sie schaute auf und nahm sich eine Tasse von dem Tablett.

»Rom. Ich sehe mir schon mal Hotels an.«

»Das kannst du lassen. Ich habe eine tolle Neuigkeit.« Jo setzte sich und erzählte, dass sie in Kürze für eine Woche hinfliegen würde. Wie zu erwarten, machte Victoria ein langes Gesicht. Doch Augenblicke später lächelte sie wieder, denn Jo schlug ihr etwas vor.

»Ich habe im Hotel angerufen, und da hieß es, für mich sei ein großes Doppelzimmer gebucht mit – du wirst es kaum glauben – zwei riesigen Betten! Das Hotel liegt mitten in der Innenstadt in der Nähe der Spanischen Treppe. Es könnte nicht besser sein. Also, wenn du Zeit hast, kannst du für ein paar Tage hinkommen. Oder sogar für eine Woche? Ich fände das toll, und auf diese Weise bekommst du einen kostenlosen Urlaub in Rom. Deine Schule hat schon Sommerferien, oder?«

»Das ist genial! Die Ferien gehen tatsächlich nächste Woche los. Ich bin am Samstag zu Marguerites Hochzeit eingeladen – das ist eine Kollegin von mir. Da kann ich mich eigentlich nicht rauswinden, obwohl ich das gern täte. Denn ich soll in Begleitung kommen, habe aber niemanden. Das heißt, ich wäre dort überall das fünfte Rad am Wagen.«

Jo nickte verständnisvoll. Victoria setzte es allmählich zu, dass sie noch keinen Partner gefunden hatte, und wie Jo wusste, war sie trotz ihres fröhlichen Auftretens mit ihrem Leben unglücklich. Seit Jos Trennung von Christian hatten sie viel Zeit miteinander verbracht und sich gegenseitig gestützt und aufgeheitert. Sie lächelte Victoria optimistisch an.

»Vielleicht triffst du bei der Hochzeit die Liebe deines Lebens. Hochzeitsfeiern sind bekanntlich die Gelegenheit, um sich zu verlieben.«

»Ja, klar. Bei der letzten waren die meisten Männer schwul.« Victoria schaute noch düsterer drein, doch dann fing sie sich wieder. »Wie auch immer, ich kann an dem Sonntag einen billigen Flug bekommen und die ganze Woche bleiben. Danke, Jo. Das ist fantastisch!«

»Ich habe das Zimmer von Samstag bis Samstag. Die Details maile ich dir noch. Ich freue mich auf die Woche mit dir.«

»Wie es aussieht, hat dein Chef zur Abwechslung mal was Gutes getan.«

»An allem lässt sich was Gutes finden.« Jo trank einen Schluck Tee und lehnte sich zurück, mit den Gedanken bereits in Rom. Dabei kam ihr eine Idee. »Da du das iPad schon da liegen hast, wirf doch einen Blick auf unser Hotel. Es liegt sehr nah beim Tagungszentrum und ist ziemlich gehoben.«

Nach ein paar Klicks hatte Victoria es gefunden.

»Ich werd verrückt. Guck mal, wie viel die Zimmer kosten! Deine Stiftung hat es auch gern luxuriös, was?«

»Du machst wohl Witze. Wenn die dafür bezahlen müsste, würde ich in einer billigen Pension übernachten – falls es so etwas im Zentrum überhaupt gibt. Die Veranstalter der Tagung haben für Ronald gebucht und bezahlt, weil er einen Vortrag hält. Ich habe bloß das Glück, ihn vertreten zu dürfen.«

Victoria las die Beschreibung des Hotels laut vor, und anschließend blätterten sie durch die Fotos. Alles sah superedel aus, aber bei dem Preis konnte man das auch verlangen, fand sie. »Ja, ein nobles Haus. Und es liegt tatsächlich mitten im Zentrum.«

Dann kam Jo auf etwas anderes zu sprechen. »Ich muss dir unbedingt von dem Mann erzählen, den ich gestern Abend getroffen habe.«

Victorias Augen leuchteten auf, aber Jo bemerkte auch den Anflug von Neid. Ja, je eher Victoria sich mit einem Mann zusammentat, desto besser.

»Du hast jemanden kennengelernt, Jo? Und das, nachdem du mir vor ein paar Tagen noch erklärt hast, du wärst nicht auf der Suche.«

»War ich auch nicht. Bin ich noch immer nicht. Doch ich war zu einem Empfang in der Französischen Botschaft – beruflich – und bin ihm über den Weg gelaufen.«

»Botschaft, hm? Was für ein glamouröses Leben du führst! Gab es da die kleinen goldenen Schokoladentäfelchen, die man früher in der Werbung gesehen hat?« Victoria grinste. »Und ist der Typ ein sexy Franzose?«

Jo grinste zurück. »Nein, es gab weder Schokoladentäfelchen, noch ist er Franzose. Er ist Engländer und heißt Markus.«

»Klingt vornehm.«

»Ja, scheint mir auch so, doch er ist nett.«

»Und hässlich?« Victoria zwinkerte.

»Das nicht, aber auch nicht gerade ein zweiter Christian.«

»Oder einer wie dein römischer Adonis.«

»Corrado ist nicht *mein* römischer Adonis, doch ja, kein Vergleich. Vergiss nicht, er ist ein zukünftiger Verwandter. Zwischen uns wird nichts passieren.«

»Und was ist zwischen dir und Markus passiert?«

»Er hat mich in ein nobles französisches Restaurant eingeladen, wo wir ausgezeichnet gegessen haben. Dafür hat er bestimmt ein Vermögen hingeblättert.«

Victoria rollte die Augen. »Wo kommst du immer an solche Typen? Als ich zuletzt mit einem Mann essen gegangen bin, gab es Pie und Chips im Pub, und wir haben uns die Rechnung geteilt. Also hat dieser Markus eine dicke Brieftasche, oder musstet ihr hinterher in der Küche abwaschen?«

Jo schüttelte grinsend den Kopf. »Wir können davon ausgehen, dass er stinkreich ist. Er arbeitet in der Finanzbranche und hat sogar einen Chauffeur. Keine Ahnung, was er macht, er hat jedenfalls Geld. Aber das ist unwichtig. Entscheidend ist, dass er ein wirklich netter Typ ist.«

»Der zufällig reich ist …«

»Nein, wirklich, Vic, ich meine das ernst. Er sieht ganz normal aus. Er klingt ganz normal und benimmt sich auch so. Ob er Geld hat oder nicht, spielt keine Rolle.«

Victoria beäugte sie skeptisch. »Wie du meinst. Und womit endete der Abend? Habt ihr …?«

»Nein, haben wir nicht. Und wieso denkst du immer, ich würde mit den Männern beim ersten Date ins Bett hüpfen?«

»Na gut, ich glaube dir. Doch wenn mir ein reicher Banker ein feudales Essen spendieren würde, würde ich mich kopflos auf ihn stürzen. Wirst du ihn wiedersehen?«

»Weiß ich nicht.«

»Möchtest du ihn wiedersehen?«

Die Frage hatte Jo sich auch schon gestellt. »Ja, ich glaube schon.«

»Hast du ihm deine Nummer gegeben?«

Jo nickte.

»Dann siehst du ihn auf jeden Fall wieder.«

»*Buonasera, signore.* Darf ich mich zu euch setzen?«

Sie blickten auf, und Jo sah, dass ihre Freundin errötete. Am Tisch stand George aus ihrem Kurs. Sie wusste, dass er Victoria gefiel, aber bisher waren sich die beiden nicht nähergekommen. Vielleicht war das die Gelegenheit, die beiden zusammenzubringen.

Jo bot ihm sofort den Platz neben Victoria an, und die roten Flecken auf deren Wangen wurden dunkler. »Natürlich, George. Wir haben gerade über Rom gesprochen. In zehn Tagen fliegen wir nämlich hin.«

Während er sich setzte, musterte Jo ihn eingehend. Er sah gut aus und war ungefähr in ihrem Alter, vielleicht ein wenig unsicher, aber sehr sympathisch. Er lächelte sie beide schüchtern an.

»Das klingt aufregend. Gibt es einen Anlass? Oder macht ihr nur Urlaub?«

Victorias Röte war noch nicht ganz verschwunden, und deshalb übernahm Jo das Antworten, damit ihre Freundin Zeit hatte, sich zu fassen.

»Ich muss an einer Tagung teilnehmen, und Victoria kommt als Touristin mit.«

»Ihr Glücklichen! Ich liebe Rom.«

»Ich war noch nie dort.« Victorias Stimme klang schon fast wieder wie immer. »Und unser Hotel ist phänomenal. Guck mal, George. Was hältst du davon?«

Sie schob das iPad in die Mitte, und Jo und sie beobachteten sein Gesicht, während er sich die Fotos und die Lage im Stadtplan ansah. Er musste registriert haben, wie teuer die Zimmer waren, war jedoch offenbar zu höflich, um das zu kommentieren.

»Sieht klasse aus. Und die Lage ist auch toll.«

»Kennst du Rom gut?« Victoria nahm ihr iPad wieder an sich.

»Ich bin ein paar Mal dort gewesen, meistens beruflich. Aber ich versuche immer, einen oder wenigstens einen halben Tag zur freien Verfügung zu haben, damit ich etwas besichtigen kann.«

»Du scheinst einen tollen Job zu haben. Was machst du beruflich?« Jo fragte das ihrer Freundin zuliebe. Es mochte die Sache voranbringen, wenn Victoria etwas über ihn erfuhr.

Er schüttelte den Kopf. »Nur langweilige Dinge, fürchte ich. Ich arbeite im öffentlichen Dienst.« Er lächelte zu Jo hinüber. »Staatsdiener, also nichts Aufregendes.«

»James Bond ist auch Staatsdiener. Also keine falsche Bescheidenheit.«

Er schmunzelte. »Ich bin allenfalls Nullnullsechs ein Viertel.«

»Was meinst du, was wir uns in Rom unbedingt ansehen sollten?« Victoria hatte Stift und Notizbuch in der Hand, um sich seine Empfehlungen aufzuschreiben.

Während George Sehenswürdigkeiten aufzählte, angefangen bei den Vatikanischen Museen und der Sixtinischen Kapelle, setzte Jo ihre Musterung fort. Er trug ein makellos weißes Leinenhemd, das sie beeindruckte. Das zu bügeln dauerte eine Ewigkeit. Ob das jemand für ihn erledigte? Vielleicht gab es eine Frau in seinem Leben. Victoria würde das herausfinden müssen, wenn sie mit ihm etwas anfangen wollte. Er sah gesund und fit aus, vielleicht nicht ganz so fit wie James Bond. Bei einem Blick in die Gesichter der beiden sah sie sich bestätigt: Victoria mochte George und er sie offenbar auch. Jo drückte ihnen die Daumen und hoffte, dass er sich als Traummann entpuppte.

»Und natürlich die Spanische Treppe, aber die seht ihr, sobald ihr das Hotel verlasst, und auch den Park mit der Villa Borghese, der ebenfalls um die Ecke liegt.«

»Das klingt alles wunderbar, George. Danke.«

Sie unterhielten sich über Rom und griffen viele gute Ideen von ihm auf. Anscheinend hatte er ziemlich viele Tage mit Sightseeing verbracht und war ein wandelndes Lexikon. Er wusste auch, wo man die beste Pizza bekam und wo die meisten Taschendiebe unterwegs waren. Jo war nicht überrascht zu hören, dass bei den Touristenscharen am Trevi-Brunnen die meisten Diebstähle passierten. Corrado hatte sie zu Recht gewarnt.

Wieder einmal ärgerte sie sich, weil ihr der Römer in den Sinn kam. Wer brauchte einen Corrado, wenn ein Markus parat stand? Und brauchte sie überhaupt irgendeinen Mann?

Am Wochenende fuhr Jo nach Oxfordshire, um ihre Eltern zu besuchen. Ihre Mutter holte sie am Bahnhof ab und brachte sie durch den Verkehr in das kleine Dorf, in dem sie wohnten.

Jo staunte, als sie das Haus betrat, denn ihr Vater lief schon am Stock umher, obwohl seine Hüft-OP erst einige Tage zurücklag. Sie freute sich über das Wiedersehen, und bald saß sie mit ihnen im Garten und entspannte sich im Schatten des großen Maulbeerbaums. Als ihre Mutter Tee einschenkte, ließ sich auch Felix, der alte schwarz-weiße Kater, blicken und sprang Jo auf den Schoß. Sie lehnte sich zurück, streichelte ihn und genoss es, mal wieder zu Hause zu sein.

»Also, erzähl uns von Rom, Joanne.«

Jo und Angie würden für die Eltern immer Joanne und Angela bleiben. Alle Versuche der Schwestern, die Kurzformen ihrer Vornamen durchzusetzen, waren erfolglos geblieben. Damit mussten sie sich abfinden.

Am Sonntagabend hatte Jo lange mit ihrer Mutter telefoniert und ausführlich von der Verlobungsfeier berichtet. Aber sie erzählte die Geschichte gern noch einmal und fügte hinzu, was ihr an Einzelheiten noch einfiel. Wie vorherzusehen, war ihre Mutter mehr daran interessiert, was Jo von Angies Verlobtem hielt, als an einer Schilderung der verschiedenen Speisen. Ihr Vater wollte natürlich vor allem etwas über das Anwesen und den *Country Club* erfahren.

»Demnach ist es etwas Größeres?«

»Definitiv. Sie haben ein schönes Hotel mit Restaurant und Reitstall und eigenem Turnierplatz, also ein großes Unternehmen.«

Ihr Vater brummte anerkennend. Nach seinem Gesichtsausdruck zu urteilen, schwelgte er in dem Gedanken, dass immerhin eine seiner Töchter auf die Butterseite gefallen war, während sich das von seiner Ältesten nicht behaupten ließ. Jo hielt es für das Beste, vom Thema »Hochzeit« abzulenken, und eröffnete ihnen, dass sie in der kommenden Woche zu einer Tagung nach Rom fliegen würde.

»Wie aufregend!« Ihre Mutter strahlte. »Du sprichst also vor internationalem Publikum. Du bist recht erfolgreich, Joanne, nicht wahr?«

»Nun ja, eigentlich gehört der Vortrag nur zum Nebenprogramm, aber ja, es ist ganz schön, zu solch einer Tagung beizutragen, besonders da der Vortrag von mir stammt.«

»Und wirst du auch freie Zeit haben, um dir die Stadt anzusehen?«

»Dafür werde ich sorgen. Victoria kommt übrigens auch für ein paar Tage.«

»Wie schön. Wie geht es ihr? Hat sie schon einen netten jungen Mann gefunden?«

Jo schüttelte den Kopf und wappnete sich für das, was unweigerlich kommen würde. Sie behielt recht.

»Nun, sie wird ganz sicher noch jemanden kennenlernen. Und wie steht's mit dir, Joanne? Hast du einen Ersatz für diesen schrecklichen Christian?«

»Nein, Mum.« Dem folgte ein bedeutungsvolles Schweigen, bis Jo schließlich einlenkte. »Aber neulich Abend bin ich mit einem sehr netten Mann essen gegangen.«

Die Miene ihrer Mutter hellte sich auf. »Wirklich? Wie schön. Und was für ein Mann ist er? Nicht wieder ein Model, hoffe ich.« Der missbilligende Unterton war nicht zu überhören. Sie hatte Christian nie getraut, und die Entwicklung gab ihr im Nachhinein recht.

»Nein, er arbeitet in der City. Im Finanzwesen. Und bevor du fragst, Mum, er ist ein ganz normaler Typ.«

Daraufhin schaute ihre Mutter überaus zufrieden. Ihre nächste Frage jedoch brachte Jo erneut in die Bredouille.

»Angela hat mir erzählt, dass ihr künftiger Schwager schrecklich gut aussieht. Und er soll letzten Samstag mit dir essen gegangen sein. Stimmt das?«

Jo verkniff sich ein genervtes Schnauben. »Ja, er sieht gut aus, wie Mario auch. Und nein, wir waren nicht zusammen essen. Er hat mich bloß in die Stadt mitgenommen.« Sie fand es überflüssig zu erwähnen, dass sie an der Piazza Navona etwas getrunken hatten und anschließend auf einem Umweg zu ihrem Hotel geschlendert waren.

»Das ist gut. Angela meint, er ist ein Don Juan.«

Das war für Jo keine große Überraschung, doch es hatte sie schon immer geärgert, wenn sich ihre Mutter in ihre Beziehungen einmischte. Daher beschloss sie, die Sache herunterzuspielen.

»Was er mit seiner Zeit anfängt, geht mich nichts an, Mum. Er hat mich lediglich in die Stadt mitgenommen, und sein Benehmen war tadellos. Du brauchst dir keine Sorgen zu machen, wir könnten etwas miteinander anfangen.«

»Freut mich zu hören. Ich war schon immer der Meinung, dass gut aussehende Männer mehr Verdruss einbringen, als sie wert sind.«

Jo wartete auf Andeutungen, wie schlimm Christian sich verhalten und wie sehr sich ihre Ahnung bestätigt habe. Doch zu Jos Erleichterung verzichtete sie diesmal darauf und schwieg. Nach einer kurzen Gesprächspause fing Jo ein anderes Thema an. »Ich habe überlegt, heute Nachmittag reiten zu gehen. Hast du vielleicht Lust mitzukommen?«

»Ich war schon länger nicht mehr ausreiten. Aber ja, wenn ich jetzt darüber nachdenke, ein kurzer Ritt würde mir gefallen. Schließlich haben wir schönes Wetter.«

Jo seufzte erleichtert. Das gab ihr Gelegenheit, die Mutter-Tochter-Beziehung zu pflegen. Ihre Mutter sollte sehen, dass sie geliebt wurde und dass es ihrem kleinen Mädchen gut ging. In ihrer Tasche vibrierte das Handy, und sie zog es hervor. Eine Textnachricht von Markus.

Hallo, Jo. Lust auf Abendessen am Dienstag? Neues Bootsrestaurant auf der Themse. Interessiert? Hoffe es sehr. Markus

»Eine SMS von Markus, von dem ich dir erzählt habe. Er will mich für Dienstag zum Essen einladen.«

»Wie nett. Sagst du zu?«

Jo überlegte, aber nur zwei Sekunden lang.

»Ja, ich glaube, das tue ich.«

Das Abendessen am Dienstag nahm eine ungeahnte Entwicklung.

Am Bahnhof London Bridge holte Markus sie mit Chauffeur und Wagen ab, obwohl man von dort bis zu dem schwimmenden Restaurant auf der anderen Seite der Tower Bridge nur zehn Minuten zu Fuß ging. Es befand sich in einem alten, umgebauten Hausboot, dessen Besitzer Markus offenbar kannte. Sie wurden herzlich empfangen und von ihm selbst zum Tisch geleitet. Während sie überlegten, was sie essen wollten, brachte er ihnen Champagner-Cocktails.

Jo musterte die betont elegante Einrichtung, dann nahm sie ihr Glas und stieß mit Markus an. »Danke für die Einladung. Was für ein schönes Restaurant!« Ein bisschen zu protzig für ihren Geschmack, aber das behielt sie für sich. Schließlich wollte sie nicht ungehobelt oder undankbar klingen.

»Ich bin froh, dass es dir gefällt. War erst ein paar Mal hier und habe immer gut gegessen. Es ist ganz neu, weißt du?« Er trank von seinem Cocktail und lächelte sie an. »Du siehst heute Abend fantastisch aus, Jo, wenn ich das so sagen darf.«

Sie erwiderte das Lächeln. »Mach mir gern mehr solcher Komplimente. Du siehst übrigens auch sehr elegant aus.«

Während sie das aussprach, wurde ihr klar, dass »elegant« das Schlüsselwort war. Christian wäre wahrscheinlich in ausgewaschenen Jeans mit Rissen an den Knien und einem halb aufgeknöpften Freizeithemd erschienen. Dabei hätte er ausgesehen, als wäre er einer Parfümwerbung entstiegen, was ihm sichtlich und selbstverständlich bewusst gewesen wäre.

Markus dagegen war tadellos gekleidet. Er trug einen hellgrauen Sommeranzug und ein rosa Oberhemd mit teurem Logo an der linken Brust. Dabei machte er den Eindruck, als hätte er sich mit Krawatte wohler gefühlt, aber als Zugeständnis an die herrschende Mode den Kragen offen gelassen, allerdings nur den obersten Knopf. Nein, er war kein gut aussehender Mann, doch er hatte Stil, auch wenn der für ihren Geschmack ein bisschen zu sehr alte Schule war und ein bisschen zu sehr nach Reichtum aussah. Doch er war charmant und sympathisch, und sie fühlte sich wohl in seiner Gesellschaft.

Sie bestellten Muscheln als Vorspeise, und Jo entschied sich für einen Salat als Hauptgang, während Markus Steinbutt nahm. Dazu tranken sie Chablis Grand Cru. Jo machte sich keine Illusionen, was der in solch einem Restaurant kostete. Sie unterhielten sich über die verschiedensten Dinge, vom letzten Wimbledon-Turnier bis hin zu Markus' jüngster Reise in die Karibik, und allmählich erfuhr sie mehr über ihn. Wie vermutet arbeitete er im Finanzdistrikt, und Auslandsreisen gehörten zu seinem Job. Dazu stand ihm offenbar ein Privatflugzeug zur Verfügung, und natürlich logierte er nur in den allerbesten Hotels.

Da sie meinte, sie sollte auch ein bisschen angeben, erzählte sie von ihrer bevorstehenden Rom-Reise und fragte, ob er das Tagungszentrum bei der Spanischen Treppe kenne. Er war tatsächlich schon dort gewesen. Es befinde sich in einem alten, für den Zweck modernisierten Gebäude, das jedoch nicht allzu groß sei. Das kam ihr entgegen, denn es hatte sie beunruhigt, vor Hunderten von Leuten sprechen zu müssen.

Markus fragte, was sie dort zu tun habe, und zeigte sich überraschend interessiert, als sie ihre Vorschläge zum Umgang mit Plastikmüll erläuterte. Trotzdem hatte sie den Eindruck, das Interesse könnte mehr ihr selbst als dem Zustand der Meere gelten.

So angenehm sie es fand, mit ihm zu plaudern – eines wurde nach und nach deutlich: Sie glaubte nicht, dass sich zwischen ihnen etwas entwickeln könnte.

Das hatte nichts mit seinem Äußeren zu tun, sagte sie sich, während sie langsam ihren »Sommerpudding mit Grüntee-Eis und Saft von der Schwarzen Johannisbeere« verzehrte, sondern mit der deutlich spürbaren Kluft zwischen ihnen. Markus mit seinem Chauffeur, dem Privatflugzeug und dem offensichtlichen Hang, Geld auszugeben, und sie, die gewöhnliche Joanne Green aus Woodstock mit der kleinen Wohnung im Süden Londons und lediglich zwei Ausgehkleidern. Sie passte nicht in seine Welt und würde auch nie hineinpassen, so viel war klar. Und wenn sie ehrlich zu sich selbst war, dann wollte sie das nicht einmal.

Vielleicht lag das an ihrer Sorge um den Planeten und dem Wissen, wie viel Schaden Menschen mit ihren Autos, Flugzeugen und ihrem verschwenderischen Konsum verursachten, doch sie erkannte auch, dass sie sich als Geliebte oder als Vorzeigefrau eines Mannes nie wohlfühlen würde. Christian konnte man vieles vorwerfen, aber er hatte nie mit Geld um sich geworfen, und das hatte die Dinge zwischen ihnen viel einfacher gemacht. Bei Markus wäre das ganz anders, und so etwas wollte sie nicht.

Trotzdem fand sie beim Verlassen des Restaurants, dass sie einen sehr schönen Abend verlebt hatte.

Kurz darauf wurde es jedoch unangenehm.

Markus bestand darauf, mit ihr auf einen Absacker in einen Weinkeller in Chelsea zu gehen. Sie ließ sich darauf ein, obwohl sie schon einiges getrunken hatte und am nächsten Tag viel Arbeit auf sie wartete.

Während die bequeme Limousine nahezu lautlos durch die Straßen der Hauptstadt fuhr, legte Markus den Arm um sie und zog sie sanft zu sich heran. Das war ihr nicht übermäßig unangenehm, und sie ließ es schweigend geschehen, nicht zuletzt weil der Chauffeur vor ihr saß. In seinem Beisein würde Markus kaum mehr wagen. Kurz darauf spürte sie am Hals seine Lippen. Um Aufsehen zu vermeiden, tat sie, als hätte er sie nur gekitzelt. Als er jedoch eine Hand auf ihr Knie legte und sie langsam, aber eindeutig den Oberschenkel hinaufschob, drehte sie den Kopf zu ihm.

»Wenn es dir nichts ausmacht, Markus, ich glaube nicht, dass ich zu so etwas bereit bin. Es wäre mir lieber, du nimmst die Hand von meinem Bein.«

Dabei sah sie ihm fest in die Augen, in denen sich die Laternen der Blackfriars Bridge spiegelten, und er starrte sie an. Ihr fiel auf, dass seine Pupillen geweitet waren. Von dem charmanten, sympathischen Mann war nichts mehr zu spüren, stattdessen trat eine verborgene Primitivität zutage. Er hielt inne, nahm aber weder die Hand von ihrem Bein noch den Arm von ihrer Schulter.

»Magst du mich nicht, Jo?«

Seine Stimme klang heiser, und mit leisem Erschrecken wurde ihr klar, in welcher Lage sie sich befand. Es war ein Fehler gewesen, zu ihm ins Auto zu steigen, Chauffeur hin oder her. Sie beschloss, erst einmal diplomatisch vorzugehen, und wenn das nichts nützte, würde sie die ganze Straße zusammenschreien.

»Doch, und das weißt du, Markus. Wir hatten einen schönen Abend, aber ich möchte dich erst besser kennenlernen, bevor wir den nächsten Schritt tun.« Sie hielt den Blickkontakt. »Das verstehst du sicher, nicht wahr?«

Er ließ sich mit der Antwort Zeit, bis sie die Themse überquert hatten und der Fahrer nach Westen abbog. Schließlich bemerkte sie immens erleichtert, dass Markus seine Körperspannung aufgab, und im nächsten Moment zog er Hand und Arm zurück. Als er antwortete, klang er wieder normal, sein Gesichtsausdruck war so freundlich wie vorher.

»Natürlich verstehe ich das, Jo. Du brauchst Zeit. Das finde ich völlig in Ordnung.«

Sie atmete auf und rückte diskret eine Handbreit von ihm weg. Sicher gab es gewisse Begleiterinnen, die nur zu erfreut gewesen wären, dem spendablen Mann in der Weise zu danken, die er offensichtlich erwartete. Sie jedoch nicht, weder an diesem noch an einem anderen Abend. In den ersten Minuten, als sie sich von dem Schreck erholte, hatte sie heftiges Herzklopfen. Seine Begierde zu spüren, während er sie betrachtete wie ein Stück Fleisch, war genauso verstörend gewesen wie seine Berührung.

Jo schaute aus dem Fenster auf die Themse, bis der Verkehr stockte und der Wagen anhalten musste. In dem Moment fiel ihr Blick auf ein U-Bahn-Schild. Der Eingang zum Bahnhof Embankment lag direkt neben ihnen.

Ohne Zögern zog sie am Türgriff und merkte erleichtert, dass sich die Tür öffnete. Sie stieg aus und blickte über die Schulter zu Markus. Er rührte sich nicht, augenscheinlich verblüfft über ihre Entscheidung.

»Danke für das wunderbare Essen, Markus. Ich fürchte, ich muss jetzt nach Hause. Gute Nacht.«

»Jo …?«

Ohne auf seinen kläglichen Protest zu achten, schlug sie die Wagentür zu und tauchte im Strom der Passanten unter. Zuerst war sie erleichtert, dann wurde sie zunehmend wütend.

4

Am frühen Nachmittag landete Jo in Rom, und der Zug brachte sie in einer knappen halben Stunde zum Hauptbahnhof. Es war drei Uhr, als sie aus der großen verglasten Eingangshalle in die drückende Julihitze hinaustrat. Sie ging zu dem Parkplatz hinüber, um nach Angie oder Mario Ausschau zu halten, die versprochen hatten, sie abzuholen. Dort angekommen, vernahm sie eine ganz andere Stimme und sah im Gegenlicht einen großen Mann auf sich zukommen.

»Hallo, Jo. Schön, dass du wieder da bist! Ich stehe auf dem Kiss-and-Ride-Parkplatz. Deshalb konnte ich den Wagen nicht verlassen und zum Bahnsteig kommen.« Er streckte die Hand nach ihrem Koffer aus. »Lass mich den tragen.«

»Hallo, Corrado. Das ist wirklich sehr nett von dir, aber nicht nötig. Der Koffer hat Rollen. Tut mir leid, dass du dich herbemühen musstest. Eigentlich habe ich mit Angie oder Mario gerechnet.«

Dabei klang sie keineswegs bedauernd, vielmehr war ihr die Freude, ihn wiederzusehen, deutlich anzumerken. Das entging ihm sicher nicht, doch er reagierte nicht darauf.

»Kein Problem. Im *Country Club* findet heute ein Springreiten statt, da haben die beiden alle Hände voll zu tun.« Trotz ihrer Einwände nahm er ihr den Koffer aus der Hand und trug ihn am Griff. Er hob ihn demonstrativ ein Stück an und lächelte. »Du reist mit leichtem Gepäck, wie ich sehe.«

Jo war entzückt, ihn lockerer reden zu hören, ohne die Reserviertheit, die sie vor zwei Wochen bei ihm gespürt hatte.

»Eigentlich nicht. Normalerweise habe ich nur Handgepäck

bei mir, aber für die Tagung musste ich etwas Elegantes einpacken. Daher der Koffer.«

»Jedenfalls scheint nicht viel drin zu sein. Das ist beeindruckend, da du doch eine ganze Woche hierbleibst.«

»Ehrlich gesagt, bin ich keine, die sich wegen ihrer Kleidung große Gedanken macht.«

Er sah ihr in die Augen. »Bei deinem Gesicht brauchst du das auch nicht.«

Kaum hatte er das ausgesprochen, wandte er sich hastig ab, doch Jo sah gerade noch seinen bedauernden Gesichtsausdruck. Was um Himmels willen ...?

Ihr blieb keine Zeit, um darüber nachzudenken, denn da wurde sie schon mit der nächsten Merkwürdigkeit konfrontiert. Als sie auf seinen alten Fiat zugingen, schaukelte der heftig hin und her. Erst auf den letzten zwei Metern erkannte sie die Ursache. Der Labrador wartete im Fond und sprang von einer Seite zur anderen.

Corrado öffnete die Hecktür. Mit einem Satz sauste Daisy an ihm vorbei und auf Jo zu, sprang an ihr hoch und warf sie beinahe um, so sehr freute die Hündin sich über das Wiedersehen.

»Daisy, runter!« Corrado wollte sie am Halsband wegziehen, doch Jo winkte ab und bückte sich, um sie zu begrüßen.

»*Ciao, Daisy.* Ich freue mich auch, dich zu sehen.« Sie drückte die große Labrador-Hündin an sich und richtete sich dann wieder auf. Corrado sah sie schuldbewusst an.

»Entschuldige, Jo. Sie scheint in dich vernarrt zu sein.«

Jo strahlte ihn an. »Ich bin ja auch froh, sie wiederzusehen ... und dich, Corrado.«

Und das stimmte. Nicht, dass sie mehr in ihm sah als einen künftigen Verwandten und Freund, so sagte sie sich sehr bestimmt. Was ihr neulich mit Markus passiert war, hatte ihr noch einmal deutlich gemacht, warum ihr die Männer vorerst gestohlen bleiben konnten. Ob sie wahnsinnig gut aussahen oder stinkreich waren – ihnen war nicht zu trauen. Sie bückte sich noch einmal und kraulte Daisy die Ohren. Vielleicht brauchte sie ja eher einen Hund?

Corrado, der von ihren Überlegungen nichts ahnte, hob ihren Koffer ins Auto und rief seine Hündin. Nachdem Daisy sich zu dem Gepäckstück gesellt hatte, schloss er die Hecktür und winkte Jo zur Beifahrerseite. Sie stieg ein und tat ihr Bestes, um Daisys feuchten Liebkosungen auszuweichen. Corrado ließ den Motor an und fuhr los.

»Wie hast du gerade den Parkplatz genannt?«

»Kiss-and-Ride-Parkplatz. Da darf man nur halten, um jemanden abzusetzen oder aufzulesen.«

Trotz der lauten Warnrufe ihrer Vernunft neigte sie sich zu ihm hinüber. »Komm mal ein bisschen näher, ja? Wir haben uns noch nicht richtig begrüßt.«

Als er abbremste und der Bitte folgte, küsste sie ihn auf die Wange. Rein freundschaftlich, beteuerte sie im Stillen. Doch seine Haut fühlte sich an ihren Lippen besorgniserregend gut an, sodass sie wünschte, sie hätte ihm lediglich die Hand gegeben. Seinem Unbehagen nach zu urteilen, das sich auf seinem Gesicht abmalte, wünschte er das auch.

Als sie die Parkplatzschranke passierten, machte er einen Vorschlag. »Das Springreiten ist gegen vier zu Ende. Mario meint, bis sechs sind sie mit der anschließenden Arbeit fertig. Wenn du möchtest, kann ich dich zum Hotel fahren und warten, bis du eingecheckt und dein Zimmer bezogen hast. Du kannst dich frisch machen und umziehen, und dann zeige ich dir Rom vom Auto aus, bevor wir raus zum *Country Club* fahren.«

»Gute Idee. Danke, sehr gern.«

Es dauerte keine fünf Minuten vom Bahnhof zu ihrem Hotel. Obwohl an Samstagsnachmittagen besonders dichter Verkehr zu herrschen schien und noch mehr Touristen unterwegs waren als bei ihrem letzten Besuch, konnte er mit dem kleinen Wagen die schlimmsten Stellen umfahren und parkte schließlich nahe der Spanischen Treppe.

»Tagsüber ist dort autofreie Zone, sodass ich den Wagen hier stehen lassen muss. Zu Fuß sind es aber nur vier Minuten bis zum Hotel.« Neben ihm parkte sofort jemand in zweiter Reihe. Corrado beachtete das jedoch nicht weiter und nahm Jo wieder den Koffer ab, trotz ihrer Einwände. Zusammen mit dem Labrador gingen sie die letzten dreihundert Meter zu Fuß.

Als sie vor dem Hotel ankamen, übernahm ein Portier ihren Koffer, und Corrado kehrte mit Daisy zum Wagen zurück, für den Fall, dass ein Parkwächter dort entlangkam. Jo begab sich in das wunderbar kühle Marmorfoyer und meldete sich an der Rezeption. Eine freundliche Frau in den Zwanzigern hieß sie willkommen.

»Buongiorno. Benvenuta a Roma.«

Jo antwortete auf Italienisch, obwohl sie stark vermutete, dass die Rezeptionistin solch eines Hauses auch fließend Englisch sprach. Sie nannte ihren Namen und sagte, dass für sie reserviert sei.

Die Formalitäten waren rasch erledigt, und der Portier brachte Jo in dem todschicken Aufzug in den obersten Stock. Ihr Zimmer war mächtig beeindruckend und ungefähr so groß wie ihre ganze Londoner Wohnung. Es hatte sogar eine charmante kleine Terrasse, von der man über die Dächer der Stadt blickte. Traumhaft schön.

Als sie sich von der Aussicht losriss, griff sie in ihre Handtasche, um dem Portier ein Trinkgeld zu geben, doch der hatte ihren Koffer schon auf dem Ständer abgelegt und ging gerade hinaus. Sie konnte nur noch *»grazie«* sagen, als er eine Verbeugung andeutete und die Tür leise hinter sich zuzog.

Jo verschwendete keine Zeit. Sie schlüpfte aus der Jeans in ein Sommerkleid und Sandalen und kehrte kaum zehn Minuten später zum Auto zurück.

Corrado lehnte am Kotflügel und unterhielt sich mit einer bemerkenswert hübschen Polizistin. Sie hatte einen weißen Helm auf dem Kopf, ähnlich dem der Londoner Bobbys, aber anders als diese trug sie eine Pistole an der Hüfte. Es war sofort klar, dass sie nicht bei ihm stand, um ihm einen Strafzettel zu verpassen. Lächelnd tippte sie an ihren Helm und ging davon. Ihr Gespräch war ganz bestimmt nicht konfliktgeladen gewesen. Jo schüttelte ungläubig den Kopf und grinste ihn breit an.

»Ihr Männer … Ihr schaltet einfach euren Charme ein und kommt ungeschoren davon?«

Er grinste zurück. »Und ihr Frauen tut das etwa nicht? Wenn du nett zu ihnen bist, sind sie normalerweise auch nett zu dir. Außerdem ist sie sehr hübsch, und das habe ich ihr gesagt.«

»Und sie hat dir nicht wegen mangelnden Respekts Handschellen angelegt?«

Er grinste noch breiter. »Die kommen später zum Einsatz, wenn man darauf steht.« Augenblicklich wurde er ernst, als bereute er seinen Ausspruch, öffnete die Fahrertür und setzte sich hinters Steuer.

Jo stieg ebenfalls ein. »Wohin fahren wir, Corrado?«

»Das habe ich mir schon überlegt. Am besten besichtigt man die Stadt zu Fuß, wie wir es neulich getan haben. Aber da wir sowieso mit dem Auto unterwegs sein werden, könnten wir einen Ausflug über die Via Appia unternehmen, wenn du Lust hast.«

Jo hatte von der berühmten Römerstraße gehört, wusste jedoch nicht, wohin sie führte. Corrado klärte sie bereitwillig darüber auf.

»›Alle Straßen führen nach Rom‹, heißt es. In der Antike haben die Römer ein weitreichendes Straßennetz gebaut, teils um den Handel zu fördern, vor allem aber um möglichst schnell und einfach Truppen in einen Krisenherd zu verlegen.« Er ließ den Motor an und fuhr los. Als er an der Polizistin vorbeikam, winkte er ihr zu und erntete ein breites Lächeln.

Jo lachte ein wenig spöttisch. »Wenn du dich von der römischen Polizei losreißen kannst, würde ich gern mehr über die Via Appia erfahren.«

Er drehte den Kopf zu ihr und grinste. »Ja, natürlich. Das war die bedeutendste Straße, weil sie über Neapel bis nach Brindisi führte, das an der südlichen Ostküste liegt. Von dort fuhren Schiffe zu allen römischen Provinzen am Mittelmeer. Hier befindet sich ein längeres Stück der Straße noch im ursprünglichen Zustand, was besonders interessant ist.«

»Und das ist tatsächlich befahrbar?«

»Ja. Die Straße wird allerdings immer schmaler und ist am Ende nur noch für Radfahrer und Fußgänger geeignet. Aber wir können ein Stück stadtauswärts fahren, wenn du Lust hast. Dabei sehen wir lauter antike Ruinen.«

»Das klingt wunderbar.«

Noch wunderbarer war die Route dorthin. Sie fuhren langsam durch den Verkehr den Hügel hinunter am Quirinalspalast vorbei und nach links. Corrado erklärte, wo sie sich befanden.

»Da drüben liegen die Kaiserforen, das antike Stadtzentrum. Ich empfehle dir, irgendwann mal zu Fuß hier entlangzulaufen und alles zu besichtigen. Da stehen bedeutende Ruinen, soweit das Auge reicht. Und was du dort genau vor dir siehst, kennst du sicher, nicht wahr?«

Jo, die gerade noch ehrfürchtig die schiere Größe und das

Alter der Bauten bestaunt hatte, an denen sie vorbeifuhren, blickte durch die Windschutzscheibe und entdeckte vor sich eine der markantesten Sehenswürdigkeiten der Welt. Es war ein enormer Rundbau von der Größe eines Fußballstadions. Die Fassade aus drei aufeinandergesetzten Arkadenreihen erreichte die Höhe eines modernen Hochhauses. Es bestand aus einem verwitterten cremefarbenen Stein, und obwohl nur eine Ruine, war es noch ein imposantes Bauwerk.

»Das Kolosseum! Wow!« Jo war sprachlos.

»Als das gebaut wurde, war Jesus Christus erst circa fünfzig Jahre tot. Stell dir nur mal vor, wie es hier in der Blütezeit der römischen Antike ausgesehen haben muss.«

Corrado hatte das sicher schon Hunderte Male gesehen, schien aber genauso beeindruckt zu sein wie sie.

»Was für ein Anblick! Danke, dass du mir das zeigst, Corrado.«

»Das tue ich gern. Aber versprich mir, dass du es mal zu Fuß besichtigst. Oder vielleicht begleite ich dich.«

Jo lächelte ihn an. »Das wäre schön.«

»Fahren wir weiter. Hier darf man sowieso nicht anhalten, und meine hechelnde Freundin hinter dir braucht einen Spaziergang.«

»Gute Idee.«

Sie fuhren am Kolosseum vorbei und auf eine breite Straße, die von den unverkennbaren Schirmkiefern beschattet wurde, einige so hoch wie ein drei- oder vierstöckiges Haus. Corrado wies sie auf den Circus Maximus hin und erzählte von den Wagenrennen der Antike. Er war spürbar stolz auf sein antikes Erbe, und Jo war beeindruckt, sowohl von Rom als auch von ihm.

Es war ein sehr heißer Tag. Entweder funktionierte die Klimaanlage im Wagen nicht, oder sie war abgeschaltet. Obwohl beide Seitenfenster ganz heruntergedreht waren und sie ihr leichtestes Sommerkleid trug, schwitzte Jo. Da war ihr die etwas kühlere Luft unter den Bäumen willkommen. Wie zuvor musste sie sich die Fensteröffnung mit dem Labrador teilen, doch zum Glück bellte er diesmal nicht, sodass ihr Gehör unbeeinträchtigt blieb.

Bald lichtete sich die Bebauung, und Jo staunte, wie viele Bäume und Parks es ringsherum gab. Die Straße wurde schmaler, und kurz darauf fuhren sie auf ein stark befestigtes Torhaus zu, das zu einer alten Stadtmauer gehörte. Corrado zeigte durch den Torbogen.

»Hier beginnt die Via Appia Antica. Wenn du das Pflaster bisher holprig fandest, dann warte mal ab.«

Sie fuhren durch das schmale Tor und über eine breite Kreuzung auf eine mit Steinen gepflasterte schmale Straße. Die verlief schnurgerade zwischen alten Mauern und staubigen Häusern und war tatsächlich recht holprig. Hinter der modernen Überführung einer Bahntrasse sah Jo nach wenigen Minuten ein Schild, das ihr Interesse auf sich zog. Corrado hatte es auch entdeckt.

»Dort gibt es das beste Eis von ganz Rom. Wollen wir anhalten?«

»Du bist der Fahrer, du entscheidest. Aber ich muss gestehen, ein Eis wäre jetzt wunderbar.«

Corrado bog auf einen großen Vorplatz ab und parkte im Schatten einer Schirmkiefer. Beim Aussteigen deutete er zu einer Terrasse mit Tischen und Sonnenschirmen.

»Das Schöne ist, dass Daisy mitkommen kann.«

Mit dem Hund gingen sie zu der Café-Terrasse hinüber. Dort stand unter einem Mauerbogen eine Eistheke mit Glasfront, in der die verschiedensten Sorten Eis spitz aufgehäuft in ihren Behältern warteten.

Jo schaute andächtig durch die Plexiglasscheibe. Außer den traditionellen Lieblingssorten Vanille, Erdbeer und Schokolade gab es fruchtige Sorten wie Pfirsich und Melone, aber auch Haselnuss und welche mit rätselhaften Namen wie *Ricotta Stregata* und *Zuppa Inglese*, was wörtlich »Englische Suppe« bedeutete. Sie fragte Corrado danach.

»Das Rezept ist sicher unter dem Eindruck des britischen Trifles entstanden. Es schmeckt leicht nach Vanillepudding. Ricotta Stregata wird mit Ricotta und Strega gemacht, einem Kräuterlikör. *Stregato* heißt ›behext‹. Der Geschmack ist ein bisschen gewöhnungsbedürftig.«

Jos Blick wanderte über die regenbogenfarbenen Eisberge, von weißem Kokoseis über rote Beerensorten bis zu hellgrünem Minz- und schwarzem Lakritzeis. Sie konnte sich nicht entscheiden. »Welches nimmst du?«

Er lächelte. »Ich bin ein Gewohnheitstier, nehme immer das Gleiche: Banane und *cioccolato fondente* aus sehr dunkler Schokolade. Und du?«

Jo wählte schließlich Meringue, Erdbeer und Amarena, ein mit saurem Kirschsirup gestrudeltes Vanilleeis.

»Wie wär's mit einem Glas Prosecco dazu?«

»Nein, danke, Corrado. Es ist zu heiß für Alkohol. Ich möchte nur ein Glas Mineralwasser. Aber lass dich nicht abhalten.«

»Ich nehme auch lieber Wasser. Schließlich fahre ich, und außerdem dehydriert man bei dieser Hitze leicht. Ist dir klar, dass wir fünfunddreißig Grad haben? Fast Körpertemperatur.«

Sie bestellten und setzten sich an einen Tisch im Schatten.

»Ob Daisy auch ein Schälchen Vanilleeis möchte?«

»Daisy möchte gern das gesamte Eis aus der Theke und ein gebratenes Schwein als Beilage.« Corrado streichelte seiner Hündin lächelnd den Kopf. »Sie ist ein Labrador und kann jederzeit Unmengen verdrücken. Aber wenn sie ganz brav ist, bekommt sie zum Schluss meine Waffel, mehr nicht. Wie wir alle muss sie auf ihre schlanke Linie achten, auch wenn sie davon nichts hören will.«

»Und du meinst, mein Becher mit drei Eiskugeln ist gut für die schlanke Linie?«

»Du bist im Urlaub, Jo. Und ich wette, dass du nichts zu Mittag gegessen hast.«

»Nur eine Tasse Tee mit einem Plätzchen. Heute Abend bei Angie und deinem Bruder gibt es bestimmt ein Mammutessen. Doch du hast recht, ich bin im Urlaub, und das noch bis Montag.«

»Und dann? Angie sagt, du sprichst bei der Save-the-Planet-Tagung. Ich kenne ein paar Leute, die dort sein werden. Lauter Koryphäen auf ihrem Gebiet. *Complimenti.*«

Jo grinste. »Ich bin bloß die Vertretung. Eigentlich wäre mein Chef jetzt hier. Er ist kein Unbekannter beim Thema ›Naturschutz und Klimawandel‹. Hoffentlich enttäusche ich die Zuhörer nicht, die nur seinetwegen kommen.« Sie grinste ihn an. »Allerdings muss ich sagen, dass neunzig Prozent des Vortrags aus meiner Feder stammen.«

»Ich kann mir nicht vorstellen, dass du jemanden enttäuschst.«

In dem Moment kam eine Kellnerin mit zwei großen Eisbechern und einer Schale mit Wasser für den Hund. Als Corrado aufblickte, strahlte sie ihn an.

»Ciao, Corrado.«

Lächelnd sprang er auf, ebenso der Labrador. *»Ciao, Antonia. Come stai?«* Er küsste sie auf die Wangen, während Daisy sich auf die Hinterbeine stellte, um gestreichelt zu werden.

Jo schaute ungläubig zu. Wieder eine seiner Freundinnen? Wie hatte ihre Mutter ihn noch gleich genannt? Einen ›Don Juan‹?

Er drehte sich zu ihr. »Jo, ich möchte dir Antonia vorstellen. Sie ist die Tochter eines meiner besten Freunde. Sie schreibt gerade ihre Doktorarbeit in Mikrobiologie an der Sapienza und arbeitet hier in Teilzeit. Antonia, das ist Jo aus England. Sie ist Angies Schwester.«

Jo begrüßte sie herzlich, während sie sich im Stillen eine Standpauke hielt, weil sie ihren Fremdenführer zu Unrecht verdächtigt hatte. Nachdem Antonia gegangen war, sah Jo dem Hund zu, der zu ihren Füßen das Wasser schlabberte, und schwor sich, ihre Vorurteile beiseitezuschieben und Corrado als den gebildeten, großzügigen Menschen zu betrachten, der er offensichtlich war.

»Sapienza?«

»Die Uni Rom. Da habe ich meinen ersten Abschluss gemacht. Sie ist eine der ältesten Universitäten der Welt. Gegründet um 1300. Nicht ganz so alt wie Oxford, aber immerhin …«

»Antonia ist anscheinend ein heller Kopf. Und hübsch ist sie auch. Sie wird sicher etwas aus sich machen.«

»Du hast da ja Erfahrung.«

Abrupt wandte er seine Aufmerksamkeit Daisy zu und schöpfte, trotz seiner Bemerkung zum Erhalt der schlanken Linie, einen Löffel Bananeneis in ihre nun leere Wasserschale. Die Hündin sprang auf, und das Eis war innerhalb von Sekunden aufgeleckt. Während Corrado sich dieser Ersatzhandlung hingab und Daisy den Boden der Schale leckte, bis er glänzte, sonnte sich Jo in der Tatsache, dass er ihr gerade ein Kompliment gemacht hatte, auch wenn er das nun offenbar bereute. Da ging etwas Sonderbares vor sich. Aber dennoch, dachte sie, während sie das köstliche Eis löffelte, ein Kompliment ist ein Kompliment.

Das Eis war erstklassig. Sie aß bewusst langsam, um die verschiedenen Aromen zu genießen. Schließlich brachte sie das

Gespräch auf Corrados Arbeit. »In meinem Vortrag bei der Tagung geht es darum, das im Meer schwimmende Plastik zu entfernen. Ich würde gern aktuelle Erkenntnisse zu neuen Plastikersatzstoffen einflechten. Kannst du mir ein paar Anhaltspunkte geben?«

Als Gesprächsöffner funktionierte das erstaunlich gut. Corrado sprach anscheinend sehr gern über seine Arbeit und war mit allen Aspekten vertraut. Als Jo beim letzten Löffel Eis angekommen war, hatte sie sich einige Kernpunkte gemerkt, um sie in ihrem Vortrag zu erwähnen. Das würde ihn sicher interessanter machen. Sie dankte ihm herzlich.

Sie hatte sich gerade mit ihrem Glas in der Hand zurückgelehnt und schaute über den Kiesgarten rings um die Terrasse, als ihr etwas ins Auge fiel. Sofort griff sie nach ihrem Handy und sprang auf. »Entschuldige, Corrado. Ein Schmetterling.«

Ohne weiter auf seine verdatterte Miene zu achten, eilte sie zu dem Flecken aus gelbem Gras und wuchernden Kriechpflanzen, der ursprünglich offenbar mal ein Rasen hatte werden sollen. Nur am Rande nahm sie das rhythmische Knirschen im Kies hinter sich wahr, und bei einem Blick über die Schulter sah sie Daisy, die ihr folgte. Jo lief langsamer und legte den Finger an die Lippen.

»Schsch, Daisy. Du darfst ihn nicht verscheuchen.«

Auch der Schmetterling verweilte und setzte sich an den Stamm eines alten Olivenbaums. Ganz langsam näherte sie sich, schaltete die Handykamera ein und zoomte, bis das Insekt den Bildschirm ausfüllte. Nach zwei Aufnahmen schlich sie noch näher heran. Sie fotografierte noch einmal und stand still bewundernd da.

Es war ein großer cremefarbener Schmetterling mit dunklen Flecken. Aber was ihn besonders interessant machte, waren die beiden Fortsätze an den Hinterflügeln, die ihm seinen Namen gaben. Einen Augenblick später tippte ihr jemand auf die Schulter und flüsterte an ihrem Ohr.

»Selbst ich weiß, wie er heißt. Das ist ein Schwalbenschwanz, nicht wahr?«

Jo drehte den Kopf und sah sich nur eine Handbreit von Corrados Gesicht entfernt, so nah, dass sie das Bananeneis in seinem Atem roch. Dabei bemerkte sie einen Tropfen Schokoladeneis an seinem Kinn. Sie nickte und antwortete leise: »*Papilio machaon*. Hier noch recht häufig, in England bereits eine Seltenheit.« Und zu ihrer eigenen Verblüffung wischte sie mit der Fingerspitze den braunen Tropfen von seinem Kinn. »Schokoladeneis«, erklärte sie.

Corrado fuhr heftig zurück, erschreckte damit die Hündin und verscheuchte den Schmetterling. Jo sah ihn wegflattern und über eine alte Mauer verschwinden. Dabei fragte sie sich, welcher Teufel sie geritten hatte, dass sie Corrado auf diese Weise anfasste, und wieso das bei ihm eine so starke Reaktion auslöste.

Sie riskierte einen Blick und sah, dass er mehrere Schritte zurückgewichen war und sich, halb abgewandt, mit einem Taschentuch übers Gesicht wischte. Vielleicht hatte er als Biochemiker einen Horror vor Bakterien und Infektionen? Wie auch immer, sie war zutiefst verlegen und kam sich albern vor. Sein Verhalten hatte klar gezeigt, dass er an Nähe zu ihr nicht interessiert war, und da sie bald mit ihm verschwägert sein würde, kam er sowieso nicht infrage.

Wieso war es ihr dann plötzlich angemessen oder auch nur wünschenswert erschienen, ihn so zu berühren? Oder ihn am Bahnhof auf die Wange zu küssen? Sie atmete tief durch und ging zu ihm, vordergründig um die Labrador-Hündin zu streicheln, die neben ihm saß und ein wenig verwirrt guckte.

»Mach dir keine Gedanken, Daisy, wir werden noch mehr Schmetterlinge entdecken.« Sie warf Corrado einen Blick zu. Er wirkte nun schon etwas gefasster. »Das war für mich ein erstes Mal. Ich habe noch nie einen Schwalbenschwanz in freier Natur gesehen.«

»Schön.« Er steckte das Taschentuch weg und brachte ein Lächeln zustande. »Die gibt es hier in rauen Mengen.« Er schaute auf die Uhr. »Wenn du Lust hast, können wir ein wenig laufen und das mit einer Schmetterlingsjagd verbinden. Wahrscheinlich eine Wohltat nach dem großen Eis. Wie wär's damit?«

»Sehr gern, aber nur wenn du nichts Besseres zu tun hast.«

»Nein, ich stehe dir heute ganz zur Verfügung. Die Via Appia Antica wird ein Stückchen weiter zum Fuß- und Radweg. Wir könnten den Wagen stehen lassen und spazieren gehen. Es bleibt noch jede Menge Zeit, bevor wir zum *Country Club* fahren müssen.«

Auf dem Rückweg zum Auto seufzte Jo erleichtert. Trotz ihres Fauxpas verhielt er sich wieder so gastfreundlich wie vorher. Beim Einsteigen überlegte sie noch immer, warum sie ihn unbedingt hatte berühren wollen, doch ihr Unterbewusstsein verweigerte stur eine Antwort.

Sie fuhren die zunehmend holprige Straße entlang an hohen Mauern und Toren mit Sicherheitskameras vorbei. Offenbar war dies ein Viertel, wo die gut betuchten Römer ihre Villen hatten. Sie zeigte auf eine besonders große und sah Corrado an.

»Das ist hier wohl der Börsenmaklergürtel?«

Er zögerte mit seiner Antwort, und sie fragte sich, ob sie seinen englischen Wortschatz überschätzt hatte, aber gleich darauf zeigte sich, dass er sie sehr wohl verstanden hatte.

»Das ist eine sehr beliebte Wohngegend mit entsprechenden Hauspreisen. Man ist nur eine Viertelstunde von der Innenstadt entfernt und trotzdem in ländlicher Umgebung.«

»Ich bin mir nicht sicher, ob ich mich im Kreis von Millionären wohlfühlen würde.«

»Da wohnen bestimmt nicht nur Mafiosi.« Er schenkte ihr ein kleines Grinsen. »Mindestens ein oder zwei haben ihr Geld legal erworben – obwohl wir in Italien sind.« Seinem Tonfall nach machte er sich sowohl über sie als auch über seine Landsleute lustig.

»Natürlich. Es ist nur so, dass ich mich in letzter Zeit von Millionären fernhalte.«

Er blickte sie an und zog die Brauen hoch. »Schlechte Erfahrungen gemacht?«

Jo zögerte, aber da sie das Thema aufgebracht hatte, ging sie darauf ein. Auch wenn er und seine Familie offensichtlich keine armen Leute waren, deuteten sein alter Fiat und sein Beruf als Chemiker darauf hin, dass er nicht in der Millionärsklasse rangierte.

»Neulich hat mich ein Typ mit Chauffeur und Privatflugzeug zum Abendessen eingeladen.«

»In London?«

»Ja. Wir haben in einem Bootsrestaurant gegessen, und alles war sehr nett, bis ich hinterher zu ihm ins Auto gestiegen bin.«

Corrado drehte den Kopf zu ihr. »Er erwartete einen Kostenbeitrag?«

»Ja, aber nicht in finanzieller Form.«

»Hast du ihm eine Ohrfeige verpasst?« Er grinste wieder. »Ich wette, du kannst fest zuschlagen.«

Sie musste gegen ihren Willen lächeln. »Das kannst du annehmen. Aber nein, ich bin aus dem Auto gesprungen und habe ihn sitzen lassen.«

»Hoffentlich nicht während der Fahrt?« Sein Ton blieb heiter, sein Gesichtsausdruck nicht. »Wer sich so benimmt, wird in Italien als *stronzo* bezeichnet. Leider gibt es davon viele. Doch du bist darüber hinweg? Nicht mehr aufgewühlt?«

»Nein, es geht mir gut. Obwohl ich einen Moment lang

wirklich Angst hatte. Er hat mich festgehalten und angestarrt. Gruselig …«

»Wie gesagt, ein *stronzo.* Da kann ich verstehen, warum du für Millionäre gerade nichts übrighast.«

»Aber du hast recht. Es ist ungerecht, alle über einen Kamm zu scheren. Meine Mutter meint immer, ich hätte die Angewohnheit, von Leuten das Schlimmste denken.« Dabei musste sie sich eingestehen, dass sie genau das auch bei Corrado getan hatte. »Also, falls du Millionär bist, verspreche ich, dich nicht zu verabscheuen.«

Sie erwähnte lieber nicht, dass sie sich auch geschworen hatte, gut aussehende Männer zu meiden, weil sie sie für untreu hielt. Vielleicht hatte ihre Mutter doch recht. Nicht zum ersten Mal nahm sie sich vor, unvoreingenommen zu werden.

Ein paar Minuten später wurde die Straße noch schmaler, und schließlich wies ein Schild darauf hin, dass die Durchfahrt verboten war. Als sie sich dem Hinweisschild näherten, bog Corrado nach rechts ab und fuhr durch einen imposanten Torbogen und über knirschenden Kies eine Allee entlang, die nach fünfzig Metern vor einem charmanten alten Haus endete, das von hohen Schirmkiefern umgeben war. Er parkte neben einem großen, sehr schicken SUV und schaltete den Motor ab.

»Wir können den Wagen hier stehen lassen. Ich kenne den Besitzer, er hat nichts dagegen.«

»Wow. Was für ein Haus! Du kennst zweifellos die richtigen Leute, Corrado.«

Sie stiegen aus und schlenderten die Allee hinunter, Daisy sprang glücklich neben ihnen her. Offenbar wusste sie, dass ihr ein langer Spaziergang bevorstand.

»Das Labor, in dem ich arbeite, ist ganz in der Nähe«, erklärte er. »Daher gehe ich oft mit dem Hund die Via Appia entlang. Daisy kennt sie und ist gern hier. Ich mit meinem Interesse an Geschichte natürlich auch. Ich finde hier immer wieder Dinge, über die ich staune, und hoffe, dir geht es genauso.«

Ringsherum war das Land platt wie ein Pfannkuchen, aber was ihm in topografischer Hinsicht fehlte, machte es durch historische Bedeutung wett. Diese Straße, die jenseits des Verbotsschilds zu schmal für ein modernes Auto war, hatte man in der Antike für Streitwagen und Eselskarren gebaut. Offensichtlich war viel Geld ausgegeben worden, um die Pflastersteine herbeizuschaffen.

Ab und zu wies Corrado auf Rillen und Furchen in den Steinen hin, die sich im Lauf der Jahrhunderte durch unzählige Wagenräder gebildet hatten. Rechts und links auf den Feldern sah Jo kleine Gehölze. Laut Corrado verbargen sich darin zweitausend Jahre alte Ruinen. Danach leitete er zu einem grausigen Ereignis der Geschichte über.

»Was fällt dir zu Spartakus ein, Jo?«

»Ein alter Hollywood-Schinken. Ich weiß nicht mehr, wer die Hauptrolle gespielt hat. Rock Hudson vielleicht? Oder Kirk Douglas?«

»Sehr gut. Es war Kirk Douglas zusammen mit etlichen Stars der Sechziger, von Laurence Olivier bis zu Tony Curtis. Wusstest du, dass der Film auf wahren Ereignissen beruht?«

»Nur vage.«

»Spartakus führte 73 vor Christus den Sklavenaufstand gegen die Römer an. Als er und sein Heer endgültig geschlagen wurden, befahl Crassus sechstausend Sklaven entlang der Via Appia zu kreuzigen. Stell dir das vor.«

Jo schauderte. Kaum zu glauben, dass diese schöne Umgebung der Schauplatz solcher Grausamkeit gewesen war. »Obwohl wir heute nur die erstaunlichen Bauwerke sehen, lässt sich nicht verbergen, dass die Römer damals ein sehr grausames Volk waren.«

Als sie sich einem großen formlosen Bauwerk aus alten römischen Ziegeln näherten, das stark verfallen war und auf den ersten Blick nicht preisgab, ob es sich um ein Haus, einen Tempel oder einen Teil einer Befestigungsanlage gehandelt hatte, wurde Jo vom Leid der armen Sklaven plötzlich abgelenkt, denn sie bemerkte einen orangefarbenen Fleck in der Luft. Sie zeigte darauf, aber Corrado hatte ihn schon entdeckt und redete deshalb leise.

»Solche habe ich schon oft gesehen, weiß aber nicht, wie sie heißen.«

Zusammen schlichen sie auf den kleinen Schmetterling zu, der zwischen den Bäumen neben der Straße umherflatterte. Er setzte sich auf eine niedrige Mauer. Jo näherte sich ihm vorsichtig und machte einige Fotos. Er war entzückend, ein wenig kleiner als der Schwalbenschwanz, und hatte hell orangefarbene Flügel mit deutlich erkennbaren dunklen Sprenkeln. Daher war sie sicher, ihn richtig erkannt zu haben.

Sie drehte sich zu Corrado um, stellte aber fest, dass er diesmal sicheren Abstand zu ihr hielt. Mit einem Stich des Bedauerns flüsterte sie ihm ihre Vermutung zu.

»Wenn mich nicht alles täuscht, ist das ein Kleiner Perlmuttfalter. Der lateinische Name lautet *Issoria lathonia*, glaube ich. Die gibt es auch in England, doch ich war kürzlich bei einem Vortrag, und da hieß es, sie seien extrem selten geworden.«

In dem Moment fiel ihr ein hellblauer Fleck auf der anderen Straßenseite ins Auge, und sie bewegte sich behutsam von dem Perlmuttfalter weg, um ihn nicht aufzuschrecken. Insgesamt fotografierte sie während des Spaziergangs fünf Arten, denen sie in der Natur noch nicht begegnet war.

Corrado war ein angenehmer Begleiter, kenntnisreich und aufmerksam, und Daisy war entzückend. Trotz der ungeheuren Hitze genoss Jo jeden Moment und bedauerte es aufrichtig, als sie umkehren mussten.

Am Auto angekommen, bückte sich Corrado, um die Hecktür zu öffnen, und alle Gedanken an Schmetterlinge zerstoben, weil ihr etwas Erschreckendes klar wurde. Als ihr Blick auf die breiten Schultern und den muskulösen Rücken ihres künftigen Verwandten fiel, tat sich ein Problem auf. Und auf einmal sah sie vollkommen klar – besonders als ihr Blick am unteren Rücken ankam: Corrado mochte an ihr nicht interessiert sein, doch sie konnte das umgekehrt von sich nicht mehr behaupten. Was immer sie an Vorbehalten gegen wahnsinnig gut aussehende Männer geäußert hatte, gegen Männer im Allgemeinen sogar, blieb zweifellos wahr. Dennoch bestand für sie die reelle Gefahr, sich speziell in diesen wahnsinnig gut aussehenden Mann zu verlieben, und das würde die Dinge sehr komplizieren.

Natürlich ist das nur körperliches Verlangen, sagte sie sich entschieden. Schließlich blieb es eine Tatsache, dass er sehr anziehend aussah und sie seit Monaten keinen Sex mehr gehabt hatte. Insofern war das vorhersehbar gewesen. Ihr kam der sehr unanständige Gedanke, dass sie doch nur für wenige Tage in Rom blieb und dann in England vor ihm sicher wäre. Eine kleine Affäre mit ihm würde ihr eigentlich guttun.

Doch kaum hatte sie das gedacht, wies ihr Unterbewusstsein hastig darauf hin, dass es auf keinen Fall dazu kommen durfte, und zählte auch gleich die Gründe auf. Erstens würden sein Bruder und ihre Schwester heiraten, sodass die Situation für alle Beteiligten kompliziert würde, besonders für Angie. Zweitens war er an ihr überhaupt nicht interessiert. Und drittens, und das war der wichtigste Grund, war sie nicht der Typ für Affären. Bedeutungsloser Sex, wie verlockend er auch sein mochte, war einfach nicht ihr Ding.

Das war wirklich absolut ärgerlich.

5

Als sie bei Marios und Angies Haus ankamen, das vor Blicken abgeschirmt in einer Ecke des *Country-Club*-Geländes stand, waren sie nicht die ersten Gäste. Aus dem Garten der schönen umgebauten Scheune wehte Rauch heran, ein deutliches Zeichen für ein Barbecue. Angie und Mario erschienen in der Tür, sobald sie aus dem Wagen stiegen, und der Hund rannte zu Corrados Bruder, während Jo zu ihrer kleinen Schwester ging und sie in die Arme schloss.

»Hallo, Angie. Ich hoffe, du bist nicht furchtbar müde nach dem arbeitsreichen Tag.«

Angie grinste sie an. »Wirklich, Jo, du klingst mehr und mehr wie Mum. Und es geht mir gut. Es gab viel zu tun, aber alles ist glattgelaufen, und jetzt können wir abschalten.«

»Und im Garten wird gegrillt? Für wie viele Personen?«

»Ach, ich weiß es gar nicht. Wir haben einige eingeladen, die uns heute beim Springreiten geholfen haben. Mit euch beiden werden wir wohl zwanzig, dreißig Leute sein.«

»Du meine Güte, du wirst morgen völlig erledigt sein!«

»Keine Sorge, *Mum.* Wir brauchen uns um das Essen nicht zu kümmern. Mario hat die Jungs vom Restaurant dafür eingespannt. Ich brauche nur auf zwei Dinge aufzupassen: dass ich nicht zu viel trinke und dass ich nicht in den Pool falle.« Angie schaute auf Jos Handtasche. »Ach, Mist, ich habe vergessen, dir zu sagen, dass du Schwimmsachen mitbringen sollst. Aber weißt du, was? Komm mit rein, dann leihe ich dir einen von meinen Bikinis. Ich habe mehrere. Da wird dir sicher einer passen.«

Jo war hin- und hergerissen. Einerseits war die Idee, ins kühle Wasser zu springen, ungeheuer reizvoll, andererseits war die Vorstellung, sich halb nackt unter fremden Leuten zu zeigen, ein bisschen abschreckend, vor allem weil einer von ihnen Corrado war.

Sie umarmte Mario und folgte Angie nach oben ins Schlafzimmer. Bei einem Blick über die Schulter sah sie Corrado mit Daisy ums Haus herum in den Garten gehen. Der Labrador hob schnuppernd die Nase, als er den Grillduft witterte.

Oben suchte Angie im Schrank die Bikinis, und die Schwestern plauderten fröhlich. Sie standen sich von jeher nahe, auch wenn Angie sie immer damit neckte, dass sie zu ernst sei, und es tat gut zu sehen, wie glücklich Angie jetzt war. Und das nicht nur wegen ihres Verlobten und der baldigen Hochzeit.

Angie gehörte zum britischen olympischen Reiterteam, und aus diesem Grund hatte sie den Stalljob im *Country Club* bekommen. Die heutige Veranstaltung war gemeinsam mit dem Italienischen Reitsportverband ausgerichtet worden und hatte eine Chance für olympischen Nachwuchs sein sollen, sein Können zu zeigen. Der *Country Club* etablierte sich ganz klar als eines der führenden Springreitzentren Italiens.

Jo versicherte ihrer Schwester, wie sehr sie sich für sie freute, und drängte sie, ab und zu ihre Mutter anzurufen und sie an ihrem Glück teilhaben zu lassen.

Tatsächlich griff Angie auch gleich zum Telefon, und Jo probierte derweil zwei Bikinis an. Einer saß ihr zu locker, der andere hingegen passte perfekt. Es gab nur ein Problem: Er war wirklich winzig. Nicht unanständig, aber doch spärlich. Jo war sich ziemlich sicher, dass ihre Mutter ihn missbilligen würde, und gerade das überzeugte sie, ihn anzubehalten. Sie fand, sie sollte ihrer Schwester zeigen, dass sie falschlag. Natürlich war sie nicht wie ihre Mum.

Nachdem Angie das Gespräch beendet hatte, nahm sie Jo unter die Lupe und reckte lächelnd den Daumen nach oben. »Wow, der steht dir großartig. Hast du abgenommen?«

»Glaube ich nicht. Vielleicht ein oder zwei Pfund.« In Wirklichkeit war Jo sicher, dass sie seit der Trennung von Christian Gewicht verloren hatte, doch sie hatte sich stur geweigert, auf die Waage zu steigen. »Hast du auch bestimmt nichts dagegen, mir den Bikini zu leihen? Wenn er mir schon gut steht, sieht er an dir bestimmt noch besser aus.«

Angie schüttelte den Kopf. »Nein, nimm ihn ruhig. Außerdem trage ich schon meinen neuen.« Sie zog sich das Kleid aus und offenbarte einen rot-weiß gestreiften Bikini, der wie für sie gemacht war. Und er war noch winziger als der, den Jo jetzt anhatte. Also würden sich hoffentlich die Blicke auf Angie konzentrieren und nicht auf Jo.

Sie stopfte ihre Unterwäsche in die Handtasche, und sie zogen sich die Kleider wieder über, bevor sie sich in den Garten begaben. Auf dem Weg durchs Haus erzählte Jo von ihrem Nachmittag mit Corrado und hätte wegen der Don-Juan-Bemerkung zu gern Näheres erfahren, doch sie waren ständig von Leuten umgeben, sodass das warten musste.

Mario reichte ihnen ein Glas Weißwein und nahm sie beide mit, um Jo den anderen Gästen vorzustellen. Jo mochte ihn und sah, dass er mit Angie wirklich glücklich war. Wäre sie nicht ihre Schwester gewesen, hätte sie angesichts ihres Glücks ein bisschen Neid empfunden. Doch sie tat ihr Bestes, um Christian und das, was hätte werden können, aus ihrem Kopf zu verbannen.

Obwohl die Sonne sich dem Horizont entgegenneigte, war es noch recht hell und sehr heiß. Man sah immer mehr Gäste in Badesachen in den Pool steigen. Der war für ein Privathaus bemerkenswert groß, doch Mario war ein begeisterter Schwimmer. Jo ertappte sich bei der Frage, ob sein Bruder wohl auch Wasser so sehr liebte und ob er sich in Badehosen zeigen würde. Was immer er von ihr hielt und wie wenig ratsam es auch sein mochte, einem gewissen Urinstinkt nachzugeben, sie brannte darauf, ihn so zu sehen.

Unter den Gästen im Garten war er jedoch nicht zu entdecken. Sie überlegte gerade, ob er vielleicht nach Hause gefahren war, als hinter ihr ein energischer Ruf erschallte.

Aus dem Augenwinkel sah sie etwas Schwarzes über den Rasen schießen und mit einem Bauchklatscher im Pool landen, dicht gefolgt von seinem Besitzer. Das passierte so schnell, dass Jo das Wichtigste verpasste: Corrado ohne Hemd. Erst als er aus dem Wasser stieg und einen fügsamen, aber so gar nicht reuigen Labrador mit sich zog, fiel ihr auf, dass er noch angezogen war.

Das triefnasse weiße Hemd war durchsichtig geworden, und so wurde ihr der aufreizende Anblick seines Oberkörpers zuteil und nebenbei noch einmal bestätigt, dass Corrado Muskeltraining betrieb. Er sah umwerfend aus. Mit dem Hund tappte er über den Rasen zu Angie und Mario und entschuldigte sich.

»Tut mir leid, Leute. Sie hat den Moment abgepasst, als ich mit einem Bein aus der Hose gestiegen bin, und ist losgesaust.« Er blickte zu der tropfnassen Labrador-Hündin hinunter und drohte ihr mit dem Finger. »Das haben wir schon besprochen, Daisy. Hundehaare und Poolfilter vertragen sich nicht. Ist das jetzt ein für alle Mal klar?«

Daisy blickte zu ihm hoch, und Jo glaubte, ein hündisches Grinsen zu erkennen. Dann schüttelte die Hündin sich und machte sie alle nass, was jubelndes Gelächter bei den übrigen Gästen auslöste. Jo sah an sich hinunter und dann an ihrer Schwester. Sie hätten gut an einem Wet-T-Shirt-Contest teilnehmen können. Umso froher war sie, dass sie einen Bikini unter dem Kleid trug.

Angie fing ihren Blick auf, zuckte mit den Schultern und grinste sie an. »Ist das Kleid aus Baumwolle?«

Jo nickte.

»Dann zieh es aus, und ich stecke es kurz in die Waschmaschine, sonst duftest du nachher nicht nach Eau de Toilette, sondern nach Eau de Labrador. Bei der Wärme wird es im Nu trocken sein.« Da sie Jos Skepsis bemerkte, bekräftigte sie das noch mal. »Wirklich, du kannst es in spätestens zwei Stunden wieder anziehen, versprochen. Mario, Corrado, gebt mir eure Hemden. Die packe ich auch gleich dazu.«

Angie zog sich das Kleid über den Kopf, hängte es sich über den Arm und streckte die Hand aus, um die Sachen der anderen einzusammeln. Zuerst zog Mario, dann sein Bruder das Hemd aus. Jo unterdrückte ein Seufzen und wandte sich ab, um selbst möglichst diskret aus dem Kleid zu schlüpfen. Als sie sich wieder umdrehte und es Angie gab, sah sie gerade noch Corrados Blick von ihr zu seinem Bruder gleiten.

»Mario, kannst du kurz auf Daisy aufpassen? Ich hole die Leine aus dem Auto. Besser, ich binde sie irgendwo an, sonst springt sie noch mal in den Pool.«

Als er Richtung Hausseite ging, kam sie nicht umhin, seine Rückenmuskeln und die kräftigen Oberschenkel zu bewundern. Sie schaute sofort weg, aber nicht schnell genug, denn sie begegnete dem Blick ihrer Schwester und spürte, dass sie rot wurde. Angie war gerade im Begriff, mit den feuchten Sachen über dem Arm ins Haus zu gehen, neigte sich nun aber zu ihr, um ihr etwas zuzuflüstern.

»Ich glaube, wir sollten uns mal unterhalten.«

»Dann komme ich mit in die Waschküche.« Jo begleitete sie und schloss mit Bedacht die Tür hinter ihnen.

Während Angie die Kleidungsstücke in die Maschine steckte, schaute sie über die Schulter zu Jo. »Corrado …«

»Was ist mit ihm?«

»Mir ist aufgefallen, wie du ihn angesehen hast, und ich kenne den Blick. Den gleichen hattest du, als du mir damals Christian vorgestellt hast.«

Jo wollte widersprechen, doch ihre Schwester kannte sie zu gut und hob die Hand, um sie am Sprechen zu hindern.

»Ich mache dir keinen Vorwurf. Aber du solltest etwas über ihn wissen.«

»Und was?«

»Mach dir keine Hoffnungen. In Rom läufst du alle paar Meter einem seiner Opfer über den Weg.«

»Opfer? Du klingst, als wäre er Jack the Ripper.«

»Nun ja, in emotionaler Hinsicht ist er ein Killer.« Angie wählte das Waschprogramm aus und drückte auf *Start*. »Weißt du, Jo, er hat einen enormen Verbrauch. Verstehst du, was ich meine? Mario sagt, er zählt gar nicht mehr, wie viele Frauen er hinterher trösten musste, nachdem Corrado sie nach einem, höchstens zwei Dates hat fallen lassen.«

»Also ist er an etwas Ernstem nicht interessiert?« Jo war nicht überrascht, doch das erklärte noch nicht, warum er ihr gegenüber so schreckhaft reagiert hatte.

»Er glaubt einfach nicht an all diese Dinge.«

»Was für Dinge?«

»Kommt ihr mit ins Wasser?«

Beide fuhren erschrocken herum. Die Tür stand offen, und Corrado lehnte nur in Badeshorts im Türrahmen, verlockender denn je. Sein durchtrainierter Oberkörper war von der Sonne goldbraun, nicht olivbraun wie bei vielen anderen Italienern. Trotz der Warnung ihrer Schwester konnte Jo einen stillen Sehnsuchtsseufzer nicht unterdrücken. Derweil antwortete Angie für sie beide.

»Die Sachen sind in der Maschine und sollten in einer halben Stunde fertig sein. Nach einer weiteren halben Stunde in der Sonne sind sie wieder trocken. Ja, ich gehe mit schwimmen. Kommst du auch, Jo? Da, nimm dir ein Handtuch.«

Sie traten an Corrado vorbei und in den heißen Abend hinaus. Die Schatten waren inzwischen lang, aber es herrschte noch immer eine Gluthitze. Jo war froh, dass ihre Schwester einen Pool hatte. Als sie an dem Tisch vorbeigingen, an dem ein sichtlich verstimmter Labrador angebunden war, deponierte sie dort Sandalen, Handtuch und Handtasche und bückte sich kurz, um die Hündin zu streicheln.

»Es tut mir leid, dass du nicht mitkommen darfst, Daisy. Aber du passt auf meine Tasche auf, ja? Da ist mein Reisepass drin.«

»Mach dir wegen Daisy keine Gedanken. Ich gehe später mit ihr zum Fluss, damit sie schwimmen kann.« Corrado tätschelte die Hündin und ging voran zum Pool. Dort lächelte er Jo an und machte einen Kopfsprung ins Wasser. Nach ein paar Schwimmzügen tauchte er auf, strich sich die Haare aus dem Gesicht und schaute zu Jo zurück. »Auf dieser Seite ist es tief, am anderen Ende flach.«

Widerstrebend riss sie sich von seinem Anblick los. »Dann starte ich im Flachen. Mir ist lieber, wenn meine Haare trocken bleiben.«

Angie und sie gingen die Stufen hinunter, bis sie bis zur Hüfte im Wasser standen, und schwammen los. Das Wasser war leicht salzig und wunderbar erfrischend. Jo entspannte sich, während sie über das nachdachte, was Angie ihr erzählt hatte. Im Wesentlichen war es das Gleiche, was sie schon von ihrer Mutter gehört hatte. Corrado war ein »Schürzenjäger«, so hätte es ihre Großmutter genannt, und obwohl sich die jungen Frauen ihm vielleicht aufdrängten, war diese Schwäche an einem so kultivierten, angenehmen Mann enttäuschend. Eines fand Jo noch ein bisschen ärgerlicher als das, nämlich dass er sie überhaupt nicht mit solchem Interesse betrachtete. Zwar hatte sie absolut keine Lust, benutzt und fallen gelassen zu werden, dennoch ärgerte es sie, dass sie offenbar seinen hohen Ansprüchen nicht genügte. Sie wusste, sie war intelligent und hübsch. Wieso also nicht?

Gemächlich schwamm sie zum tiefen Ende des Pools und wieder zurück, hielt ihre Haare trocken und genoss das kühle erfrischende Gefühl am Körper. Schließlich setzte sie sich auf eine Stufe im flachen Wasser, lehnte sich zurück auf die Unterarme und entspannte sich. Zwei Minuten später gesellte sich Angie zu ihr.

»Abgekühlt?«

Jo nickte. »Es ist wunderbar.« Sie schaute sich unauffällig um, sah aber, dass sie allein waren. »Also, erzähl. Was genau macht Corrado? Soweit ich weiß, arbeitet er in einer Firma, die an Plastikersatzstoffen forscht.«

»Er arbeitet da nicht nur, sie gehört ihm. Gleich nach dem Examen – hat er dir erzählt, dass er in Oxford studiert hat? – hat er die Firma gegründet und anfangs klinische Tests entwickelt. Seitdem wird sie immer erfolgreicher, und gerade entwickeln sie ganz moderne kundenspezifische Labors.« Sie suchte Jos Blick. »Das ist ein wirklich lukratives Unternehmen, und er bekommt auch staatliche Aufträge. In seiner Firma arbeiten Hunderte Angestellte. Ich würde wetten, dass fünfzig Prozent der Italienerinnen, die zu Hause einen Schwangerschaftstest machen, einen aus seiner Firma verwenden.«

»Wow!« Jo war beeindruckt. Bei ihrer kritischen Bemerkung über Millionäre hatte er sicher geglaubt, sie sei gegen ihn gerichtet gewesen. Kein Wunder, dass er vor ihrer Berührung zurückgeschreckt war. »Und er wohnt an der Piazza Navona?«

»Er hat dort eine Wohnung, aber seit zwei Jahren besitzt er auch ein schönes altes Haus an der Via Appia Antica.«

Bei Jo fiel der Groschen.

»Hat es zufällig einen Torweg und eine lange Kiesallee? Und hat er einen großen blauen SUV?«

»Also hast du sein Haus gesehen? Es ist klasse, nicht wahr?«

Jo konnte nur beipflichten. »Und die Wohnung im Zentrum … hat er, um seine Freundinnen zu …?«

Angie grinste. »Bei Mario heißt sie nur *scopodromo*. Das könnte man mit ›Bumsarena‹ übersetzen, wenn du verstehst, was ich meine.«

Jo stöhnte. »Oh Gott … und dabei ist er so … so nett.«

»Ist er! Er ist ein Schatz. Nur anders gestrickt als wir Übrigen.«

»Wer ist anders gestrickt?«

Sie schauten auf und sahen Mario heranschwimmen. Angie grinste ihn an.

»Was glaubst du denn?«

Jo sah, wie er die Augen rollte.

»Große Brüder, hm? Eine Plage.«

Angie grinste breiter. »Oder große Schwestern.«

Jo bespritzte sie mit Wasser, wandte sich aber gleich der naheliegenden Frage zu. »Was ist sein Problem, Mario?«

Angie und er wechselten einen Blick, und Angie übernahm das Antworten.

»Corrado glaubt nicht an die Liebe.«

»Er … wie bitte?«

»Liebe … er glaubt, so etwas gibt es gar nicht.« Sie schmunzelte über Jos Gesichtsausdruck. »Weißt du, er ist Naturwissenschaftler. In seinen Augen ist Liebe eine Illusion, eine biologische Begleiterscheinung des Fortpflanzungstriebs, die den Verstand benebeln soll.« Sie griff nach Mario und küsste ihn. »Aber wir wissen, dass er falschliegt.«

Währenddessen hatte Jo das peinliche Gefühl, all das schon

mal gehört zu haben … aus ihrem eigenen Mund. Wie kam es, dass etwas, was ihr so vernünftig und logisch erschienen war, als sie es Victoria erläutert hatte, jetzt auf einmal absurd klang? Spielte ihr Verstand ihr einen Streich? Hatte Corrado denn nicht recht? Hatte sie nicht die ganze Zeit recht gehabt?

»Vielleicht hat er recht.«

Auf Angies Gesicht malte sich kaum verhohlener Ärger ab. »Nur weil Christian sich als Mistkerl entpuppt hat, heißt das nicht, dass du ihn nicht geliebt hast. Natürlich ist das Gefühl echt.«

»Ich weiß …« Jo nickte nachdenklich. Sie hatte ihn wirklich geliebt. Oder? Hatte sie sich nur etwas vorgemacht und doch nichts anderes als körperliche Begierde empfunden? Oder hatte sie sich einfach in seinem Glanz gesonnt? War er nur ein schönes Accessoire gewesen? Sie schüttelte den Kopf und schnaubte. »Tatsächlich bin ich mir da nicht mehr so sicher, Angie. Aber eins weiß ich: Ich brauche jetzt etwas zu trinken.«

Jo stieg aus dem Pool und ging zu dem Tisch, wo sie ihre Sachen und ihr Glas gelassen hatte. Sie tätschelte den Hund und trank einen großen Schluck Weißwein, was sie aber sofort bereute. Der Wein war bereits warm und schmeckte schal. Schnell stellte sie das Glas wieder hin und trocknete sich mit dem Handtuch so weit ab, dass sie sich ein neues Glas holen konnte, ohne alles vollzutropfen.

Wie sich zeigte, war das nicht nötig. Als sie das Handtuch weglegte, fiel ein Schatten darüber. Corrado stand mit einem Eiskübel vor ihr, in dem eine Flasche steckte. Wortlos nahm er ihr Glas, schleuderte den Rest Wein ins Gras und schenkte kalten Prosecco nach.

»Das Leben ist zu kurz, um warmen Wein zu trinken.«

Jo sah ihn an und dachte an das, was ihre Schwester ihr eben erzählt hatte. Dabei verspürte sie ein tiefes Bedauern. Abgesehen von seiner äußeren Erscheinung mochte sie diesen aufmerksamen, großzügigen Mann sehr. Dass er sich in seinem Verhältnis zu Frauen als rücksichtslos entpuppte, war schwer zu verstehen und sehr schade. Und enttäuschend. Sie rang sich ein Lächeln ab und hielt ihr Glas hoch.

»Danke, Corrado, du hast meine Gedanken gelesen. Cheers.«

Sie stieß mit ihm an und ließ den eiskalten Sekt genießerisch über die Zunge fließen. Da sie sich in dem winzigen Bikini ziemlich entblößt fühlte, setzte sie sich, und sofort landete ein warmer, schwerer, pelziger Kopf auf ihrem nackten Oberschenkel. Sie blickte zu der Labrador-Hündin hinunter, und ihr Lächeln wurde breiter. »Es war schön im Wasser, Daisy. Du hättest es genossen.«

»Das ist eine Idee, Jo. Hast du Lust, mit uns zum Fluss zu gehen? Der ist gleich da drüben hinter den Bäumen. Daisy hat die Abkühlung verdient.«

»Na klar.« Jo schaute in ihr Glas und traf eine rasche Entscheidung. Bis sie vom Fluss zurückkehrten, würde der Prosecco auch warm sein, und er schmeckte zu gut, um ihn verkommen zu lassen. Darum trank sie ihn in zwei großen Schlucken und schaffte es sogar, keinen Schluckauf zu bekommen. Sie bemerkte Corrados Blick, und im nächsten Moment folgte er ihrem Beispiel. Während er die Hündin von der Leine befreite und sie davon abhielt, zum Pool zu laufen, streifte sich Jo die Sandalen über, um ihm zu folgen. Doch eines beunruhigte sie dabei: Sie war nahezu nackt.

Sie spielte mit dem Gedanken, sich das Handtuch umzubinden, beschloss aber am Ende, locker zu bleiben. Schließlich war sie nicht ihre Mutter, auch wenn Angie noch so oft spöttelte. Ringsherum gingen fast alle Gäste ähnlich leicht bekleidet, da es noch immer sehr warm war, und wenn die anderen in Badesachen herumliefen, durfte sie das auch.

Dass sie gerade ein Glas Prosecco hinuntergestürzt hatte, mochte zu der Entscheidung beigetragen haben, aber kurz darauf sah sie sich so gut wie nackt neben einem fast nackten Mann und einem glücklichen Hund über die Wiese gehen.

Der Fluss war breiter als erwartet und das Wasser sichtlich flach. Es reichte jedoch, damit Daisy hineinspringen und schwimmen konnte, um das Stöckchen zurückzuholen, das ihr Besitzer für sie warf. Am Ufer lag ein dicker Baumstamm. Er wurde anscheinend schon lange als Bank benutzt, denn oben war er glatter als an den Seiten.

Jo setzte sich und beobachtete seufzend, wie Corrado sich bückte und aufrichtete und immer wieder den Stock übers Wasser schickte, damit die Hündin ihn holte. Er hatte wirklich einen schönen Körper, doch inzwischen war klar, dass er unerreichbar war – wie die Karotte vor dem Maul des Esels, die dieser nie zu kosten bekäme. Sie seufzte zum x-ten Mal. Es machte keinen Spaß, der Esel zu sein.

Nach einer Weile trat Corrado zu ihr und setzte sich. Sie kam nicht umhin zu bemerken, dass er einen schicklichen Abstand zwischen ihnen ließ, und in einer Hinsicht war sie froh darüber.

Ein, zwei Minuten lang saßen sie schweigend da, bis sie den Mut aufbrachte, ein Gespräch anzufangen. Den Blick auf den Hund gerichtet, der im seichten Wasser lag und nur mit der Schnauze und den Augen herausschaute wie ein schwarzes, behaartes Krokodil, bemühte sie sich, möglichst unbeschwert zu klingen.

»Was hat meine Schwester dir über mich erzählt, bevor ich hergekommen bin?«

»Hat denn mein Bruder mit dir über mich gesprochen?«

»Ja, sogar beide, doch ich habe zuerst gefragt. Was hat Angie gesagt?«

»Mal sehen. Du bist sehr organisiert, vielleicht ein bisschen zu organisiert, und auch rechthaberisch. Du bist sehr intelligent und ehrgeizig. Du bist umwerfend schön, spielst das aber immer herunter. Du warst ein paar Jahre mit jemandem zusammen, doch letzten Winter ist das in die Brüche gegangen. Du bist noch nicht ganz darüber hinweg, und wenn ich dich nur ein Mal anfasse, ruft sie bei der hiesigen Mafia an, damit sie Hackfleisch aus mir machen und mich an die Schweine verfüttern.« Jo hörte ihm an, dass er lächelte, und als sie zu ihm hinübersah, nickte er. »Doch, so kann man es zusammenfassen. Stimmt das in etwa?«

»Wahrscheinlich hat sie recht, was meine Rechthaberei angeht, aber so sind große Schwestern nun mal, oder? Ich bezweifle jedoch, dass ich schrecklich ehrgeizig bin. Nun ja, ich mag meinen Job und arbeite hart, aber ob vor oder hinter meinem Namen noch ein hochtrabender Titel steht, ist mir nicht so wichtig.«

»Und wie ist es mit der Schönheit?«

Jo merkte, dass sie rot wurde. »Das brauche ich nicht zu beurteilen, und außerdem zählt die innere Schönheit.«

»Also, ich muss sagen, deine Schwester hat vollkommen recht.« Ohne auf ihr Erröten zu achten, redete er weiter. »Und jetzt erzähl mir, was Angie und Mario über mich gesagt haben.« Dabei klang er schon ernster. »War es etwas Gutes oder etwas Schlechtes?«

»Jedenfalls etwas, bei dem ich mir hinterher dumm vorkam. Sie haben erwähnt, was für ein schönes Haus du hast, wie groß und erfolgreich deine Firma ist. Ich muss mich wohl bei dir entschuldigen, weil ich mich heute Nachmittag abfällig über Millionäre geäußert habe.«

»Hast du nicht. Wenn du dich erinnerst, hast du sogar gesagt, du wirst mich nicht verabscheuen, falls ich mich als Millionär entpuppe. Damit bin ich schon zufrieden. Vielmehr muss ich mich bei dir entschuldigen, weil ich verschwiegen habe, dass wir vor meinem Haus geparkt haben. Ich dachte nur, unser Spaziergang wird unbeschwerter, wenn ich mich bedeckt halte, nachdem du mir von der üblen Erfahrung mit dem reichen *stronzo* in London berichtet hast.«

»Und ich habe das Haus ehrlich bewundert.«

»Danke. Ich werde es dir in den nächsten Tagen mal zeigen.«

»Aber warum fährst du mit dem kleinen alten Fiat durch die Gegend, obwohl du einen schönen neuen Wagen hast?«

Er lächelte offen und unbeschwert, was sein ganzes Gesicht aufhellte. »Hast du gesehen, wie verbeult er ist? Das ist in einer Stadt wie Rom unvermeidlich. Die Leute verursachen ständig Blechschäden. Meistens halten sie deswegen nicht einmal an. Und dann kommt noch der Hundegeruch dazu. An trocknen Tagen wie diesem und bei offenem Fenster stört er vielleicht nicht so sehr, aber wenn es regnerisch ist – ich kann dir sagen! Daisy ist ein Mitglied der Familie, doch nicht das wohlriechendste. Der Hauptgrund ist jedoch die bequeme Größe. Ich fahre selten mit dem Range Rover, weil er nicht in die Garage unter der Wohnung passt.«

Unter seinem berüchtigten *scopodromo*, dachte Jo. Er hatte sie heute mit dem Fiat abgeholt, also war er von der Wohnung gekommen. Und das hieß wiederum, er war vorher mit irgendeiner Frau zusammen gewesen, oder? Sie schüttelte den Ärger ab und nickte. »Das leuchtet ein. Erinnere mich in ein paar Jahren, wenn ich mir einen gebrauchten SUV mit geringem Kilometerstand kaufen will, dass ich dich anspreche.«

Er schmunzelte. »Manchmal benutze ich ihn, doch du hast recht. Im Grunde war es überflüssig, ihn anzuschaffen. Aber wie auch immer, haben Mario und Angie etwas über mich gesagt?«

Jo holte tief Luft, bevor sie antwortete. »Sie haben gesagt, dass du nicht an die Liebe glaubst.«

Er schaute nachdenklich, und es dauerte einige Augenblicke, bis er darauf einging. »Das klingt ein wenig melodramatisch, doch es stimmt.« Er sah sie an. »Versteh mich nicht falsch. Ich behaupte nicht, die Leute könnten keine tiefen Gefühle füreinander entwickeln. Trotzdem halte ich die gesamte Vorstellung von Liebe für eine Illusion.«

Jo setzte sich kerzengerade auf. Jetzt benutzte er exakt ihre Worte. Gott sei Dank redete er weiter, bevor sie sich aufgefordert fühlte, sich zu äußern.

»Du hast Naturwissenschaften studiert, Jo. Wenn ich von Endorphinen, Oxytocin, Vasopressin und Dopamin spreche, weißt du, worum es sich handelt.«

»Jep. Um neurochemische Stoffe.«

»Die alle im Gehirn wirken. Wenn ich dich zum Beispiel in dem sexy Bikini neben mir sitzen sehe, passiert etwas in meinem Gehirn. Die Amygdala, ein Kerngebiet meines Gehirns, empfängt das Bild von meinen Augen in Form von elektrischen Signalen durch die Sehnerven. Das führt dazu, dass ein Cocktail der neurochemischen Stoffe in mein limbisches System geschickt wird, das oft als ›emotionales Zentrum des Gehirns‹ bezeichnet wird. Dieses bringt ein Gefühl hervor, das die Leute ›Liebe‹ nennen. In Wirklichkeit ist das eine biochemische Reaktion in meinem Kopf und genauso banal, wie wenn mein Gehirn mir sagt, dass es Zeit ist, etwas zu essen oder zur Toilette zu gehen.« Er sah sie lächelnd an. »Nur wesentlich erfreulicher.«

Jo ließ die Bemerkung zu ihrem sexy Bikini unkommentiert und konzentrierte sich auf die sachliche Aussage. Sie hatte sich mit den Hirnfunktionen eingehend befasst. Das alles war ihr nicht neu. Tatsächlich hatte sie gerade in letzter Zeit in den gleichen Bahnen gedacht wie er. Dennoch beschloss sie, den Advocatus Diaboli zu spielen. »Aber das ist nur sexuelle Lust, nicht wahr?«

»Genau das meine ich. Was wir als Liebe ansehen, ist bloß eine körperliche Reaktion. Du bist Zoologin. Also sag mir, was der grundlegende, übergeordnete Trieb aller Tiere ist.«

»Der Fortpflanzungstrieb.«

»Genau. Wenn ich dich nun ansehe und mir gefällt, was ich sehe, erkennt mein Gehirn ein zur Paarung geeignetes Weibchen.«

»Aber an Liebe ist doch viel mehr dran als Sex.« Sie suchte nach einem Beispiel, und ihr Blick fiel auf die nasse Hündin, die vor ihnen lag. »Daisy zum Beispiel liebst du doch, nicht wahr? Und sie liebt dich.«

Corrado schüttelte den Kopf. »Wenn du sie heute Abend mitnimmst und sie immer gut fütterst, lieb zu ihr bist und mit ihr herumtobst, bin ich ihr bald nicht mehr wichtig.«

»Aber was würdest du empfinden?«

»Sie hat einen guten Charakter und gehört zur Familie, doch ich würde mein Empfinden kaum ›Liebe‹ nennen.« Er lächelte. »Als Shakespeare *Romeo und Julia* schrieb, dachte er bestimmt nicht an Labradore.«

Jo gab auf. »Du meinst also, dass es Liebe gar nicht gibt, sondern bloß eine körperliche Anziehung aufgrund eines angeborenen Urinstinkts, der der Fortpflanzung dient. Und nur deshalb hast du den Ruf eines Herzensbrechers erworben?«

»Das liegt nicht an mir, sondern an den Frauen, ganz ehrlich.« Er machte ein ernstes Gesicht und senkte den Blick. »Ich bin ein relativ junger, gesunder Mann. Als solcher habe ich gewisse Bedürfnisse, und wie jeder andere Mann auch habe ich gern Sex – vielleicht auch ein bisschen mehr als andere. Doch ich habe nie und werde auch nie eine Frau in mein Bett einladen, ohne ihr klar zu sagen, dass ich ein rein sexuelles Interesse an ihr habe.«

Er blickte von seinen Füßen auf und wirkte ein wenig bekümmert. »Ich sage es ihnen, aber alle glauben, ich würde es mir noch anders überlegen. Das tue ich jedoch nicht. Ihr Frauen denkt, ihr könnt uns Männer ändern, aber das ist leichter gesagt als getan.«

»Dir ist doch klar, dass du als krasser Egoist rüberkommst? Ich bin mir sicher, dass du keiner bist. Auch wenn ich dich kaum kenne, bist du mir gegenüber bisher nicht egoistisch aufgetreten.«

»Ich bedaure, diesen Eindruck zu erwecken. Ich möchte nicht egoistisch sein, ich will nur ehrlich sein. Viel schlimmer wäre es doch, wenn ich wie viele andere nur vorgebe, tiefe Gefühle zu hegen, um eine Frau ins Bett zu bekommen.«

»Aber du wirst doch sehen, wie sehr du ihnen damit wehtust. Es ist egoistisch, sie aufzureißen, wenn du genau weißt, dass sie mehr wollen als du.«

»Ich reiße sie nicht auf, Jo, wirklich nicht. Sie kommen auf mich zu. Das ist die Wahrheit.«

Nach allem, was sie bei ihren Treffen mitbekommen hatte, stimmte das. »Also warst du nie verliebt und glaubst, du wirst dich auch niemals verlieben?«

»So ist es.« Er klang sehr bestimmt. »Das ist unmöglich, da das Phänomen meiner Ansicht nach nicht existiert. Und du?«

»Ja, natürlich bin ich schon mal …« Ihre Stimme verebbte in Zweifeln. »Zumindest habe ich das geglaubt.«

»Ich will es dir nicht madig machen, Jo. Ich kann nur sagen, was ich davon halte. Aber du bist ein intelligenter Mensch und kennst dich selbst am besten. Wenn du meinst, du hast geliebt, dann gut.« Er blickte auf. »Ich würde mich freuen, wenn mir jemand beweist, dass Liebe existiert. Wie ich auch fasziniert wäre zu sehen, dass es Geister gibt oder Außerirdische durch unseren Luftraum fliegen.«

Jo saß schweigend da. Sie wusste nicht, wie sie reagieren sollte. Zum Glück musste sie das nicht, denn jemand rief nach ihnen, und Daisy sprang aus dem Wasser und schüttelte sich, diesmal aber weit genug von ihnen weg, sodass sie trocken blieben. Es war Mario, der sie zum Essen rief.

Corrado stand auf und reichte Jo die Hand. »Hast du Hunger?«

Sie ließ sich von ihm hochziehen. »Jetzt, da du fragst, ja. Großen sogar. Nach dem dicken Eis heute Nachmittag dachte ich, ich kann nie wieder etwas essen, aber da lag ich falsch.«

Lächelnd ließ er ihre Hand los. »Das macht dein limbisches System.«

Das Barbecue war ganz anders, als Jo es von zu Hause gewöhnt war. Ja, es gab Würstchen, doch die hatten nichts gemein mit den angekohlten Exemplaren, die ihr Vater fabrizierte. Sie waren einen halben Meter lang, eng zusammengerollt, sodass sie auf einen Vorspeisenteller passten, und steckten auf einem Holzspieß. Sie schmeckten würzig und fleischig und wunderbar.

Außerdem gab es eine römische Spezialität namens *abbacchio a scottadito*, kleine Lammkoteletts, die innen zart und außen knusprig waren, sehr, sehr lecker. Zum Fleisch standen verschiedene Salate zur Auswahl, darunter einige mit essbaren Blüten oder Tropenfrüchten, außerdem Peperonata und Berge von Rosmarinkartoffeln. Statt Prosecco tranken sie hellroten Chianti Classico aus der Toskana und einen weißen Frascati, der vor den Toren Roms angebaut wurde, wie Mario ihr erklärte.

Am Ende der Mahlzeit fühlte sich Jo ermattet. Die Sonne

stand nun am Horizont, und die Schatten waren lang geworden. Trotzdem war es noch sehr warm. Deshalb merkte sie jetzt erst, dass sie noch immer im Bikini dasaß. Sie wollte gerade aufstehen, um ins Haus zu gehen und sich umzuziehen, als ein kleiner flatternder Farbtupfer sie aus ihrer Trägheit aufscheuchte. Etwa ein Großer Schillerfalter?

Sie schoss von ihrem Stuhl hoch, was die anderen am Tisch und den Hund erschreckte, der zu ihren Füßen gedöst hatte, und griff in ihre Handtasche nach dem Handy, ohne daran zu denken, was sie zuletzt hineingestopft hatte. Als sie das Gerät herauszog, verfing sich etwas an ihren Fingern, und über den Tisch flogen ihr Slip und ihr BH, wobei Letzterer auf der anderen Seite von der Tischkante rutschte.

Rot bis zu den Haarwurzeln griff sie nach dem Slip, beugte sich über den Tisch und sah ihren weißen BH auf dem Kopf der verwirrt blickenden Daisy liegen. Hastig streckte sie die Hand danach aus und bekam ihn zu fassen, bevor der ewig hungrige Hund versuchte, ihn zu fressen. Als sie sich aufrichtete und die peinlichen Gegenstände in der Handtasche verschwinden ließ, bekam sie Applaus von ihrer kleinen Schwester.

Da der Schmetterling längst in der Dämmerung verschwunden war, ließ Jo sich wieder auf den Stuhl sinken und trank einen großen Schluck Mineralwasser, um sich zu beruhigen. Dabei hörte sie unterdrücktes Kichern. Es kam von Mario, der gegen einen Lachanfall ankämpfte.

»Und was für Zaubertricks hast du noch auf Lager, Jo?«

Bewusst blickte sie an Corrado vorbei und tat ihr Bestes, um sich erwachsen zu benehmen und so gelassen zu antworten, wie das unter diesen Umständen möglich war. »Bei meinem nächsten Trick werde ich ins Haus gehen und im Kleid wieder herauskommen, Mario.«

»Wenigstens wissen wir jetzt alle, dass du deinen Slip dabeihast. Mum wäre stolz auf dich.« Angie schüttelte sich vor Lachen. »Aber wie kam es zu dem exhibitionistischen Moment?«

Jo holte tief Luft und berichtete von dem Schmetterling. Das endlich beendete das Gekicher.

Mario klang interessiert. »Was sagst du, wie der Schmetterling heißt?«

»Großer Schillerfalter, *Apatura iris*. Man kann ihn gar nicht verwechseln. Er hat blauviolette Flügel mit weißen Flecken.«

»Ich glaube, den kenne ich. Den haben wir oft im Garten gesehen, als wir noch Kinder waren. Corrado, erinnerst du dich?«

Zum ersten Mal seit dem Vorfall traute sie sich, zu ihm hinzusehen, und ihre Blicke trafen sich für eine Sekunde.

»Doch, ja. Ich erinnere mich an die Farbe. War bei den Herrschern der Antike beliebt. Aber ich habe diesen Schmetterling schon etliche Jahre nicht mehr gesehen.«

»Wie so viele. Schmetterlinge werden immer seltener. Vor einer Woche war ich bei einem Vortrag im Naturhistorischen Museum, und der Mann sagte, dass es in Großbritannien immer weniger gibt. Es wäre fantastisch, wenn ich hier einen sähe und sogar fotografieren könnte. Deshalb wollte ich das Handy aus der Tasche nehmen.«

»Ich hoffe, Daisy hat nicht versucht, deinen BH zu fressen.«

»Nein, sie hat sich höflich zurückgehalten, danke.«

Aus dem Augenwinkel nahm sie wahr, dass sein Blick über ihren Körper huschte, und unterdrückte einen Schauder der Erregung. Sie sah kurz zu ihrer Schwester und stand auf. »Wenn du mir jetzt einfach mal sagst, wo mein Kleid hängt, dann kann ich mich umziehen gehen, bevor es noch peinlicher wird.«

Die Gartenparty war noch in vollem Gange, als Jo vollständig bekleidet Angies Schlafzimmer verließ. Sie fühlte sich schläfrig. Auf dem Weg nach unten sah sie ihre Schwester in der Küche, wo sie gerade Kaffee kochte.

»Angie, ich sollte mich jetzt besser auf den Weg machen. Ich bin wegen des Fluges sehr früh aufgestanden. Es war ein langer Tag. Und ein sehr schöner. Vielen Dank für alles, besonders für den Bikini. Ich habe ihn in den Wäschekorb gelegt, falls das okay ist.«

»Natürlich. Möchtest du einen Kaffee, bevor du gehst?«

»Lieber nicht, danke. Ich brauche jetzt nur noch ein Taxi.«

»Nicht nötig. Daisy und ich nehmen dich mit.«

Jo drehte sich nach dem Sprecher um. Corrado stand wieder vollständig bekleidet in der Tür zum Garten.

»Bist du dir sicher, Corrado? Draußen geht es noch hoch her. Ich will dich von den Leuten nicht wegreißen.«

»Kein Problem. Ich muss auch zurück in meine Wohnung.«

Was ihn wohl jetzt schon zu seiner Wohnung zog? Jo ignorierte den Gedanken und nahm das Angebot an. Nachdem sie sich bei den Gästen verabschiedet hatten, gab sie Mario und Angie einen Kuss und versprach ihrer Schwester, am nächsten Morgen gleich nach dem Aufwachen anzurufen, damit sie sich verabreden konnten. Sie wollten die Stadt besichtigen, bis sie Victoria am Nachmittag in Empfang nehmen würden.

Als Corrado losfuhr, sah Jo auf die Uhr. Es war kurz vor zehn, in England also erst neun, aber sie war definitiv müde. Das war ein ereignisreicher Tag gewesen, und die Hitze zehrte sicherlich auch an ihren Kräften. Sie schaute zu Corrado hinüber. »Bist du nicht müde? Ich bin ziemlich erledigt.«

Er warf ihr einen Blick zu, als sie die Laternen an der Einfahrt des Anwesens passierten. »Nein, und du siehst auch nicht besonders müde aus. Vielmehr sogar schön.«

Sie lächelte ihn matt an. »Danke, doch du kannst dir die Komplimente sparen.«

Es lag ihr schon auf der Zunge, dass sie keine war, die sich durch Schmeicheleien verführen ließ, sie sprach es aber nicht aus. Nach ihrem Gespräch unten am Fluss war sie mehr denn je überzeugt, dass sie beide nur Freunde sein sollten, gute Freunde. So attraktiv und charmant er auch war, sie wollte nicht die nächste Kerbe in seinem Bettpfosten werden, sofern er sich überhaupt in dieser Weise für sie interessierte – und bisher hatte nichts darauf hingedeutet.

Er sagte nichts weiter, und das war ihr gerade recht. Sie überlegte jedoch, sich morgen einen neuen Bikini zu kaufen, wenn sie mit Angie durch die Stadt bummelte. Als sie für Rom gepackt hatte, war ihr nicht in den Sinn gekommen, dass sich die Gelegenheit zum Schwimmen ergeben könnte.

Die Rückfahrt ins Stadtzentrum dauerte keine halbe Stunde, und Corrado konnte problemlos vor dem Hotel anhalten und sie absetzen.

Sie wandte sich ihm lächelnd zu. »Danke für alles, Corrado. Das war ein wunderbarer Tag. Ich haue mich jetzt aufs Ohr und schlafe zwölf Stunden durch.«

Da er zurücklächelte, beugte sie sich zu einem Wangenkuss hinüber, gerade als er das Gleiche machte. Im Halbdunkel des Wagens ergab sich ein Kuddelmuddel, und ihr Kuss landete auf seinem Mund.

Beide fuhren auseinander, als hätten sie sich verbrannt. Jo wurde rot. Um ihre Verlegenheit abzuschütteln, öffnete sie hastig die Wagentür und stieg aus.

»Danke fürs Mitnehmen, Corrado. Ich bin die ganze Woche hier, also werden wir uns sicher noch mal sehen.«

»Dafür sorge ich. Gute Nacht, Jo. Schlaf gut.«

Sie langte in den Wagen, um den Hund zu streicheln, und bekam dafür seine nasse Zunge zu spüren, dann warf sie die Tür zu und stieg die Stufen zum Hotel hinauf. Hinter sich hörte sie den Wagen starten und wegfahren.

Derselbe Portier begrüßte sie, aber die Besetzung am Empfang hatte sich geändert. Eine dunkelhaarige junge Frau lächelte ihr zu, als Jo zum Aufzug ging. Der brachte sie geräuschlos in den obersten Stock, wo sie über den Teppichboden zu ihrem schönen kühlen Zimmer ging. Nachdem sie, ohne Licht zu machen, hinter sich abgeschlossen hatte, warf sie ihre Tasche auf eins der Betten und öffnete das französische Fenster, das auf die Terrasse führte.

Sie trat in die feuchtwarme Nachtluft, lehnte sich an die Balustrade und schaute über die Dächer zu der unverkennbaren Kuppel des Petersdoms. Aus der schmalen Straße vier Stockwerke unter ihr schallten Motorlärm und Stimmen herauf, und sie sah die beleuchtete Spanische Treppe und die Piazza di Spagna. Obwohl es auf elf Uhr zuging, war noch viel los, und Jo stützte die Ellbogen auf und genoss die Atmosphäre.

Trotz der atemberaubenden Aussicht konnte sie bloß an eines denken: daran, wie sich Corrados Lippen an ihren angefühlt hatten. Obwohl nur versehentlich, hatte der Kuss einen Blitz durch ihren Körper gesandt und sie aus ihrem matten Zustand aufgeschreckt, so effektiv wie ein kalter Wasserguss.

Wie konnte diese unscheinbare Berührung denn um Himmels willen solch ein Beben in ihr auslösen – nach allem, was sie über ihn und von ihm selbst gehört hatte? Jo schüttelte verständnislos den Kopf. Das, was Corrado als ihr »limbisches System« bezeichnete, war völlig uneins mit ihrem logischen Verstand. Laut Angie hakte Corrado die Frauen spätestens nach dem zweiten Date ab. Er hatte Jo sogar selbst gewarnt, und allem Anschein nach fühlte er sich nicht einmal zu ihr hingezogen. Also, warum sollte sie sich derart von ihm angezogen fühlen? Als Wissenschaftlerin fand sie das unbegreiflich und als fühlende Frau frustrierend. Wohin konnte das führen?

Ihr Unterbewusstsein meldete sich plötzlich und gab ihr die wahrscheinliche Antwort: zu Liebeskummer.

6

Trotz bester Absichten wurde nichts aus den zwölf Stunden Schlaf. In erster Linie weil sich ihr Verstand hartnäckig weigerte, Ruhe zu geben, sodass Jo die Ereignisse des Tages immer wieder Revue passieren ließ. Als sie doch endlich in den Schlaf fand, schlief sie wie ein Stein, bis um kurz nach neun ihr Telefon klingelte. Mühsam öffnete sie die Augen, griff nach dem Gerät und nahm das Gespräch an. Es war Victoria, und sie hatte Neuigkeiten.

»Hallo, Vic. Schon gepackt und startbereit?«

»Jep. Werde um sechs in Rom sein.«

Jo lehnte sich in das wunderbar weiche Kissen zurück und reckte sich, um ihr Gehirn in Gang zu bringen. »Steig am Flughafen in einen Zug zum Hauptbahnhof. Schick mir eine SMS, sobald du im Zug sitzt, dann hole ich dich auf dem Bahnsteig ab.« Ihr fiel etwas ein. »Und pass gut auf dein Gepäck auf. Corrado sagt, da tummeln sich die Diebe.«

»Also hast du deinen umwerfenden Corrado schon wiedergesehen?«

»Wie gesagt, er ist nicht ›mein‹ Corrado. Und erst recht nicht nach dem, was ich gestern erfahren habe.«

»Erzähl!«

»Es ist ein bisschen kompliziert. Ich berichte dir alles, wenn du da bist, okay?«

»Hoffentlich nichts Drastisches, oder? Er ist doch nicht etwa schwul?«

»Nein, Vic, ganz sicher nicht.«

»Die Antwort kam ziemlich schnell. Also ist er verheiratet?«

»Auch das nicht. Wie gesagt, es ist kompliziert.«

Victoria gab auf. »Na gut, Jo. Ich habe auch ein paar Neuigkeiten. Rate mal, wer mich gestern zu Marguerites Hochzeit begleitet hat?«

Das Rätsel war leicht zu knacken. Victoria war zuvor schon mit George essen gegangen und hatte wohl eine schöne Nacht mit ihm verbracht.

»George?«

»Genau der. Und es lief wirklich gut.«

»Und du wirst dich wieder mit ihm treffen?«

»Er sagt, er zählt die Tage bis zu meiner Rückkehr.«

Nachdem sie aufgelegt hatte, überlegte Jo, ihre Schwester anzurufen, beschloss aber, damit zu warten, da es für Angie und Mario bestimmt spät geworden war. Sie duschte, zog sich an und ging nach unten in den Speisesaal. Das Frühstück war fantastisch. Hinterher war sie versucht, sich wieder hinzulegen und weiterzuschlafen, beschloss jedoch, die Müdigkeit mit Bewegung zu vertreiben. Sie rief Angie an, und sie vereinbarten, sich am Mittag am Konstantinsbogen neben dem Kolosseum zu treffen. So hatte Jo noch zwei Stunden für sich, und sie trödelte nicht, sondern verließ sofort das Hotel.

Es war noch verhältnismäßig kühl, aber der wolkenlose Himmel kündigte schon die drückende Hitze an, die bereits am Vortag geherrscht hatte. Jo ging die Spanische Treppe hinunter zur Piazza di Spagna. Dabei zählte sie die Stufen, vergaß das jedoch, als sie bei hundert ankam, weil sie fast von einer Schar chinesischer Touristen umgerannt wurde. Jo nahm Zuflucht an der seitlichen Mauer, bis die Gruppe vorbeigelaufen war, und setzte dann den Weg fort. Auf der anderen Seite des Platzes bog sie in die schmale Via dei Condotti ein.

Der Name kam ihr vage bekannt vor, und bald wurde ihr klar, warum. Das erste Geschäft, an dem sie vorbeikam, war ein Gucci-Store, und an dem daneben prangte der Schriftzug *Prada*. Es folgten Bulgari, Cartier und eine nicht enden wollende Reihe teurer Luxusmarken. In kaum einem hatte man sich herabgelassen, im Schaufenster Preise anzugeben. Die Preisschilder in den übrigen überzeugten Jo sofort, den Kauf des Bikinis aufzuschieben, bis sie auf einen Laden ihrer Preisklasse stieß.

Selbst an einem Sonntagmorgen war die Straße bevölkert, und eine erstaunliche Anzahl Leute trug bereits Tüten mit berühmten Markennamen bei sich. Anscheinend gab es außer Corrado noch mehr wohlhabende Römer.

Der Gedanke an ihn rief ihr die gestrigen Ereignisse in Erinnerung, vor allem ihre Unterhaltung am Fluss. Er hatte klar zum Ausdruck gebracht, dass er Liebe nur für eine romantische Vorstellung hielt, und Jo nahm ihm das ab. Außerdem bezweifelte auch sie ernsthaft, ob es das Phänomen wirklich gab. Wie war es denn zu erklären, dass sich die flüchtige Berührung seiner Lippen derart auf sie auswirkte? Jo war ein intelligenter Mensch, und als solcher wusste sie genau, dass eine romantische Begegnung mit Corrado in eine Katastrophe münden würde. Mal abgesehen davon, dass er sie sowieso nur als seine künftige Schwägerin betrachtete. Wieso war sie trotz dieser unbestreitbaren Tatsachen durch den versehentlichen Kuss so durcheinander? Die Frage beschäftigte sie auf dem gesamten Weg bis zum Forum, ohne dass sie zu einer Erklärung fand.

Durch die Stadtmitte zog sich eine breite autofreie Zone, in der Jo jedoch schnell lernte, auf Radfahrer, Busse und, was noch tückischer war, Elektrotaxis achtzugeben, die fast lautlos von hinten heransausten. Nach nicht allzu langer Zeit ging sie am Forum Romanum entlang, einer überwältigenden Reihe von Baudenkmälern und Ruinen, die mehr als zweitausend Jahre alt waren, und am Ende ragte das Kolosseum auf. Inzwischen war es fast Mittag, sodass sie sich auf dem letzten Stück zum Konstantinsbogen beeilte.

Angie traf mit zehnminütiger Verspätung dort ein und entschuldigte sich wortreich. »Tut mir leid, dass ich zu spät komme, aber Mario wollte mich eigentlich herbringen und bekam in letzter Minute Stress im Restaurant – irgendwas mit der Fischlieferung ist schiefgelaufen …«

»Ist gar nicht schlimm. Ich habe währenddessen die Umgebung bestaunt.«

»Und hast du Lust, weiter herumzulaufen? Bist du es noch nicht leid?«

»Ich habe eine Woche Tagung vor mir, bei der ich den ganzen Tag sitzen werde. Da bin ich sehr für einen Gang durch die Stadt zu haben. Und nach dem üppigen Mahl gestern Abend und meinem Hotelfrühstück – ein englisches mit allem Drum und Dran – brauche ich die Bewegung unbedingt, sonst sehe ich bald aus wie das Michelin-Männchen.«

»Sei nicht albern. Du könntest gut ein paar Pfund mehr vertragen. Mein Bikini hing ja fast an dir herunter.«

»Das wäre mir neu, aber da wir gerade davon sprechen: Kannst du mir ein Geschäft zeigen, wo ich einen unter dreihundert Euro bekomme?« Sie fing den Blick ihrer Schwester auf. »Ich bin gerade die Via dei Condotti entlanggelaufen.«

Angie grinste. »Nichts für schwache Nerven. Keine Sorge, ich kenne ein paar nette Läden mit vernünftigeren Preisen. Ich sag dir was: Nehmen wir einen Bus dorthin. Dann können wir von da zu Fuß zum Vatikan gehen, als ersten Besichtigungsstopp. Ich habe auch schon Fahrscheine.«

Angie führte sie zu einer Bushaltestelle, die angenehmerweise im Schatten einer Schirmkiefer lag. Während des Wartens unterhielten sie sich, und Jo lenkte das Gespräch sorgfältig von Corrado weg. Die ganze Situation war zu kompliziert für einen heißen Sonntagmittag. Allerdings stand ihr noch ein Schock bevor.

Als der Bus herankam und an den Straßenrand fuhr, fiel ihr Blick auf die Reklame an der Fahrzeugseite. Die warb für eine Modenschau am Palazzo delle Esposizioni, und das Gesicht des abgebildeten Models kannte sie nur allzu gut. Verblüfft zeigte sie mit ausgestrecktem Arm auf das Bild, nicht sicher, ob sie je die Sprache wiederfinden würde.

Angie folgte dem Zeigefinger und riss die Augen auf. »Ach du Schreck, das ist ja Christian!«

Jo nickte wortlos. Die Türen des Busses öffneten sich zischend, und die Fahrgäste quollen heraus, während die Leute vor ihnen in der unordentlichen Warteschlange – keine Stärke der Römer – drängelnd einstiegen. Jo spürte Angies Hand am Arm und ließ sich blindlings in den Bus ziehen. Sie hörte, wie sich die Tür hinter ihr schloss, und besann sich so weit, dass sie nach einer Haltestange griff, bevor der Omnibus anfuhr.

Angie stempelte zwei Fahrscheine ab und nickte ihr zu. Als der Bus an einer Ampel anhielt, folgte Jo ihr in den hinteren Teil, wo noch zwei Sitzplätze frei waren. Aufatmend ließen sie sich darauf nieder.

»Christian ist also zur selben Zeit in Rom wie du!« Angie war genauso verblüfft.

»Unfassbar.« Jo schüttelte den Kopf und wandte sich ihr zu. »Aber das musste ja irgendwann passieren. Er reist durch die ganze Welt. Wenn nicht hier, laufen wir uns garantiert in London über den Weg.«

»Willst du ihn sehen?« Angie fasste ihr aufmunternd an den Arm. »Wir könnten heute zu der Modenschau gehen, wenn du Lust hast.«

»Bloß nicht! Das ist das Letzte, was ich will. Das mit ihm ist aus und vorbei.« Endlich sagte sie das mit Überzeugung, das merkte sie gerade. Es war fast fünf Monate her, seit er sich plötzlich aus ihrem Leben verabschiedet hatte, und in dieser Zeit war es ihr schwergefallen, sich innerlich von ihm zu befreien.

Sie sah zu Angie und hielt sich fest, als der Bus scharf ausscherte und um einen in zweiter Reihe parkenden Wagen herumfuhr. »Ich meine es ernst, Angie. Christian ist Geschichte. Soll er über den Laufsteg stolzieren, ohne zu wissen, dass ich hier bin. Außerdem glaube ich, dass er mich genauso wenig sehen will wie ich ihn.«

Sie mussten den Tiber bereits überquert haben, doch Jo hatte das nicht mitbekommen. Sie war mit den Gedanken woanders. Als Angie schließlich aufstand und zur Tür ging, hatte Jo keinen blassen Schimmer, wo sie jetzt waren. Sie stiegen aus, und als der Bus weiterfuhr, gelang es ihr, sich aus ihrer Schreckstarre zu lösen, sodass sie sich umsehen konnte. Sie befanden sich auf einer Geschäftsstraße in einem modernen Stadtteil mit vielen Betonbauten und Backsteinhäusern.

Angie nahm sie beim Arm. »Was du brauchst, ist eine Shopping-Behandlung. Die wird dich von Christian ablenken.«

Damit hatte sie recht. Nachdem Jo im Besitz eines neuen Bikinis war, hatte sie den Schrecken überwunden. Der Bikini stand ihr gut. Er war kaum weniger freizügig als die schwesterliche Leihgabe am Vortag, aber sie kaufte ihn auch, damit ihre Schwester Ruhe gab. Da sie schon dabei war, erstand sie auch dringend benötigte neue Unterwäsche und ein paar andere Kleinigkeiten.

Inzwischen dachte sie wieder nüchtern über Christian nach. Er war in Rom, na und? Die Ewige Stadt war groß. Als sie aus dem Laden in die Sonne traten und Jo ihre Käufe in die Tasche steckte, grinste sie Angie an.

»Wie es in den alten Western so schön heißt: ›Die Stadt

ist groß genug für uns beide.‹ Christian und ich treffen bestimmt nicht aufeinander, also denken wir einfach nicht mehr an ihn.«

Ihre Schwester wirkte erleichtert. »Und du meinst, du bist wirklich über ihn hinweg? Wir haben uns in den letzten Monaten Sorgen um dich gemacht.«

Jo drückte sie. »Danke. Doch, ich habe die Trennung überwunden. Das hat seine Zeit gedauert, doch jetzt ist es geschafft.«

Dabei fragte sie sich, welcher Katalysator diesen Wandel herbeigeführt hatte, aber ihr fiel keiner ein. Corrado konnte es nicht sein, da zwischen ihnen nichts lief. Und wenn er es nicht war, dann vielleicht die heilsame Atmosphäre der Ewigen Stadt? Was es auch war, es wirkte. Endlich schloss sie den Karton mit der Aufschrift *Christian* und fühlte sich bestens.

Sie strahlte ihre Schwester an. »Also, wohin jetzt?«

»Ich dachte, wir fangen beim Vatikan an. Von hier sind es nur fünfzehn Minuten dorthin. Allerdings sind die Vatikanischen Museen leider sonntags geschlossen. Wenn du Zeit hast, kannst du ja unter der Woche noch mal herkommen.«

Auf dem Weg durch die glutheißen Straßen nutzten sie jedes bisschen Schatten. Schließlich sahen sie am Ende eines breiten Boulevards den Petersplatz mit der Basilika und dem Vatikan liegen. Als sie dort ankamen, war er überfüllt mit Touristen und Gläubigen.

Jo stellte sich am Rand in den Schatten und bestaunte die runden Kolonnaden. Angie zeigte darüber auf das bescheidene Fenster, an dem sich der Papst ab und zu zeigte. Nachdem sie einiges fotografiert hatte, gingen sie zusammen mit Hunderten von Menschen in den Petersdom und bewunderten die sakrale Pracht.

Obwohl Jo sich nach dem opulenten Frühstück vorgenommen hatte, erst einmal auf Essen zu verzichten, ließ sie sich auf dem Rückweg ins Stadtzentrum überreden, an einer Eisdiele haltzumachen.

Als sie auf dem Bürgersteig unter einem Sonnenschirm saßen, eisgekühltes Wasser tranken und Joghurteis aßen, rief Corrado Angie auf dem Handy an. Er lud sie zum Abendessen ein. Jo freute sich, ihn schon so bald wiederzusehen, bat jedoch inständig um ein ganz leichtes Essen. Kurz bevor Angie auflegte, fiel ihr ein, dass Victoria ja vorher in Rom ankommen würde. Angie gab das an Corrado weiter, worauf er seine Einladung sofort erweiterte.

Nach einem erschöpfenden Nachmittag und einigen wohltuenden Café-Besuchen rief Victoria an und teilte mit, dass sie sicher gelandet war und gleich in den Zug zum Hauptbahnhof steigen würde. Angie und Jo begaben sich über Seitenstraßen dorthin. Es war jetzt noch heißer als zur Mittagszeit, und nachdem sie Victoria in Empfang genommen hatten, beschlossen sie, mit dem Taxi zum Hotel zu fahren.

In Jos Zimmer angekommen, setzten sie sich auf die Terrasse und plauderten in einem kostbaren Schattenfleck, der umso kleiner wurde, je weiter die Sonne ums Haus herumkam. Schließlich mussten sie in das klimatisierte Zimmer flüchten. Victoria gestand, wie beeindruckt sie von Rom und dem Hotel war, und Jo freute sich mit ihr. Sie waren seit der Schulzeit beste Freundinnen und hatten immer aufeinander achtgegeben.

Als Victoria hörte, dass Christian sich gerade in Rom aufhielt, bot sie an, ihm eine kräftige Abreibung zu verpassen. Sie hatte ihm nie verziehen, wie sehr er Jo enttäuscht hatte, und hatte ihr in den schlimmsten Stunden tröstend beigestanden. Jo beschwichtigte sie und meinte, das sei Zeitverschwendung, und es sei sowieso aus und vorbei.

Nachdem dieses Problem geklärt war, ließ sich Victoria genauestens erzählen, was Corrado bei der Gartenparty zu ihr gesagt hatte. Jo spulte die Begriffe ab, mit denen er seine Illusionstheorie gestützt hatte, und Victoria hörte verwundert zu. Angie lauschte dem Bericht ebenfalls, war aber kein bisschen verwundert.

Sobald Jo Corrados Behauptung wiederholte, dass er die Frauen gar nicht aufriss, ergriff Angie das Wort.

»Das ist wahr, Jo. Sie machen sich an ihn heran, nicht umgekehrt.« Sie streifte sich die Schuhe ab und streckte sich auf Jos Bett aus. »Und seit seine Firma den großen Reibach macht, wird er noch mehr umschwärmt. Gutes Aussehen und Geld, das ist für viele Frauen eine berauschende Kombination.«

»Er sagt, er warnt sie, doch sie glauben ihm nicht.«

Angie bestätigte das. »Das tut er bestimmt. Aber machen wir uns nichts vor: Er könnte auch Nein sagen und ihnen den Liebeskummer ersparen.«

Der Gedanke war Jo ebenfalls schon gekommen. Es passierte vielleicht ungewollt, doch er nutzte die Frauen definitiv aus. Das war schade, denn sie war überzeugt, dass er im Grunde ein anständiger Mensch war.

Inzwischen brannte Victoria darauf, den Mann kennenzulernen, und Jo rang ihr das Versprechen ab, nicht allzu unfreundlich zu ihm zu sein.

»Glaub mir, er ist eigentlich ein guter Kerl. Es ist nur … wie hast du es ausgedrückt, Angie? Er ist ›anders gestrickt‹.«

»Das ist er.«

»Aber nicht *so* anders.« Victoria zwinkerte Jo zu. »Der ganze Liebe-ist-bloß-Chemie-Quatsch hört sich ganz nach dem an, was du mir in den letzten Monaten weismachen wolltest, Jo. Vielleicht habt ihr beide mehr gemeinsam, als du glaubst.«

»Im Ernst, Jo, du musst aufhören, so zu denken.« Angie griff nach ihrer Hand. »Liebe ist mehr als das. Glaub mir.«

Jo nickte, doch mehr um ihre Schwester glücklich zu machen als aus Überzeugung. Und in dem Moment klingelte Angies Handy. Mario teilte mit, dass Corrado als Treffpunkt seine Wohnung an der Piazza Navona vorschlug, wo sie vor dem Essen einen Schluck zusammen trinken würden. Als Jo hörte, dass sie Corrados berüchtigtes *scopodromo* zu sehen bekommen sollte, war sie erst einmal nicht begeistert, doch Angie hatte bereits zugesagt.

Victoria kündigte an, vorher noch zu duschen und sich umzuziehen, und Jo entschied sich auch dafür. Nur weil sie verschwitzt war, sagte sie sich, nicht weil sie Corrado wiedersehen würde. Doch ihr Unterbewusstsein nervte sie mit Widerworten.

Schließlich gingen sie in die sengende Hitze hinaus und zu Fuß zur Piazza Navona und zeigten Victoria unterwegs den Trevi-Brunnen. Der führte Jo vor Augen, dass der Euro, den sie hineingeworfen hatte, bemerkenswert gut gewirkt hatte, da sie Rom kaum zwei Wochen nach ihrem ersten Besuch schon wieder besuchte.

Als sie Corrados Wohnung betrat, machte sie große Augen. Sie hatte mit nichts Bestimmtem gerechnet, doch wenn sie ein herzförmiges Bett und eine verspiegelte Decke vorgefunden hätte, wäre sie nicht so überrascht gewesen. Stattdessen fand sie sich in einer charmanten Mansardenwohnung mit modernen Ledersofas und antiken Schränken und Tischen wieder. Auf dem Boden lagen herrliche Perserteppiche, und an den Wänden hingen alte Ölgemälde. Die Wohnung wirkte einladend und gar nicht wie eine Junggesellenbude.

Das erste Gesicht im Türspalt war ein schwarz behaartes. Daisy freute sich, so viele Gäste zu haben, und war noch mehr entzückt, Jo darunter zu entdecken. Vor lauter Begeisterung streckte die Hündin sie fast zu Boden. Nach Daisy erschien Corrado und begrüßte alle herzlich. Er schüttelte Victoria die Hand, drückte Angie und hauchte Jo einen unschuldigen Kuss auf die Wangen.

Jo lächelte ihn an und sagte ihrem Unterbewusstsein, dass das Kribbeln, das ihr bei seiner Berührung über die Haut lief, bloß von der klimatisierten Kühle seiner Wohnung herrührte. Mario war schon da. Die beiden Brüder hatten wohl Geschäftliches besprochen, denn auf dem Esstisch lagen neben einem Laptop eine Menge Akten.

»Schön, dass ihr da seid. Wollen wir auf die Terrasse gehen?«

Sie traten auf eine traumhafte Dachterrasse. Die ging nicht auf den Platz hinaus, sondern auf die schmale Seitenstraße, wo Corrado seine Garage hatte. Am Rand standen große Tontöpfe mit rosa und weißem Oleander und Zitronenbäume, an denen schwere Früchte hingen. Jo wunderte sich, wie er die über die schmale Treppe hinaufbugsiert hatte. Sie setzten sich um einen Tisch unter einen großen Schirm und genossen die Aussicht.

Vor ihnen lag ein Wirrwarr verschiedenster Dächer mit sonnengebleichten braunrosa Ziegeln. Im Lauf der Jahrhunderte hatte man an bestehende Häuser immer wieder angebaut und neue dazwischengesetzt. Das Ergebnis war eine herrlich verwinkelte Bebauung mit viel Schatten, ein braunrosa Dächermeer, aus dem Türme und Kuppeln ragten. In der Ferne erhob sich einer der sieben Hügel Roms mit prächtigen Villen im Schatten breiter Schirmkiefern.

Jo lehnte sich zurück und atmete tief durch. Was für ein herrliches Plätzchen!

»Was darf ich euch zu trinken bringen? Ich habe Champagner im Kühlschrank, wenn ihr möchtet.«

Den nahmen alle gern, einschließlich Jo, obwohl sich ihr Unterbewusstsein darüber ausließ, dass ein Kühlschrank voller

Champagner wahrscheinlich eine Grundvoraussetzung für jeden anspruchsvollen Verführer war. Sie bemühte sich, die Gedanken zu verscheuchen, und sprang auf, um ihm zur Hand zu gehen. Daisy und sie folgten ihm in die ultramoderne Küche, wo er eine Vorspeisenplatte aus dem Kühlschrank nahm, orangefarbene Melonenstücke umwickelt mit hauchdünnem Schinken und eine Schale mit Garnelen.

»Wow, Corrado, das wird ein Fest! Ich hoffe, das ist schon das Abendessen.«

Er hatte nicht gehört, dass sie ihm gefolgt war, und fuhr herum. Sein spontanes Lächeln ließ sich nicht missverstehen, und sie erwiderte es bereitwillig.

»Hast du das vorbereitet? Beeindruckend! Kann ich etwas tun?«

»Nett von dir. Ja, die Platten gehen auf meine Kappe, aber daran war nicht viel zu tun. Da ich allein lebe, koche ich recht viel. Das macht mir Spaß.« Er schloss die Kühlschranktür und musterte Jo. »Du siehst toll aus. Hast Farbe bekommen, und das steht dir.«

»Ihr seid zu freundlich, Sir.« Sie knickste schmunzelnd und musterte ihn aufmerksam. Er wirkte anders als sonst. »Du siehst ein bisschen müde aus, wenn ich das mal so sagen darf.«

Er nickte kläglich. »Habe letzte Nacht zu wenig geschlafen.« Corrado musste eine Regung in ihrem Gesicht bemerkt haben, denn er schob eilig eine Erklärung nach. »Ich habe Mario bei seinen Plänen für den *Country Club* geholfen. Ich bin zwar Chemiker, und Betriebswirtschaft ist nicht gerade mein Steckenpferd, aber ich hatte ihm versprochen, mir seine Finanzen anzusehen.«

Jo nickte stumm. Also war er doch nicht mit seinem neuesten Opfer zusammen gewesen. »Wie lautet das Urteil?«

»Der *Country Club* macht guten Gewinn. Unser Vater hat

ihn aufgebaut, als wir noch Kinder waren, und seitdem gedeiht das Unternehmen. Nachdem er sich nun zur Ruhe gesetzt hat, will Mario einen Haufen neuer Ideen umsetzen und hat mich nach meiner Meinung gefragt.«

»Das klingt aufregend. Was für neue Ideen?«

»Zunächst ein Spa mit Fitnessclub. Es gibt hier heiße Quellen, und mein Labor hat das Wasser für ihn analysiert. Die Qualität ist bemerkenswert, frei von Nitraten und Ähnlichem, daher kann es die Grundlage für das Spa bilden. Er überlegt sogar, seinen Pool damit zu speisen, damit er das ganze Jahr darin schwimmen kann.«

»Gute Idee. Und die Pferde?«

»Er behält sie, auch wenn damit kein Geld zu machen ist.« Er sah ihren Blick und grinste. »Es sei denn, du gehst zu einem Rennen und wettest. Die Pferde kosten mehr, als sie einbringen. Aber wir sind uns einig, dass wir den Geschäftszweig beibehalten wollen, auch weil solche Events wie gestern unseren Bekanntheitsgrad erhöhen.«

»Reitest du selbst, Corrado?«

»Schon von klein auf. Und du vermutlich auch?«

»Ja. Allerdings arbeite ich in letzter Zeit sehr viel und habe kaum noch Gelegenheit dazu.«

»Mal sehen, vielleicht schaffen wir es, zusammen auszureiten, solange du noch hier bist. Oder bist du durch die Tagung vollauf beschäftigt?«

»Hier einmal auszureiten wäre großartig. Ob das klappt, weiß ich ehrlich gesagt erst, wenn ich morgen das Programm sehe. Die Veranstalter wollten mir ein Exemplar ins Hotel schicken, doch bisher habe ich noch keins bekommen.«

»Sag mir Bescheid, wenn du Zeit hast.«

Einen Moment lang hielt er ihren Blick fest, und sie sah zum zweiten Mal, wie hypnotisch seine Augen wirkten. Ja, dachte sie, wahrscheinlich braucht er den Kühlschrank voll Champagner gar nicht. Sie riss sich zusammen und antwortete: »Sehr gern. Gib mir deine Telefonnummer, dann schicke ich dir morgen eine SMS.«

Sie tauschten die Nummern aus und trugen die Vorspeisen und Getränke nach draußen. Daisy folgte den Platten und warf sich gleich neben dem Tisch auf den Boden. Vielleicht fiel ja doch ein Häppchen für sie ab.

Es wurde ein fröhlicher Abend. Nach einer Stunde auf Corrados Terrasse, wo sie über alles Mögliche plauderten, von der Geschichte Roms bis zu den empörenden Preisen der Bikinis auf der Via dei Condotti, gingen sie nach unten und zu einem nahen Restaurant. Es war ein kleines Haus zwei Straßen abseits der Piazza Navona, und Corrado und sein Labrador waren dort bekannt.

Sie setzten sich draußen an einen Tisch, und trotz bester Absichten fand Jo ohne Schwierigkeiten noch Platz für eine Vorspeise aus gegrillten Artischockenherzen und einem *fritto misto* mit Calamares, Garnelen und Weißfisch, der in Mehl gewälzt und frittiert war. Er wurde auf dickem braunen Papier serviert, das das Fett aufsaugte, und war trotz der Zubereitungsart eine leichte Mahlzeit.

Sie tranken einen herrlich frischen Weißwein namens »Est! Est! Est!« aus Montefiascone in der Nähe des Lago di Bolsena. Victoria fragte, was der ungewöhnliche Name bedeutete, und Corrado konnte ihn erklären.

»Im Mittelalter schickte ein Bischof seinen Diener aus, um guten Wein ausfindig zu machen, und wenn er einen fand, sollte er mit Kreide das lateinische Wort *›est‹* an die Tür des Weinkellers schreiben. Das hieß in etwa: *›Es ist hier.‹* Wenn der

Wein sehr gut wäre, dann sollte er *est, est* schreiben. Als der Diener nach Montefiascone kam und den Wein probierte, schrieb er angeblich *Est! Est! Est!*«

»Und wie hat dem Bischof der Wein geschmeckt?«

»Ausgezeichnet. Was meint ihr denn?«

Alle waren mit dem Gottesmann einer Meinung. Jo hielt sich jedoch mit Trinken zurück, da sie am nächsten Morgen bei der Tagung antreten musste.

Als die Gesellschaft aufbrach, gingen Angie und Mario zum Auto, um zum *Country Club* zurückzufahren, während Corrado und Daisy Jo und Victoria zum Hotel begleiteten. Es war ein herrlicher Abend, und während sie die Spanische Treppe hochstiegen, fühlte Jo sich angenehm müde, da sie den ganzen Tag auf den Beinen gewesen war, ganz zu schweigen von dem Essen und dem Wein. Vor dem Hotel küsste Corrado sie auf die Wangen, und schon war sie hellwach, da der ihr schon bekannte ärgerliche Blitz erneut ungefragt durch ihren Körper schoss.

Im Aufzug bemerkte Jo, dass Victoria sie von der Seite betrachtete. »Und? Was denkst du?«

»Von Corrado? Er sieht absolut umwerfend aus. Wenn du ihn nicht für dich reserviert hättest, hätte ich mich auf ihn gestürzt und gleich auf dem Esstisch vernascht.« Jo wollte protestieren, doch Victoria winkte ab. »Natürlich gehört er dir allein. Schwager hin oder her. Nach dem zu urteilen, wie er dich ansieht, würde ich sagen, er empfindet das Gleiche für dich.«

Diesmal musste Jo die Sache richtigstellen. »Da täuschst du dich aber gewaltig, Vic. Gestern habe ich ihn mit dem Finger am Kinn berührt, und er hat das Weite gesucht.«

»Unsinn. Na, jedenfalls hat er mehr zu bieten als ein schönes Gesicht und einen Körper zum Anbeißen oder zum …«, Victoria legte eine dramatische Pause ein, »… du weißt schon. Aber im Ernst, je besser ich ihn kennenlerne, desto mehr mag ich ihn. Christian sah auch gut aus, doch um ehrlich zu sein, ich fand ihn immer oberflächlich. Corrado scheint mir ein anderes Kaliber zu sein. Was wirst du mit ihm machen?«

In dem Moment glitten die Aufzugtüren zur Seite, und sie traten in den stillen Korridor. Jo wartete mit der Antwort, bis sie im Zimmer waren, und nutzte dankbar die Bedenkzeit.

Nachdem Victoria hinter ihnen abgeschlossen hatte, schaltete sie das Licht ein und drehte sich zu Jo um. »Also? Was passiert als Nächstes?«

»Nichts.«

»Nichts?! Wieso das?«

»Weil nichts passieren kann. Du und ich kennen uns jetzt gut genug. Von den familiären Komplikationen einmal abgesehen, bin ich keine, die sich mal eben auf eine Affäre einlässt. Wie verlockend das bei einem wie Corrado auch sein mag. In letzter Zeit habe ich viel nachgedacht. In zwei Wochen werde ich dreißig. Vielleicht hat Mum recht. Ich bin jetzt in einem Alter, wo ich allmählich an die Zukunft denken muss, und eins steht fest: Mit einem Mann wie Corrado gibt es keine Zukunft.«

Victoria nickte nachdenklich. »So sehe ich das auch. Aber was mich betrifft, könnte ich den Richtigen schon gefunden haben. Ich wünschte, George wäre jetzt hier.«

Jo fragte sich, ob ihre Freundin nun doch noch vor ihr den Mann fürs Leben gefunden hatte. Sie freute sich für Victoria und George, doch tief im Innern war sie auch ein wenig neidisch – und traurig. Obwohl sie Corrado erst seit Kurzem kannte, war sie sich sicher, dass er in vieler Hinsicht für sie genau der Richtige wäre. Warum mussten die Dinge nur so kompliziert sein?

7

Nach zwei Tagen Urlaub in Rom fühlte sich der Montagmorgen für Jo wie eine kalte Dusche an.

Sie überließ Victoria einem Tag voller Besichtigungstouren und ging um kurz nach halb neun die dreihundert Meter zum Tagungszentrum hinüber, obwohl das Programm erst in einer Stunde beginnen würde. So früh es noch war, in der Eingangshalle war schon ziemlich viel los, und sie musste sich am Empfang anstellen, um sich anzumelden.

Sobald sie sich als eine der Vortragenden ausgewiesen hatte, wurde sie an eine Mitarbeiterin in einem schicken blauen Blazer verwiesen, die sie mit einem Namensschild und einer Begrüßungsmappe ausstattete. Eine Weile verständigten sie sich auf Italienisch. Wie sich herausstellte, kam es Jo recht fließend über die Lippen, und darüber war sie froh. Anschließend wurde sie in einen »Bewirtungsraum« geführt, wo sie sich unter Rednern und angesehenen Leuten befand. Die meisten waren bekannte Gesichter in der Branche, was Jos Befürchtungen verstärkte.

Sie gab sich Mühe, entspannt zu bleiben, und bekam von einem Kellner einen Espresso serviert. Während sie nervös daran nippte, sah sie einen vertrauten Kopf mit Pferdeschwanz aus der Menge ragen. Sie nahm all ihren Mut zusammen, um auf den Mann zuzugehen, doch da entdeckte er sie und kam sofort mit einem herzlichen Lächeln auf sie zu.

»Joanne, nicht wahr? Ich weiß nicht, ob Sie sich noch an mich erinnern. Wir haben uns neulich in der Französischen Botschaft in London getroffen.«

»Natürlich erinnere ich mich. Sie sind Ricky von der Universität in Los Angeles. Es war sehr nett, mit Ihnen zu plaudern.« Jo freute sich, ihn wiederzusehen, und gab ihm die Hand.

»Wie ich dem Programm entnommen habe, springen Sie für Ronald als Rednerin ein. Arbeiten Sie mit ihm?«

»Ich arbeite *für* ihn.«

»Und wie funktioniert das?« Er sah ihr kurz in die Augen, und ihr entging nicht das gewisse Funkeln in seinen Augen.

»Sie kennen ihn persönlich?«

»Ich habe mal mit ihm zusammengearbeitet, als er an der Uni in L. A. war. Da habe ich etwas mit Ihnen gemeinsam. Und Sie kommen gut miteinander aus?«

Sie hätte vieles über Ronald sagen können, doch sie hielt es für ratsam, sich das zu verbeißen, zumindest bis sie Ricky besser kannte. Bis dahin blieb sie diplomatisch. »Es ist ein Privileg, mit einem so angesehenen Wissenschaftler zu arbeiten.«

Ricky lachte. »Hat er Sie angewiesen, das zu sagen?«

Tatsächlich kam das der Wahrheit nahe, doch Jo ließ sich auf keine Polemik ein. »Wir kommen ganz gut klar.«

»Wissen Sie, welchen Spitznamen er an meiner Uni hatte?« Er senkte die Stimme. »›Der Pirat‹. Seine Spezialität war es, anderen ihre Ideen zu klauen.«

Diesmal konnte Jo nicht anders, sie grinste, und er lächelte sie an und wechselte das Thema. Während sie sich unterhielten, ließ Jos Nervosität ein wenig nach. Ricky war ein angenehmer Mensch, und sie fand die Gespräche mit ihm inspirierend. Doch nur zu bald musste er sich verabschieden. Er hatte eine Audienz mit einem römischen Würdenträger. Jo sah ihm bedauernd nach.

Sie ging zu einem Tisch in einer Ecke und öffnete ihre Begrüßungsmappe. Darin befand sich unter anderem das Tagungsprogramm, und sie wurde fast ohnmächtig, als sie sah, dass sie schon diesen Nachmittag um drei ihren Vortrag halten musste. Jo trank ihren Kaffee aus und sah sich nach einem Kellner um, um einen zweiten zu bestellen, doch da erlebte sie den nächsten Schock.

»Entschuldigen Sie, Sie sind Dr Green, nicht wahr?«

Jo sah auf. Ein Blick auf das Namensschild war unnötig, sie erkannte die Dame sofort. Vor ihr stand keine Geringere als Professor Waltraud Dietrich von den Vereinten Nationen, eine legendäre Persönlichkeit in der Welt des Umweltschutzes. Jo sprang auf, kippte dabei die zum Glück leere Tasse um, und die Tagungsunterlagen rutschten über den Tisch. Mit brennenden Wangen ergriff sie die ausgestreckte Hand. »Professor Dietrich, welche Ehre! Ja, ich bin Jo Green.«

»Willkommen bei unserer Tagung, Dr Green! Zunächst einmal möchte ich Sie bitten, Ronald meine besten Wünsche auszurichten. Ich kenne ihn gut und habe mit Bedauern von seinem Unfall erfahren.«

Jo versicherte ihr, alles auszurichten, und sie unterhielten sich einige Minuten, bis die Professorin zum Eigentlichen kam.

»Ich hörte von Flavia, dass Sie Italienisch sprechen.«

Jo erinnerte sich, den Namen am Revers der jungen Empfangsdame gelesen zu haben, und nickte zögernd. »Nicht unbedingt fließend, fürchte ich, aber einigermaßen.«

»Flavia ist von Ihrem Italienisch sehr beeindruckt.« Die Professorin senkte ein wenig die Stimme. »Die Sache ist die: Wir sind in einer Verlegenheit. Obwohl die Tagung in Rom stattfindet, beherrscht keiner der Redner die Landessprache, auch ich nicht. Eigentlich spielt das für die Tagung keine Rolle, da hier Englisch die *lingua franca* ist. Das gilt jedoch nicht für die Medien.«

»Die Medien?«

»Ganz recht. RAI, das italienische Staatsfernsehen. Die möchten unbedingt jemanden interviewen, der das Anliegen der Tagung erläutern kann. Und das muss natürlich in der Landessprache geschehen. Ich könnte einen Dolmetscher engagieren, doch es würde einen viel besseren Eindruck machen, wenn der Interviewte selbst Italienisch spricht.«

Jo, die beim Zuhören immer stiller geworden war, verfiel nun endgültig in Schreckstarre. Sie blickte die Professorin ungläubig an, zum Glück nicht mit offenem Mund.

»Sie wollen, dass ich im Fernsehen auftrete? In Italien?«

»Ja, wenn es Ihnen nicht allzu viel ausmacht.«

»Aber ich kann gar nicht so gut Italienisch, Professor Dietrich. Außerdem habe ich die Feinheiten von Umweltschutz und Klimaveränderung bisher immer nur in englischer Sprache erläutern müssen.« Sie hörte sich plappern, war aber nicht imstande, sich zu bremsen. »Ganz sicher werde ich das fürchterlich verpatzen. Und selbst auf Englisch wäre ich sehr in Verlegenheit.« Sie wurde allmählich panisch.

Professor Dietrich fasste Jo beruhigend am Arm. »Bitte, machen Sie sich keine Sorgen. Sie werden das prima hinbekommen. Ich würde vorschlagen, dass wir beide uns am späten Vormittag zusammensetzen. Wir können ausarbeiten, was Sie sagen sollten, und dann kann Flavia Sie mit dem entsprechenden Vokabular versorgen.«

Bevor sie Jos Arm losließ, drückte sie ihn noch einmal ermunternd. »Außerdem bin ich überzeugt, dass die italienischen Zuschauer beeindruckt sind, wenn sie sehen, dass es in der Wissenschaft nicht nur steife alte Herren, sondern auch Frauen wie Sie gibt. Glauben Sie mir, Dr Green, man wird Sie lieben.«

»Oh Gott …« Jo sah zu Boden und flehte, er möge sich auftun und sie verschlucken, aber vergeblich. »Und Sie sind sicher, dass kein anderer dafür infrage kommt?«

Diesmal sah sie ein deutliches Funkeln in den Augen der älteren Dame. »Um ganz ehrlich zu sein, der einzige andere

Kandidat ist ein Mikrobiologe von der Universität Pisa, doch laut Flavia nuschelt er so sehr, dass er nicht zu verstehen ist. Da machen wir das Interview lieber mit einer hübschen britischen Wissenschaftlerin, die angemessen Italienisch spricht. Niemand wird sich an ein paar Schnitzern stören.«

»Oh Gott …« Jo wusste nicht, was sie sagen sollte. Sie hatte sich gerade geistig und moralisch darauf eingestellt, vor zwanzig oder dreißig Tagungsteilnehmern zu sprechen. Jetzt auch noch im Fernsehen auftreten zu müssen war wirklich ein Schock. »Und wann soll das Interview stattfinden?«

»Gleich nach der Mittagspause. Soweit ich weiß, ist es üblich, die Fernsehleute vorher zum Essen einzuladen, damit sie die Interviewpartner schon mal kennenlernen.«

»Also soll ich mit ihnen zu Mittag essen?«

»Ja. Wir haben einen eigenen Speiseraum für VIPs wie Sie und mich reserviert«, Professor Dietrich lächelte. »Ich kann Ihnen versichern, das Essen ist ausgezeichnet.«

Das Essen mochte hervorragend gewesen sein, doch Jo hatte vor Aufregung nichts geschmeckt. Als sie später von Victoria darauf angesprochen wurde, konnte sie sich nicht erinnern, was sie gegessen hatte. Sie wusste nur noch, wie nervös sie gewesen war. Wie abgesprochen hatte sie sich mit Professor Dietrich und Flavia auf den Auftritt vorbereitet, ihre Nervosität jedoch nicht überwinden können. Bis sie in den VIP-Speiseraum geleitet wurde, hatte sie dreimal in den Waschraum gehen müssen.

Der Moderator war ganz anders als erwartet. Er wurde ihr als der Wissenschaftskorrespondent des Senders vorgestellt und entsprach doch ziemlich dem Stereotyp des zerstreuten Professors. Trotz der Hitze trug er ein Tweedjackett mit Lederflicken und eine Fliege, und er hatte einen Zwirbelbart, der sich als Garderobenhaken geeignet hätte. Tatsächlich wirkte seine exzentrische Erscheinung auf heitere Art beruhigend auf Jos angespannte Nerven. Wie sie allmählich feststellte, vergaß sie ihre Angst, wenn sie sich auf seine Verschrobenheiten konzentrierte – und davon hatte er viele.

Sie war erleichtert zu hören, dass man das Interview nicht live übertragen würde. Man würde es aufzeichnen und in den Abendnachrichten bringen. Das munterte sie auf. Sie tröstete sich mit dem Gedanken, dass man einen Abschnitt neu drehen konnte, wenn sie etwas verpatzte und – ihr wurde gerade schwummrig – in Ohnmacht fiel.

Tatsächlich zählte sie während des Interviews irgendwann nicht mehr mit, wie oft eine Aufnahme wiederholt wurde. Der Produzent bestand darauf, ganze Fragenkomplexe neu zu drehen, bis sie vergaß, was sie schon gesagt hatte und was nicht. Wenigstens konnte sie dadurch ihren Text üben, und am Ende war sie ziemlich froh, sich nicht blamiert zu haben. Alles in allem war sie eine Dreiviertelstunde lang mit dem Fernsehteam beschäftigt und am Ende entgeistert, als der Produzent erklärte, das Interview werde auf zwei Minuten zusammengeschnitten.

Es hinter sich zu haben hatte einen positiven Effekt, denn während sie in den Vortragsraum hinübereilte, um die Präsentation zu halten, war sie derart erleichtert, den Fernsehauftritt überlebt zu haben, dass sie völlig souverän blieb, als sie sah, dass der Raum voll besetzt war und einige Teilnehmer sogar standen.

In der ersten Reihe saßen Professor Dietrich und Ricky. Jo fand selbst, dass sie eine einwandfreie Performance hinlegte, auch als sie Corrados Informationen zu Plastikersatzstoffen einstreute, und der Vortrag schien gut anzukommen.

Am Ende musste sie noch einige knifflige Fragen beantworten, und dann bekam sie sogar unerwartet Applaus. Während die Teilnehmer den Raum verließen, erhielt sie nicht weniger als drei Einladungen zum Abendessen, doch sie war überzeugt, dass die wenig mit dem Zustand der Meere zu tun hatten als vielmehr mit dem überaktiven limbischen System der Herren. Jo lehnte alle freundlich ab und begab sich zur Damentoilette, um sich frisch zu machen. Dabei hörte sie hinter sich eine vertraute Stimme mit amerikanischem Akzent.

»Das war ein erstklassiger Vortrag, Joanne.«

Sie drehte sich um und lächelte ihn an. »Hallo, Ricky. Danke sehr.«

»Sie sind ein Naturtalent. Sie haben das Thema vollständig durchdrungen, und der ganze Saal hing an Ihren Lippen.«

»Tatsächlich war ich starr vor Angst.«

»Das hat man Ihnen nicht angemerkt. Und ich wette, dass der größte Teil des Vortrags aus Ihrer Feder stammt. Hab ich recht?«

»Ich hatte meine Hand im Spiel.« Sie grinste. »Na ja, mehr als das, den Arm und eine Schulter.«

Er grinste ebenfalls. »Also treibt der alte Pirat noch immer sein Unwesen. Darf ich Ihnen einen Kaffee spendieren? Oder vielleicht etwas Stärkeres? Sie sehen aus, als könnten Sie etwas gebrauchen.«

»Wissen Sie, was ich gern hätte? Einen Tee.«

Er sah auf die Uhr. »Natürlich. Ich vergaß, dass Sie Engländerin sind. Es ist tatsächlich kurz vor fünf.«

Er ging mit ihr zur Kaffeebar, und sie war erfreut zu sehen, dass der Kellner einen erstklassigen Tee zubereiten konnte und ihn mit einem winzigen Kännchen Milch servierte. Die entpuppte sich als H-Milch mit einem seltsamen Beigeschmack, aber es blieb ein ordentlicher Tee.

Jo plauderte mit Ricky und erfuhr einiges über ihn. Er lebte in Santa Monica und war nicht nur ein angesehener Ökologe, sondern auch ein leidenschaftlicher Surfer. Sie verstanden sich bestens, und Jo freute schon darauf, ihn am nächsten Tag wiederzusehen.

Kurz vor sechs kehrte sie ins Hotel zurück, erschöpft, aber zufrieden, und fand eine breit lächelnde Victoria vor.

»Hallo, Jo. Zieh dich schnell um. Wir sind zum Abendessen eingeladen.«

Trotz aller Müdigkeit verspürte Jo eine freudige Erregung. Sie hatte den ganzen Tag noch nichts von Corrado gehört, und wenn sie in den Pausen mal ein paar Augenblicke zur Ruhe gekommen war, hatte sie häufiger an ihn gedacht, als das bei einem künftigen Schwager angemessen war. Es war nicht zu bezweifeln: Sie fühlte sich zu ihm hingezogen wie die Motte zum Licht.

»Abendessen?«

»Ja.« Victoria schaute überaus zufrieden. »Aber ich verrate dir nicht, wer uns einlädt. Geh dich duschen und umziehen. Wir werden die beste Pizza von Rom essen, und das möchtest du dir doch nicht entgehen lassen, oder?«

Essen wäre Jo heute Abend nicht mehr wichtig gewesen, aber jetzt, da sie darüber nachdachte, verspürte sie großen Hunger. Vermutlich hatte sie zu Mittag mit den Fernsehleuten nur sehr wenig zu sich genommen, was immer man ihr vorgesetzt hatte.

»Klingt gut, Vic. Doch wer hat uns eingeladen?« Sie war sich ziemlich sicher, dass es Corrado war, und das weckte ihre Lebensgeister.

»Sag ich nicht. Das ist eine Überraschung. Jetzt leg einen Zahn zu und mach dich fertig. Ich erzähle dir dabei, wie mein Tag gelaufen ist.«

Während Victoria berichtete, was sie gesehen und unternommen hatte, ging Jo unter die Dusche und zog sich frische Sachen an. Nach dem stressigen Tag tat das gut. In einem leichten Sommerkleid und bester Laune, die nicht unbemerkt blieb, kam sie aus dem Bad.

»Du bist auf einmal viel beschwingter. Als du vorhin reinkamst, sahst du fertig aus. War die Tagung anstrengend?«

»Erzähle ich dir unterwegs, Vic. Ich werde jahrelang Albträume davon haben.«

Jo war noch dabei, ihrer mitfühlenden Freundin die Strapazen zu schildern, als sie sich der Pizzeria näherten, wo der geheimnisvolle Gastgeber auf sie wartete. Das Restaurant hieß *L'Aragosta*, die Languste, und lag direkt am Tiber, nur ein paar Straßen von Corrados Wohnung entfernt. Deshalb war Jo erst recht überzeugt, ihn dort zu sehen, als sie auf das pink- und orangefarbene Neonschild zuhielten.

Sie sollte sich irren.

Sie gingen durch den bunten Fliegenvorhang in der Tür, und George aus ihrem Italienischkurs sprang auf, um sie zu begrüßen. Er gab Jo einen Kuss auf beide Wangen und küsste dann Victoria, solange sich Jo von der Überraschung erholte. Dabei war sie auch eindeutig enttäuscht, weil sie Corrado nun doch nicht wiedersehen würde. Sie nahm Platz und wartete, bis sich George und Victoria aus ihrer Umarmung lösten. Obwohl an der Wand gegenüber eine Klimaanlage auf Hochtouren lief, war es heiß, und Jo war froh über ihr dünnes Kleid. Das Restaurant war voll besetzt, und die meisten Gäste waren Italiener. Ein gutes Zeichen.

»Jo, was möchtest du trinken?«

George strahlte, und die leicht atemlose Victoria strahlte noch mehr.

Jo wusste, was sie brauchte. »Sprudelwasser, bitte. In rauen Mengen. Ich habe heute so viel Wasser ausgeschwitzt wie sonst in Monaten.«

»Es war wahnsinnig heiß heute, nicht?«

Jo beschloss, nicht schon wieder von ihren Tagungserlebnissen anzufangen, und lenkte das Gespräch auf ihn. »Wie kommt es, dass du in Rom bist, George?«

»Das hat berufliche Gründe. Hat sich plötzlich so ergeben. Heute früh um neun, genau gesagt. Soll ich auch Wein bestellen? Wir können die Pizza nicht ohne Wein essen.«

Als Jo zustimmte, kam eine ausgelastete, aber gut gelaunte Kellnerin an ihren Tisch, legte laminierte Speisekarten vor sie hin, nahm die Getränkebestellung auf und war im Nu wieder verschwunden.

»Und wie lange wirst du bleiben?«

»Keine Ahnung. Vielleicht noch ein oder zwei Tage. Das ist unsicher.«

»Und alles im Auftrag der Regierung Ihrer Majestät? Bist du auch wirklich nicht James Bond?« Dem seligen Gesichtsausdruck ihrer Freundin nach zu urteilen, hielt Victoria ihn dafür.

»Nein, ich habe keine Lizenz zum Töten, nur langweilige Arbeit. Aber wenn die mir das Glück beschert, nach Rom zu fliegen und eine gewisse Person zu sehen, kann ich nicht klagen.«

Nachdem sie ihre Bestellung aufgegeben hatten – Jo hatte sich für eine Pizza Quattro Stagioni entschieden –, überließ sie die beiden ihrem verliebten Geplänkel und holte ihr Handy hervor, um Corrado eine SMS zu schicken. Nicht, weil sie ihn unbedingt sehen wollte, sagte sie sich, sondern weil die Idee, draußen vor der Stadt zusammen auszureiten, wirklich reizvoll war.

Sie glaubte es beinahe selbst.

Hallo, Corrado. Habe heute meinen Vortrag gehalten. Bin nur am Donnerstagabend belegt. Ansonsten kann ich ab 17 Uhr ausreiten gehen. x Jo

Eine volle Minute lang quälte sie sich wegen des kleinen x, schließlich rechtfertigte sie es als normale freundschaftliche Geste gegenüber einem künftigen Familienmitglied. Ihr Unterbewusstsein hätte vielleicht noch protestiert, bevor sie auf *Senden* tippte, doch in dem Moment wurde sie von Victoria abgelenkt, die ihren Arm berührte.

»Sieh mal, da drüben. Das bist du.«

Jo blickte in die Richtung, die ihr gewiesen wurde. Da hing ein Fernseher hoch an der Wand, und darauf war ihr Gesicht zu sehen. Sie spürte, wie sie errötete, weil ihr der Stress beim Interview wieder bewusst wurde. Still sah sie zu, wie Mr Tweedjackett ihr Fragen stellte und sie darauf antwortete. Aufgrund der fröhlichen Stimmen ringsherum verstand man höchstens mal ein einzelnes Wort, doch sie hielt es für ein gutes Zeichen, dass der Produzent es nicht für nötig gehalten hatte, Untertitel einzublenden. Wie angekündigt dauerte das Interview nur zwei Minuten, aber ihr kam es vor wie eine Ewigkeit.

Sie betrachtete die Haarsträhne, die ihr über dem linken Auge hing, den offenen Blusenknopf, der den schwarzen BH hervorblitzen ließ, und den winzigen Schweißtropfen an ihrer Stirn. Als ins Studio umgeschaltet wurde, fühlte sie sich, als hätte sie zehn Runden mit einem Schwergewichts-Champion überstanden.

»Sieh mal an, Jo! Jetzt bist du doch noch berühmt, hm?« Victoria klang beeindruckt.

»Ich konnte nicht hören, was du gesagt hast, aber du kamst gut rüber«, versicherte George pflichtschuldigst.

»Ich habe mich noch nie im Fernsehen gesehen. Das ist ja gruselig.« Jo wandte sich unsicher an ihre Freundin. »Vic, man konnte meinen BH sehen. Das sah nicht unanständig aus, oder?«

»Um Himmels willen, Jo, natürlich nicht. Es ist mir nicht

einmal aufgefallen. Nein, du warst großartig. Du hast mir zwar erzählt, du hättest dir vor Angst fast in die Hose gemacht, aber du hast ruhig und konzentriert gewirkt. Und viel attraktiver als der Schnurrbartträger, der dich interviewt hat.«

In dem Moment klingelte Jos Handy. Angie rief an, um ihr praktisch das Gleiche zu sagen wie Victoria. Nachdem sie sich begeistert über den Fernsehauftritt ausgelassen hatte, kam sie aufs Reiten zu sprechen.

»Mario hat heute mit Corrado gesprochen. Hast du Lust, morgen Abend auszureiten? Corrado meint, er kann dich am Hotel abholen und hierher mitnehmen. Im Restaurant ist Pizzaabend. Wir vier können reiten und uns dann auf eine Pizza zusammensetzen. So brauchst du dir keine Gedanken zu machen, ich könnte die ganze Zeit am Herd stehen.«

Jo verschwieg, dass sie heute auch schon Pizza gegessen hatte, und sagte zu. Dann fiel ihr etwas ein. »Moment noch, Angie.« Sie schaute zu Victoria und George. »Wie steht's mit euch? Angie ist am Apparat und fragt, ob ich morgen Abend mit ihnen ausreite. Wollt ihr auch mitkommen?«

Victoria verzog das Gesicht. »Du machst wohl Witze. Nein, geh du nur und freu dich an den miefenden Vierbeinern. George und ich finden sicher etwas, womit wir uns beschäftigen können.« Die beiden wechselten vielsagende Blicke. »Sag Angie aber Danke.«

Kurz darauf wurde die Pizza gebracht. Jo sah sofort, warum George sie für die beste von ganz Rom hielt. Sie wurde auf einem großen Teller serviert und ragte dennoch über den Rand, war hier reichlich mit Schinken, Käse, Tomaten, Oliven und Artischockenherzen belegt und kam offensichtlich gerade aus dem Ofen. Das Beste war, dass sie einen wunderbar dünnen Teigboden hatte, und deshalb schaffte Jo sie fast ganz, trotz der anfangs entmutigenden Größe, und fühlte sich dennoch nicht vollgestopft. Sie trank dazu kalten Weißwein und Mineralwasser und hatte am Ende den Stress des Tages und den Schock des Fernsehauftritts überwunden.

Sie lehnte sich zurück und streckte die Beine aus, froh, das Interview und den Vortrag hinter sich zu haben. Jetzt konnte sie sich unbeschwert aufs Reiten freuen. Und zwar ganz unabhängig davon, ob sie Corrado wiedersehen würde oder nicht. So sagte sie sich. Doch ihr Unterbewusstsein reagierte darauf mit dem verdienten Spott.

Gerade als sie mit ihrem Dessert fertig wurde, eine Kugel weißes Schokoladeneis, vibrierte ihr Handy auf dem Tisch. Corrado hatte geantwortet.

Hallo, Fernsehstar! Wenn Du Lust hast, hole ich Dich morgen um 18.00 Uhr am Hotel ab. Corrado
PS: Erstklassiger Auftritt

Sie schrieb sofort zurück.

Wunderbar. Bis dann. J.

Diesmal verzichtete sie auf das kleine x. Er hatte schließlich auch keins hinter seine Nachricht gesetzt.

8

Zum Glück war der Tagungs-Dienstag für Jo nicht halb so anstrengend. Sie hatte gut geschlafen, aber der Stress am Vortag hatte seinen Tribut gefordert, und sie war froh, sich einfach unter die Leute zu mischen und es ruhig anzugehen.

Sie verbrachte einen entspannten Vormittag bei Expertenrunden, die über Albino-Nashörner, Entwaldung, schmelzende Polkappen und den erschreckenden Rückgang der Population der Igel in entwickelten Ländern redeten. Sie trank mit Ricky Kaffee und unterhielt sich mit ihm in den Pausen. Er war ein wirklich netter Mann. Sie wurde mit ihm warm, fand es jedoch interessant, dass sie sich nicht zu ihm hingezogen fühlte. Ob das daran lag, dass ihre Zuneigung jemand anders gehörte, war eine Frage, die sie und ihr Unterbewusstsein nicht bereit waren zu erörtern.

Professor Dietrich suchte Jo während der Mittagspause eigens auf, um ihr herzlich zu ihrem gelungenen Fernsehauftritt und dem hervorragenden Vortrag zu gratulieren. Offenbar hatte es viel positives Feedback gegeben. »Ich war besonders angetan von Ihren Ausführungen zur Plastikflut, zumal Sie Ronalds Vorlage nicht bloß abgelesen haben. Sie haben dieses vielschichtige Problem sehr differenziert dargestellt.« Sie lächelte Jo an. »Sehr beeindruckend.«

Nach dem Mittagessen ging Jo ins Hotel, um abzuschalten, bis die Nachmittagsveranstaltungen anfingen. Victoria war nicht da. Sicher war sie mit ihrem Freund in Rom unterwegs. Wieder verspürte Jo einen leisen Stich, als sie daran dachte, wie glücklich die beiden miteinander waren, auch wenn sie sich für

Victoria von Herzen freute, weil sie endlich einen netten Mann gefunden hatte.

Widerwillig holte sie ihr Handy hervor und rief Ronald im Krankenhaus an, um ihm mitzuteilen, dass der Vortrag gut angekommen war. Zunächst reagierte er schnippisch. Deshalb entschuldigte sie sich dafür, dass sie sich jetzt erst meldete, und erklärte, wie ausgelaugt sie am gestrigen Abend gewesen sei. Daraufhin gab er zu, dass er schon von Kollegen, die an der Tagung teilnahmen, von ihrem Erfolg gehört habe, besonders was den Fernsehauftritt anging.

Jo war überrascht, wie lobend er sich äußerte. Sie hatte beinahe Mitleid mit ihm, weil er noch eine ganze Weile in der Klinik bleiben musste, aber das würde ihr den Arbeitsalltag erleichtern, da bestand für sie kein Zweifel. Sie richtete Professor Dietrichs Genesungswünsche aus und versprach, ihn nach ihrer Rückkehr aus Rom zu besuchen.

Nachdem die Pflicht erledigt war, rief sie ihre Eltern an und erzählte von den gestrigen Ereignissen. Ihre Mutter war ganz aus dem Häuschen, als sie hörte, dass ihre Älteste im Fernsehen aufgetreten war, und vergaß darüber sogar, sie auf Corrado anzusprechen. Das war Jo gerade recht. Sie hätte nicht gewusst, was sie sagen sollte.

Der Nachmittag verging schnell. Schon gegen halb fünf konnte sie die Tagung verlassen und freute sich auf einen Abend im Sattel. Als sie aus der heißen Sonne ins Hotelfoyer trat, summte ihr Handy zweimal kurz. In ihrem Zimmer setzte sie sich aufs Bett und schaute nach, wer ihr die Nachrichten geschickt hatte. Keine war ihr willkommen. Die erste stammte von Christian und trübte ihre Laune beträchtlich.

Hi, Jo. Wollte mich mal melden. Ich bin in Rom und habe Dich im TV gesehen. Können wir uns treffen? In Liebe, Christian

Schon beim ersten Satz schnaubte Jo, aber sie fuhr fast aus der Haut, als sie den Schluss las. *In Liebe?* Wie konnte er es wagen, nachdem er sich so mies verhalten hatte?

Sie las die zweite SMS, und ihre Laune sank vollends in den Keller.

Hallo, Jo. Ich sehe, Du bist in Rom bei der Save-the-Planet-Tagung. Zufällig bin ich auch in der Stadt. Können wir uns treffen? Ich denke, ich sollte mich vielleicht bei Dir entschuldigen. Bei einem gemeinsamen Abendessen? Markus

Jo kochte. *»Ich denke, ich sollte mich vielleicht bei Dir entschuldigen?«* Sie wiederholte das laut und schnaubte so aufgebracht, dass sie die Zimmertür nicht hörte.

Victoria kam herein. »Hey, Jo, gibt's Ärger? Du siehst aus, als bekämst du gleich einen Herzanfall.«

Jo reichte ihr wortlos das Handy.

Victoria las die SMS von Markus und schüttelte ungläubig den Kopf. »Ich wusste, ich hätte ihm gleich eine Abreibung verpassen sollen. Wo ist der Mistkerl? *Sollte mich* vielleicht *bei Dir entschuldigen!* Unfassbar!«

»Da ist noch eine SMS gekommen. Rate mal, von wem.« Jo hörte selbst, wie wütend sie klang. Die Idee einer gründlichen Abreibung hatte gerade einen enormen Reiz für sie. Sie sah, wie sich Victorias Miene verfinsterte, als sie Christians SMS las. Ihre Freundin ließ sich aufs Bett plumpsen, warf das Handy neben sich und kickte empört schnaubend die Schuhe von den Füßen.

»Hör zu, Jo. Wir sind in Italien, im Land der Mafia und Auftragskiller. Wie wär's, wenn du den freundlichen Mafioso von nebenan bittest, die beiden ins Jenseits zu befördern? Ich hab was auf der hohen Kante und kann mich an den Kosten beteiligen.«

Jo konnte sich ein Lächeln nicht verkneifen. »Glaub mir, ich bin in Versuchung.« Sie ließ sich auf das andere Bett sinken.

Victoria schaute sie nachdenklich an. »Also, falls du keinen Killer bekommst, was wirst *du* unternehmen?«

»Erst mal nichts. Eins steht fest: Ich will Markus nicht sehen. Er hat mir Angst eingejagt, ob das seine Absicht war oder nicht.«

»Und Christian?«

»Ich sehe zwar keinen Sinn darin, mich mit ihm zu treffen, doch vor dem brauche ich mich wenigstens nicht zu fürchten.«

»Okay, du weißt aber, dass du auf mich zählen kannst. Bei einem Schlagabtausch kann ich Christian einen harten Kampf bieten. Er ist zwar größer als ich, dafür jedoch dünn wie eine Bohnenstange.«

Jo musste grinsen, stand auf und trat ans andere Bett, um Victoria die Hand zu drücken. »Danke, Vic, aber Handgreiflichkeiten sind nicht nötig.« Sie sah auf die Uhr. »Die SMS lasse ich erst mal unbeantwortet. Ich werde mit Angie darüber reden und eine Nacht darüber schlafen, bevor ich reagiere.«

Victoria pflichtete ihr bei. »Klingt vernünftig. Hör zu, wir müssen noch etwas anderes besprechen.« Jo blickte sie an, weil ihre Freundin plötzlich ganz anders klang, und sah sie zwinkern. »Du musst wissen, Jo, dass wir heute Nachmittag nicht viel gesehen haben.«

»Ach, nein?«

Victoria grinste. »Außer der Decke von Georges Hotelzimmer.«

»Also geht es mit euch voran, hm?« Jo erwiderte das Grinsen. »Und? Hat die Erde gewackelt?«

Victoria nickte lebhaft. »Und wie!«

»Wie schön für euch! Ich dachte eben noch, wie glücklich ihr zusammen wirkt.«

»Die Sache ist die: Würde es dir sehr viel ausmachen, wenn ich heute Nacht nicht hier schlafe?«

»Natürlich nicht. *Viva l'amore*, kann ich nur sagen.«

Victoria sah erleichtert aus. »Es war supernett von dir, mich hierher einzuladen. Du sollst nicht denken, dass ich das jetzt ohne dich auskosten will.«

»Tue ich nicht. Ihr jungen Leute sollt euren Spaß haben.« Sie war einen ganzen Monat älter als Victoria. »Ich werde sehr gut allein zurechtkommen.«

»Und so kannst du den umwerfenden Corrado aufs Zimmer einladen und mit ihm machen, was du willst, nicht?«

Jo wusste, dass Victoria bloß scherzte, doch es drängte sie, das richtigzustellen. »Das Thema ist durch. Da wird rein gar nichts passieren. Und jetzt sollte ich mich fürs Reiten umziehen.«

Um Punkt sechs ging Jo nach unten, um Corrado nicht warten zu lassen, und sah, dass er bereits da war. Diesmal war er mit dem Auto zum Hotel gekommen, und zwar mit dem protzigen SUV. Er lehnte an der Motorhaube und unterhielt sich mit einer sehr hübschen jungen Frau, während Daisy aus dem Fond zusah. Als sie Jo bemerkte, sprang sie auf und begrüßte sie bellend, die Pfoten an der Fensterscheibe.

Daraufhin blickte Corrado sich um, und wie es schien, freute er sich genauso sehr, sie zu sehen, wenn auch nicht so lautstark. Er sagte etwas zu der jungen Frau, die sich, winkend und ohne zu schmollen, verabschiedete, und ging Jo entgegen.

Die Frauen fliegen auf ihn wie Bienen auf den Honigtopf, dachte Jo zähneknirschend.

»Guten Abend.« Er streckte ihr die Hände entgegen und schaute sich kurz nach allen Seiten um. »Keine Kameras auf uns gerichtet? Nachdem du jetzt eine Fernsehberühmtheit bist?«

Jo strahlte ihn an und küsste ihn auf die Wangen. Seine Haut an ihren Lippen zu spüren fühlte sich gut an, zu gut. Sie ließ ihn rasch wieder los und ging zu Daisy. Die Hecktür öffnete sich automatisch, und der Labrador warf sich in Jos Arme. Sie landeten auf dem Pflaster, der Hund auf ihr, sodass er ihr gleich das Gesicht ableckte, bis Corrado einschritt und die Hündin ins Auto schickte. Er stand vor ihr und lächelte zu ihr herunter, während sie sich auf die Ellbogen gestützt von der Liebesbekundung erholte. Corrado trug eine graue Reithose und blank polierte Stiefel und sah noch anziehender aus als sonst.

»Daisys Benehmen tut mir leid, Jo. Alles in Ordnung? Nichts passiert? Handy noch ganz?«

Jo hatte ihren neuen Bikini und ein Handtuch in der Tasche für den Fall, dass sie schwimmen gehen würden, außerdem einen Rock, den sie nach dem Reiten anziehen würde. Die Sachen erwiesen sich jetzt als gute Polsterung, sodass sie sich bei dem Sturz nicht wehgetan hatte. Sie ergriff Corrados ausgestreckte Hand, und er zog sie hoch. Dann ließ Jo sie aber schnell wieder los.

»Ja, alles gut, danke.«

»Ich habe noch nicht erlebt, dass Daisy jemanden so schnell ins Herz geschlossen hat.« Er zwinkerte ihr zu. »Das muss wohl Liebe sein.«

»Ja, klar …« Sie stieg in den herrlich luxuriösen Wagen. Drinnen war es angenehm kühl. Jo schnallte sich an und sah sich bewundernd um. Sie verstand nichts von Autos und interessierte sich auch kaum dafür, aber die Komposition aus cremefarbenem Leder, glänzendem Nussbaumholz und hochflorigem Teppich gefiel ihr gut. Sie drehte den Kopf zu Corrado und begegnete seinem Blick.

»Wieso konntest du bis zum Hotel fahren? Ich dachte, das ist verboten.«

»Nur bis sechs Uhr, danach darf man das.«

»Verstehe. Und du kommst mit dem großen Auto. Ein ziemlicher Unterschied zu dem Fiat, hm?«

Er grinste. »Er ist lächerlich groß, um damit durch den dichten Stadtverkehr zu fahren, aber nachdem du mich neulich damit aufgezogen hast, dachte ich, ich benutze ihn endlich mal. Außerdem ist für einen Fernsehstar das Beste gerade gut genug.«

»Gewöhn dich nicht zu sehr daran. Vielleicht brauche ich nie wieder im Fernsehen aufzutreten. Das wäre mir jedenfalls lieber. Ich war entsetzlich nervös.«

»Das hat man dir nicht angemerkt. Und ich war sehr beeindruckt, wie gut du Italienisch sprichst.«

»Wirklich? Du meinst, es war ganz okay? Leider bin ich nicht so sprachbegabt wie du. Ich kann nur hoffen, dass ich mich nicht blamiert habe.«

»Ganz im Gegenteil. *Complimenti.* Und Annarosa, die du eben gesehen hast, fand das auch. Sie hat das Interview in den Nachrichten gesehen. Wir sprachen gerade darüber, als du aus dem Hotel kamst.«

»Annarosa?« Jo gab sich Mühe, gelassen zu klingen.

»Sie ist Chemikerin und arbeitet in unserer Forschungs- und Entwicklungsabteilung. Ich habe sie in die Stadt mitgenommen, weil sie sich mit ihrem Freund treffen wollte.«

Jo sagte nichts dazu, war aber froh, dass sie nicht schon wieder einer seiner Freundinnen begegnet war. Ihr Unterbewusstsein stellte – wenig hilfreich – heraus, dass sie das nur aus seinem Mund wusste, und schließlich hatte sie ja am eigenen Leib erfahren, dass nicht jeder Mann bei der Wahrheit blieb. Sie ging schulterzuckend über die niederträchtige Unterstellung hinweg. Zumindest fürs Erste.

Er ließ den Motor an, und der Wagen fuhr schnurrend die Straße hinunter und reihte sich in den dichten Verkehr ein.

Um diese Tageszeit ging es nur im Schritttempo voran, bis sie endlich die Ringstraßen hinter sich hatten und auf den ruhigen Straßen am ländlichen Stadtrand unterwegs waren. Corrado und sie sprachen kaum ein Wort, da Jo ihn in seiner Konzentration nicht stören wollte.

Beim *Country Club* angekommen, bog er gleich hinter der Einfahrt nach rechts ab, wo es über einen breiten Kiesweg zu den Ställen ging. Jo war schon dort gewesen und hatte das schöne alte Natursteinhaus bewundert, das zwischen moderneren Gebäuden stand. Sie fuhren in den Hof und trafen Mario und Angie an, die bereits vier prächtige Pferde sattelten.

Corrado parkte im Schatten, und sie stiegen aus. Daisy benahm sich bei den Pferden tadellos. Sie schien sogar mehr an ihrer zweibeinigen Freundin interessiert zu sein, und Jo kraulte ihr die Ohren.

»Welches ist für mich bestimmt?«

Angie zeigte auf eine braune Stute. »Cleopatra. Sie verträgt sich gut mit Fio, wenn ihr danach ist. Ich dachte, du wirst sie mögen, da sie die gleiche Größe hat wie deine Polly zu Hause. Und sie ist auch genauso träge wie Polly.«

»Und der schwarze Riese?« Das Pferd neben der Stute war mehrere Handbreit größer als Cleopatra.

Corrado antwortete: »Das ist Bogart. Er ist nach Daisy mein zweitbester Freund.« Er ging zu dem Pferd und streichelte es am Kopf, wobei er Italienisch mit ihm sprach. »*Amico mio*, schön, dich zu sehen. Hast du Lust auf einen kleinen Galopp?«

Das große Tier rieb den Kopf an Corrados Hand, und Jos geschultes Auge sah, wie gut sich die beiden verstanden. Offenbar hatte Corrado auch ein Händchen für Pferde, nicht nur für Frauen.

Sie stiegen in den Sattel, und Mario ritt voran den Weg entlang, bis sie offenes Gelände erreichten. Die Pferde trabten in geruhsamem Tempo, und Daisy rannte glücklich neben ihnen her. Erst als sie im kurzen Galopp ritten, beschloss der Labrador, nun sei es genug, und bezog seinen Posten im Schatten eines Baumes, von wo er den Reitern zusah, die das Feld umrundeten. An einer Seite gab es eine Reihe von Hindernissen, und Jo sprang mit den anderen hinüber, kehrte am Ende um und nahm die Hindernisse ein zweites Mal.

Fast eine Stunde lang waren sie draußen unterwegs, was Jo in vollen Zügen genoss.

Bis sie die Pferde abgesattelt und versorgt hatten, ging die Sonne unter, und sie fuhren mit dem Range Rover zu Marios Haus, um schwimmen zu gehen. Jo ging mit Angie nach oben und zog den neuen Bikini an. Als sie in den Garten kamen, waren die Männer bereits im Wasser, und der Labrador lag angeleint und sichtlich missmutig unter einem Baum.

Jo überschüttete ihn erst einmal mit Aufmerksamkeit, bevor sie sich den anderen im Pool anschloss. Das Wasser war herrlich. Nachdem sie ein paar Längen geschwommen war, setzte sie sich im Flachen auf eine Stufe und lehnte sich zurück, um sich vom Wasser schaukeln und überspülen zu lassen.

Augenblicke später gesellte sich Angie zu ihr. Jo erzählte ihr von den beiden SMS, die sie am Nachmittag erhalten hatte. Ihre Schwester hörte ruhig zu und stellte dann die gleiche Frage wie Victoria.

»Was willst du jetzt tun?«

»Ich habe darüber nachgedacht. Was den gruseligen Markus angeht, werde ich gar nicht erst antworten. Hoffentlich kapiert er dann, dass ich nicht interessiert bin. Und im Hinblick auf Christian bin ich ein bisschen neugierig, wie es ihm geht.« Sie sah Angie an. »Immerhin waren wir vier Jahre zusammen. In der Zeit hat er Karriere gemacht, und ich wüsste schon gern, wie er jetzt damit lebt.«

»Aber das ist nicht der eigentliche Grund, stimmt's?« Ihre Schwester kannte sie wirklich zu gut.

Jo grinste und legte ein Geständnis ab. »Ja, wahrscheinlich hast du recht. Ehrlich gesagt, möchte ich gern, dass er mich gut gelaunt und beschwingt sieht. Ihm soll klar werden, dass ich ohne ihn ein schönes Leben habe. Ich bin jetzt über ihn hinweg, und es geht mir blendend.«

»Und so geht es dir wirklich?«

»Jep. Wenn du mich das vor ein oder zwei Wochen gefragt hättest, hätte ich vermutlich auch Ja gesagt, aber das wäre gelogen gewesen. Erst in den letzten paar Tagen habe ich mit dem Thema wirklich abgeschlossen.«

»Und was oder wer kann das bewirkt haben?« Angie sah ihr in die Augen. »Jemand Neues?«

Jo bekam heiße Wangen und hoffte, dass der Farbwechsel im roten Schein der untergehenden Sonne nicht auffiel. »Ich weiß nicht.«

»Wirklich? Fällt dir niemand ein? Gar keiner?« Angie spielte mit ihr, und Jo war klar, dass sie nicht ewig mauern konnte.

»Na ja, vielleicht Corrado.« Als sie seinen Namen aussprach, blickte sie sich unauffällig um. Doch beide Männer waren noch im Wasser und durchpflügten den Pool. Sie sah ihre Schwester wieder an. »Mach dir keine Sorgen, da wird nichts passieren. Aber seit ich ihn besser kennengelernt habe, wird mir klar, was mir all die Jahre gefehlt hat. Christian sieht fantastisch aus – und das weiß er auch! –, doch er ist bei Weitem nicht so freundlich, großzügig und gebildet wie Corrado. Wenn der eine andere Haltung gegenüber Frauen hätte, wäre er perfekt.«

»Das ist jammerschade. Ihr beide würdet ein schönes Paar abgeben.« Angies Ton wurde streng. »Aber wohlgemerkt, ich drehe ihm den Hals um, wenn er dir das Herz bricht.«

Jo lächelte sie an. »Mir hat er gesagt, du würdest die Mafia beauftragen, aus ihm Hackfleisch zu machen. Ich glaube, er hat ein bisschen Angst vor dir. Du kannst manchmal recht Furcht einflößend sein. Doch tatsächlich hat er mir ein Ziel vor Augen geführt. Ich weiß jetzt, dass es den perfekten Mann für mich gibt. Ich muss nur die Augen offen halten.«

Angie nickte verständnisvoll und stieß sich von der Stufe ab, um eine Runde zu schwimmen. Jo blieb entspannt auf der Treppe sitzen, mit geschlossenen Augen zurückgelehnt, bis Wasser über sie schwappte. Sie hob den Kopf und sah, dass Corrado sich neben ihr niedergelassen hatte. Trotz allem, was sie zu Angie gesagt hatte, durchlief sie ein Kribbeln, als er sie mit seiner nackten Schulter streifte. Die Sonne war inzwischen am Horizont untergegangen.

»Jo, magst du zufällig klassische Musik?«

»Ich mag jede Musik, kenne mich bei Klassik aber nicht besonders gut aus.«

»Ich auch nicht. Soweit ich weiß, hast du am Donnerstagabend etwas vor, nicht wahr?«

»Ja. Die Tagung geht am Freitagmittag zu Ende, deshalb gibt es am Donnerstag abends eine Cocktailparty. Da ich zu den Vortragenden gehöre, werde ich hingehen müssen.«

»Gut, aber wie steht's mit morgen Abend? Ich habe Karten für ein Benefizkonzert auf dem Gelände einer Villa nicht weit von deinem Hotel. Ich habe überlegt, ob du vielleicht mitkommen würdest. Wir könnten zu Fuß hingehen; der Star des Abends ist ein berühmter spanischer Gitarrist. Er ist so berühmt, dass ich seinen Namen glatt vergessen habe.« Jo kicherte. »Mario oder Angie brauche ich gar nicht erst zu fragen. Klassische Musik ist nicht ihr Ding. Wir waren letztes Jahr mal zusammen in der Oper, und sie sind beide fast dabei eingeschlafen.«

Jo gluckste. »Angie stand schon immer auf Pop. Aber ja, ich komme gern mit.« Ihr Unterbewusstsein wies darauf hin, dass das im Grunde ein Date war, nur sie beide allein auf einem Konzert, doch Jo weigerte sich hartnäckig, negative Gedanken zur Kenntnis zu nehmen. »Muss ich mich chic machen?«

»Nein, gar nicht. Das ist ein Gartenkonzert. Komm, wie du bist.«

»Im Bikini?«

»Also, *das* wäre interessant.«

Sie gingen zum Abendessen ins Restaurant hinüber.

Jo betrat das Hotel zum ersten Mal und war beeindruckt. Alles war makellos und stilvoll, das Servicepersonal präsentierte sich in weißen Hemden und Blusen. Die Restaurantchefin führte sie durch den großen Speiseraum ins Freie auf die Terrasse, die von einer Weinpergola beschattet wurde. Zwischen den Tischen standen Zitronen- und Olivenbäume in hübschen Terrakotta-Töpfen.

Die meisten Tische waren besetzt, obwohl es Dienstag war, aber für sie war in der hinteren Ecke ein Platz reserviert, von dem sie über den Garten sehen konnten und den angestrahlten Brunnen im Blick hatten. Es war nun schon recht dunkel, und Jo sah allerhand Nachtfalter zu den Lampen fliegen. Sie hielt ein wachsames Auge darauf, falls sich ein besonders seltenes Exemplar blicken ließ, und vergewisserte sich, dass ihre Handtasche – diesmal ohne Unterwäsche darin – schnell greifbar war.

Sie setzten sich, und ein Kellner brachte ihnen Wein und Wasser, ohne dass sie darum bitten mussten. Daisy trottete zu einer Wasserschüssel an der Seite und löschte ihren Durst. Sie kannte sich sichtlich aus. Als sie zum Tisch zurückkam, ließ sie sich zwischen Jo und Corrado nieder, und Augenblicke später spürte Jo einen schweren Kopf auf ihren Füßen, als sich der Labrador lang ausstreckte, um zu dösen.

Das Essen war ausgezeichnet. Im Tagungszentrum gab es mittags ein Buffet, und Jo hatte nur wenig zu sich genommen. Daher war sie jetzt, nach dem Reiten und Schwimmen, ziemlich hungrig. Sie hatte sich für Salat mit Ziegenkäse und Honig als Vorspeise entschieden, dann für Pizza mit frischem Rucola und Bresaola, einem luftgetrockneten Rinderschinken, für den sie schon lange eine Vorliebe hatte.

Die Pizza war sehr lecker, aber Jo musste zugeben, nicht ganz so gut wie Georges »beste von ganz Rom«. Da sie gerade an Victorias Freund dachte, fragte sie sich, wie Vic und er miteinander auskamen. Und wieder war sie ein bisschen neidisch, wischte das jedoch beiseite.

Sie trank ein Glas Rotwein, lehnte ein zweites aber ab und hielt sich an das Mineralwasser.

Angie fragte sie nach dem Grund.

»Ich brauche morgen einen klaren Kopf. Vielleicht werde ich gebeten, bei einer Frage-Antwort-Runde mitzumachen.«

Allerdings gab es einen zweiten Grund, um nüchtern zu bleiben. Denn inzwischen bestand die reale Gefahr, dass sie über ihren künftigen Schwippschwager herfiel und ihm die Kleider vom Leib riss, denn trotz seiner Nachteile fand sie ihn heute noch begehrenswerter als sonst. Selbstverständlich hatte das nichts mit Liebe zu tun, sondern war unverfälschte körperliche Lust. Da waren sie und ihr Unterbewusstsein sich ausnahmsweise einmal einig. Folglich musste sie sehr auf sich aufpassen.

Am Ende des Abends fuhr Corrado sie in die Stadt zurück. Die Fahrt verlief schweigend, nur aus dem Fond war hin und wieder Schnarchen zu hören. Vor dem Hotel angekommen, hielt Corrado an und gab ihr höflich die Hand.

»Also, gute Nacht, *cognata*.«

Jo verstand das Wort und was er damit sagen wollte. Es bedeutete »Schwägerin«, und er erinnerte sie daran, in welchem

Verhältnis sie zueinander standen und dass es ratsam war, dabei zu bleiben. Jo nickte zum Zeichen, dass sie verstanden hatte, und schüttelte ihm die Hand.

»*Buonanotte, cognato.* Und danke für alles.«

Dennoch empfand sie auf dem Weg zu ihrem Zimmer ein immenses Bedauern.

Wie erwartet war Victoria nicht da. Jo setzte sich auf die Terrasse und schaute über die Stadt. Und plötzlich fühlte sie sich einsam. Vielleicht griff sie deshalb zu ihrem Handy und schrieb, ohne die Entscheidung zu überschlafen, eine SMS an Christian.

Ich bin bis Samstag hier, morgen und Donnerstag aber schon verabredet. Wie wär's mit einem Kaffee am Freitag nach der Arbeit? Um 15 Uhr auf der Piazza Navona am Brunnen? Jo

Markus bekam keine Antwort.

7

Am Mittwoch gab es tatsächlich eine Podiumsrunde mit den Teilnehmern, die Vorträge gehalten hatten. Es lief ziemlich gut, fand Jo, und dass sie dabei neben Ricky saß, stärkte ihr Selbstbewusstsein. Eine der Fragen aus dem Publikum betraf sogar die Forschungsarbeit von Corrados Firma, und Jo nahm sich vor, ihm zu danken, weil er ihr die Informationen zur Verfügung gestellt hatte.

Als sie am Nachmittag das Tagungszentrum verließ, schaltete sie ihr Handy wieder ein und sah, dass zwei Nachrichten eingegangen waren. Eine war von Christian, der dem Treffen zusagte, und die andere war von Markus.

Hallo, Jo. Ich bin mir nicht sicher, ob Du gestern meine Nachricht bekommen hast. Ich bin in Rom und habe mich gefragt, ob Du vielleicht Lust hättest, mit mir an einem Abend essen zu gehen. Ruf mich an. Markus

Sie spielte mit dem Gedanken, ihm klipp und klar zu antworten, er solle verschwinden. Alles in allem fand sie es jedoch besser, ihn zu ignorieren. Sie hatte ihm ihre Londoner Adresse nicht genannt und auch das Hotel in Rom nicht erwähnt. Daher war sie sich ziemlich sicher, dass er den Wink mit dem Zaunpfahl verstehen und nichts mehr von sich hören lassen würde.

Jo duschte und zog sich um, wobei sie ein wenig mehr Sorgfalt als sonst walten ließ. Auch wenn es im Freien stattfand, blieb es ein klassisches Konzert, und deshalb zog sie lieber ein Kleid anstelle von Shorts an, entschied sich aber für flache Sandaletten, da Corrado mit ihr zu Fuß gehen wollte. Er würde sie um sieben im Hotelfoyer abholen.

Da sie um halb sechs schon ausgehfertig war, ging sie auf einen kurzen Spaziergang nach draußen und wollte bei der Gelegenheit ein Geschenk für ihre Mutter und Pralinen oder Kekse für ihre Kollegen kaufen. Während sie durch die schwüle Hitze schlenderte und in die Schaufenster blickte, machte sie eine überraschende Entdeckung.

Auf der Piazza di Spagna am Fuß der Spanischen Treppe sah sie Corrado an einem Tisch unter einer Markise bei einem Espresso sitzen. Bei ihm, sogar sehr dicht bei ihm, saß eine Frau. Er hatte einen Arm um ihre Schultern gelegt und hielt auf dem Tisch ihre Hand. Jo blieb abrupt stehen und zog sich in den Schatten zurück, um zu überlegen, wie sie sich verhalten sollte.

Da zwischen ihm und ihr nie etwas werden würde, stand es ihm frei, Kaffee zu trinken, mit wem er wollte. Das hatte nichts mit ihr zu tun. Ihr Unterbewusstsein brauchte ihr das gar nicht erst vorzuhalten. Doch ärgerlicherweise machte es ihr etwas aus, ihn mit einer anderen Frau zu sehen. Natürlich war ihre Reaktion unlogisch, aber Jo war dagegen machtlos.

Nachdem sie ein, zwei Minuten lang unschlüssig dagestanden hatte, sah sie auf die Uhr. Es war kurz vor sieben. Sie holte tief Luft und machte sich auf den Rückweg zum Hotel. Ohne einmal zur Seite zu blicken, überquerte sie den Platz und stieg die Treppe hinauf. Sie wusste nicht, ob er sie bemerkt hatte oder nicht, und sie schaute auch nicht über die Schulter, nicht einmal, als sie das Hotel betrat. Sie brachte die Kekse in ihr Zimmer und trank ein paar Schlucke Wasser aus der Flasche im Kühlschrank, prüfte im Spiegel ihre äußere Erscheinung und begab sich wieder nach unten, gerade als die Glocken von Trinità dei Monti sieben Uhr schlugen.

Corrado wartete am Aufzug, diesmal ohne seine Hündin.

Er trug eine graue Hose, ein weißes Hemd und ein dunkelblaues Leinenjackett und sah sehr elegant aus. Wie gut, dass sie sich ein bisschen chic gemacht hatte. Als er sie erblickte, leuchteten seine Augen auf, und sie fragte sich, ob das unwillkürlich passierte, sowie er eine Frau anschaute. Eigentlich unwichtig.

Sie begrüßte ihn mit Wangenküssen. Nachdem sie ihn mit der anderen gesehen hatte, fand sie die Berührung nicht mehr so erregend wie am vorigen Abend. Vielleicht, so sagte sie sich, drang die Tatsache, dass er nie mehr als ihr Schwippschwager sein würde, endlich zu ihrem Verstand durch.

»Hallo, Jo. Hattest du einen guten Tag?« Er wirkte erschöpft.

»Ja, danke. Es war zum Glück nicht so stressig wie gestern. Und du? Wie war dein Tag? Du siehst ein bisschen müde aus.«

Sie gingen nach draußen, und die Hitze traf sie wie ein Schlag ins Gesicht. Es war noch heißer und feuchter als in den vergangenen Tagen. Sie schaute zum Himmel hinauf, und zum ersten Mal in ihrer Zeit in Rom sah sie graue Wolken am Horizont. Als sie auf die Kirche zuhielten, antwortete er.

»Ich bin niedergeschlagen, um ehrlich zu sein.«

Sie sah ihn aufmerksam an. Er wirkte tatsächlich bekümmert.

»Hast du Erfahrung mit Krebs?«

Jo riss die Augen auf und blieb stehen. »Nein. Wieso? Um wen geht es?« Ihr wurde schlagartig kalt. »Doch nicht du, Corrado?« Leicht verspätet merkte sie, dass sie ihn mit beiden Händen am Arm gepackt hielt.

Er legte die freie Hand auf ihre und brachte ein schwaches Lächeln zustande. »Nein, Gott sei Dank nicht ich, aber ein sehr guter Freund. Die Ärzte haben ihn gründlich untersucht, um festzustellen, wie weit der Krebs fortgeschritten ist. Ich bin heute mit seiner Frau den Befund und all die medizinischen

Fachbegriffe durchgegangen. Wir haben eben noch einen Kaffee zusammen getrunken.«

»Und ist es schlimm?«

Corrado nickte traurig, ohne die Hand wegzunehmen. »Sehr schlimm. Die Ärzte geben ihm noch drei Monate, doch nach allem, was ich gesehen habe, bezweifle ich, dass er so lange leben wird.« Er blickte auf und sah ihr in die Augen. Als sie seinen Schmerz sah, drückte sie mitfühlend seinen Arm. »Wir sind zusammen zur Schule gegangen. Er ist erst sechsunddreißig, ein Jahr älter als ich.« Corrado seufzte schwer. »Ich habe versucht, seine Frau zu trösten, und habe am Ende selbst geweint. Die Arme musste mich schließlich trösten.«

Jo kam sich vor wie eine Verräterin. Wieder einmal hatte sie die Situation falsch gedeutet. Ihre Mutter hatte definitiv recht, was ihre Neigung betraf, Menschen zu unfreundlich zu beurteilen und voreilige Schlüsse zu ziehen. Jo holte tief Luft, legte einen Arm um ihn und drückte sich an ihn. »Ist dir überhaupt danach, zu einem Konzert zu gehen? Wir könnten auch in einem stillen Restaurant etwas essen oder gar nichts tun. Vielleicht möchtest du lieber zu Hause bleiben.«

Er schüttelte den Kopf. »Nein, auf keinen Fall. Ich freue mich auf das Konzert. Das wird mich ablenken. Außerdem bin ich gern mit dir zusammen, und das wird mich auch aufheitern.«

»Ich dachte, das ist Daisys Aufgabe. Apropos, wer kümmert sich heute Abend um sie?«

»Sie selbst. Ich habe ihr einen riesigen Kauknochen gegeben und den Fernseher laufen lassen. Sie wird zurechtkommen.«

»Steht sie mehr auf Dokus oder auf Soaps?« Jo wollte ihn zum Lächeln bringen, und es klappte.

»Es heißt ja, Hunde können auf einem Bildschirm nichts erkennen. Aber ich glaube, Daisy kann das. Wenn ein Hund oder ein Wolf zu sehen ist, steht sie auf, läuft zum Fernseher und bellt oder wedelt mit dem Schwanz, je nachdem, wie sie gelaunt ist.«

Jo drückte ihn noch mal und ließ ihn los. Sie gingen an der Kirche vorbei und weiter den Hügel hinauf. Das Panorama der Dächer zur Linken wäre bemerkenswert, wenn sie nicht schon durch die Aussicht ihres Hotelzimmers verwöhnt gewesen wäre. Trotzdem war es eine Freude, wieder über das Meer der braunrosa Dachziegel zu schauen. Die wuchtige Engelsburg am Tiber verdeckte zunächst den Vatikan, aber ein Stück weiter kam die Kuppel des Petersdoms zum Vorschein. Ein herrliches Panorama an einem herrlichen Abend. Wie immer sie zueinander standen – Jo war sehr froh, mit Corrado zusammen zu sein, und hoffte, ihn tatsächlich aufheitern zu können.

Das Konzert sollte im Garten einer Renaissance-Villa stattfinden. Als sie vorbei an zwei Sicherheitsleuten hineingingen, wurde ihnen von Kellnern kalter Champagner angeboten. Offensichtlich war das eine sehr gehobene Veranstaltung.

Die Sitzplätze waren im Halbkreis vor einer niedrigen Bühne aufgestellt, und auf dem Weg dorthin blieb Corrado immer wieder stehen, um andere Gäste zu begrüßen und Jo als seine künftige Verwandte vorzustellen. Augenscheinlich war er in der Stadt ein bekannter und geachteter Mann. Wenn Jo sich unter den Leuten umsah, fühlte sie sich underdressed. Sowie sie einen stillen Moment für sich hatten, berührte sie Corrado am Arm und sprach ihn leise darauf an.

»›Du brauchst dich nicht chic zu machen‹, hast du gesagt. ›Komm, wie du bist.‹ Jetzt sieh dich mal um, ja? Ich müsste einen Kredit aufnehmen, um mich so zu kleiden wie die Damen hier. Verglichen mit ihnen komme ich mir vor wie eine Vagabundin.«

Er neigte den Kopf zu ihr und brachte den Mund so dicht an

ihr Ohr, dass sie glaubte, seine Lippen zu spüren. »Du bist die schönste Frau hier, Jo. Du hättest im Bikini kommen können und wärst noch immer die eleganteste.«

Trotz aller guten Vorsätze, durchlief sie ein wohliges Schaudern. Ja, er verstand es, jederzeit das Richtige zu sagen. Nicht zum ersten Mal fragte sie sich, welch schreckliche Untat sie in einem früheren Leben begangen hatte, um jetzt mit einem ebenso begehrenswerten wie unerreichbaren Schwippschwager gestraft zu sein. Denn hätte Angie sich für einen ihrer recht hässlichen Pferdeliebhaber in Woodstock entschieden anstatt für Mario, dann wäre das Problem gar nicht entstanden. Jo seufzte und trank einen Schluck von dem ausgezeichneten Champagner.

Sie begaben sich zu ihren Plätzen, die sich in der Mitte der ersten Reihe befanden.

Als sie saßen, blickte Jo ihn fragend von der Seite an. »Wir haben die besten Sitzplätze. Du kennst eindeutig die richtigen Leute.«

Er lächelte zurück. »Um die Wahrheit zu sagen: Ich gehöre zu den Kuratoren der gemeinnützigen Organisation, und die werden oft begünstigt. Allerdings habe ich mit den Jahren so viel Geld gespendet, davon hätte ich die Villa kaufen können!«

Bald wurde die Beleuchtung gedämpft. Während sie auf den Dirigenten warteten, bemerkte Jo grünliche Lichtpunkte ringsherum in der Dunkelheit. Für jemanden, der sich für Fluginsekten interessierte, waren die an diesem schönen Abend ein zauberhafter Bonus. Zwar waren sie Käfer und keine Schmetterlinge, aber Glühwürmchen in Rom zu sehen war ein besonderes Vergnügen, und Jo bedauerte es sehr, als die Bühne beleuchtet wurde und die Glühwürmchen verschwanden.

Eine sehr glamouröse Dame in einem silbernen Etuikleid

mit einem der Schwerkraft trotzenden Dekolleté begrüßte das Publikum und sagte ein paar Worte über die Arbeit der Organisation. Corrado flüsterte Jo zu, dass sie eine berühmte Fernsehmoderatorin sei. Die Frau wiederholte gerade, was er schon gesagt hatte, dass der Daseinszweck der Organisation der gleiche war wie der der Stiftung, für die Jo arbeitete. Sie sammelten Spenden, um die Meere zu säubern und die gefährdeten Tierarten zu schützen.

Nach der Ansprache trank Jo den letzten Schluck ihres Champagners und stellte das Glas unter ihren Stuhl. Kostenloser Champagner und eine prominente Gastgeberin, dachte sie, wirklich eine illustre Veranstaltung. Die Eintrittskarten hatten sicher eine Stange Geld gekostet, sodass die Stiftung an dem Abend einen guten Erlös erzielen würde.

Das Konzert selbst war himmlisch. Als Erstes spielte ein Streichquartett einige populäre Stücke berühmter Komponisten. Obwohl sie kein Klassik-Fan war, kannte Jo die meisten Stücke und genoss die Musik. Danach gab es eine Pause und mehr Champagner, diesmal dazu appetitlich aussehende Kanapees. Jo fragte sich, ob Corrado hinterher noch essen gehen wollte, denn die Häppchen waren für sie mehr als ausreichend. Nach der dritten frittierten Riesengarnele gab sie auf.

»Das schmeckt fantastisch, aber ich bin schon satt. Mehr Kaviar und Wildlachs kann ich nicht essen, weißt du?«

Er lächelte zu ihr hinab. »Letzten Monat war ich bei einer ähnlichen Veranstaltung. Daher wusste ich, was mich erwartet. Ich hätte dich warnen sollen. Doch du hast bestimmt noch ein bisschen Platz übrig. Spar den für die Profiteroles auf. Ich verspreche dir, es lohnt sich.«

Wer mochte ihn da begleitet haben?, fragte sie sich, verscheuchte den Gedanken jedoch sofort. Dafür folgte sie seinem Rat und griff bei den Profiteroles zu, als sie auf einem Tablett vorbeikamen. Die waren doppelt so groß wie gewöhnlich, mit einer kräftigen Schokoladensoße begossen und mit Sahne gefüllt. Jo spürte fast, wie sich die Pfunde an ihre Hüften setzten – sie hatte sich ja unbedingt zwei nehmen müssen! Dafür ließ sie ihren gespielten Ärger an Corrado aus.

»Jetzt verstehe ich. Du willst mich mästen, damit ich mich in mein Brautjungfernkleid zwängen muss, stimmt's?«

Grinsend sah er zu, wie sie sich die Schokolade von den Fingern leckte. »Es ist das erste Mal, dass mir jemand vorwirft, ich würde eine Frau in ein Kleid reinzwängen, anstatt sie auszuziehen.« Sowie er ihren Gesichtsausdruck sah, entschuldigte er sich hastig. »Tut mir leid, das war geschmacklos. Ich sehe dich nicht mit solchen Augen, ganz ehrlich.«

»Wie du dein Leben verbringst, geht mich nichts an.« Dennoch war sie es sich schuldig, ihn auf seine letzte Bemerkung anzusprechen, auch wenn ihr Unterbewusstsein dringend empfahl, darauf zu verzichten. Sie trank sich mit einem großen Schluck Mut an. »Aber da wir gerade beim Thema sind: Was hält dich davon ab, mich mit solchen Augen zu sehen?«

Corrado senkte den Blick und zögerte mit der Antwort. Er schwieg so lange, dass Jo ihre Frage schon ernsthaft bereute. Wäre sie doch bloß nicht so persönlich geworden! Schließlich antwortete er leise und unerwartet ernst.

»Das wird dich vermutlich überraschen, aber ich habe in den letzten Tagen viel nachgedacht, genau über diese Frage. Es gibt wohl drei Gründe, warum ich angestrengt versucht habe, dich nicht mit solchen Augen zu sehen. Erstens werden wir beide in Kürze zur selben Familie gehören und uns häufig sehen. Wenn wir vorher eine Affäre haben und dann unausweichlich Schluss ist, wäre die Situation verkorkst, sowohl für uns beide als auch für Angie und Mario.«

Jo nickte, doch das sah er nicht, weil er vor sich auf den

Boden starrte. Sie hatte keineswegs überhört, was er indirekt bekannt hatte: Er fand sie attraktiv und war der Versuchung ausgewichen. Welche Auswirkungen das haben mochte, blieb abzuwarten. Nach ein paar Augenblicken sprach er weiter.

»Und zweitens weiß ich, dass du für Affären nicht zu haben bist. Du bist schön, du bist intelligent, du bist sexy, du hast einen Körper zum Niederknien, und du bist sehr, sehr begehrenswert. Doch ich weiß, du willst mehr als sexuelle Erfüllung, und das kann ich nicht bieten. Also sollte zwischen uns nichts passieren.«

Jo wiederholte in Gedanken die Adjektive, mit denen er sie beschrieben hatte. Es war nicht zu bezweifeln, er hatte tatsächlich sehr klar angedeutet, dass er sie doch anziehend fand, und trotz aller Vorbehalte war sie beinahe erleichtert, weil nichts Schreckliches an ihr war, das ihn abgeschreckt hatte. Er verfiel wieder in Schweigen, und sie ermunterte ihn behutsam weiterzusprechen. »Du sagst, es gibt drei Gründe, Corrado.«

Nun blickte er doch noch auf und sah ihr in die Augen. Sein Blick war sanft, aber ernst. »Ich mag dich zu sehr. Du bist klug und freundlich, und es macht Spaß, mit dir zusammen zu sein. Du bist eine viel zu gute Freundin, als dass ich dich verlieren möchte. Das ist das eigentliche K.-o.-Kriterium. Ich will dich als Freundin behalten.« Sein Gesichtsausdruck wurde weicher, und sie sah eine leise Besorgnis in seinen Augen. »Das heißt, sofern du eine Freundin sein willst.«

Ihre Augen brannten von aufsteigenden Tränen. Sie nahm seine Hand und drückte sie. »Das ist die süßeste Nicht-Liebeserklärung, die ich je gehört habe. Natürlich will ich mit dir befreundet sein. Ich fand es wirklich schön mit dir in den paar Tagen, und ich mag dich auch, sehr sogar. Doch wie du schon sagtest, die Situation ist viel zu kompliziert.« Sie sah zu ihm hoch. »Ja, Corrado, du kannst der große Bruder sein, den ich mir schon als Mädchen gewünscht habe. Bitte, können wir Freunde sein und für immer bleiben?«

Auf seinem Gesicht breitete sich ein Lächeln aus. »Abgemacht. Für immer Freunde.«

Er drückte ihre Hand, und aus irgendeinem Grund hatte sie Mühe, die Tränen zurückzudrängen.

Nach der Pause trat ein spanischer Gitarrist auf. Jo hatte in der Schule Gitarre gelernt und war nicht über eine zaghafte Darbietung von Bob Dylans *Knockin' on Heaven's Door* hinausgekommen. Wie jemand ein Instrument so virtuos beherrschen konnte, war ihr ein Rätsel. Doch sie war nur halb bei der Sache. Mit der anderen Hälfte ihres Verstandes analysierte sie ihre Reaktion auf Corrados Haltung.

Sie war den Tränen nahe gewesen. Warum? War sie etwa dermaßen froh, mit einem netten Mann befreundet zu sein – mal abgesehen von seinem Spleen im Hinblick auf feste Beziehungen? War sie vielleicht traurig, weil es jetzt offiziell feststand, dass es immer bei einer platonischen Beziehung bleiben würde? Und wenn sie das traurig machte, hieß das, sie fühlte sich sexuell von ihm angezogen?

Die Antwort darauf war natürlich ein schallendes Ja. Sie konnte sich nichts vormachen, selbst wenn sie es wollte. Als sie ihn zum ersten Mal gesehen hatte, hatte sie gleich gemerkt, dass sie ihn sehr anziehend fand. Natürlich hatte er recht, was sie anging, aber sie wünschte manchmal, sie wäre eine Frau, die sich gern mal auf eine Affäre mit einem attraktiven Mann einließ. Er sah gut aus, er fühlte sich gut an, er hatte eine angenehme Stimme, er roch sogar gut. Ja, dachte sie bei den Klängen von Rodrigos *Concierto de Aranjuez*, er ist ungeheuer anziehend. Eins war jedenfalls sicher: Obwohl sie gesagt hatte, sie wollte ihn als großen Bruder haben, wusste sie, sie würde ihn nie als solchen betrachten können. Aber wenigstens wusste sie jetzt, dass sie Freunde sein konnten – wie unbefriedigend das für sie auch werden mochte.

Es war ein herrlicher Abend, der auf unerwartete Weise endete. Als sie nach dem Konzert langsam zum Hotel zurückschlenderten, traf Jo ein Tropfen im Gesicht, dann noch einer. Das waren keine kleinen Regentropfen, sondern große, die patschend auf der Haut landeten. Augenblicke später spaltete ein Blitz den dunklen Himmel, und der öffnete seine Schleusen. Als die Donnerschläge ohrenbetäubend wurden, prasselte der Regen so stark, als stünden sie unter der voll aufgedrehten Dusche.

Corrado legte einen Arm um ihre Schultern und zog sie schützend an sich. Zwischen zwei Donnerschlägen rief er ihr zu: »Das habe ich befürchtet. Für Mitternacht war Starkregen angekündigt. Ich hatte gehofft, wir würden noch trocken nach Hause kommen. Schließlich ist es erst zehn. Wir werden gleich bis auf die Haut durchnässt sein. Ein Taxi wird jetzt nicht zu kriegen sein. Wir können nur weitergehen und uns nass regnen lassen.«

Jo fand es sehr behaglich in seinem Arm, obwohl ihr die Tropfen schon den Rücken hinunterliefen. Die Haare klebten ihr am Kopf, aber das war ihr egal. Nach der drückenden Hitze war der Regen erfrischend und nicht kalt. Sie drehte den Kopf, sodass sie zu Corrado hochblicken konnte, und lächelte zufrieden.

»Dann werden wir eben nass. Was macht das schon?« Sie schlang ihm einen Arm um die Taille und drängte sich enger an ihn, und zu ihrer eigenen Überraschung fing sie an zu singen, zuerst leise, dann lauter, und er fiel mit ein. Das Lied, das ihr so spontan über die Lippen kam, war Gene Kellys berühmtes *Singin' in the Rain.*

Den Text wusste sie nicht ganz auswendig, aber das störte

sie nicht. Corrado lachte schallend, als es plötzlich noch kräftiger prasselte, nahm sie bei der Hand und patschte durch die Pfützen und drehte sich mit ihr unter einer Straßenlampe wie in der legendären Szene des alten Kinofilms. Sie lachten, bis sie am Hotel ankamen, und lachten noch, als sie triefend nass das Foyer betraten.

Corrado nahm sie in die Arme, und sie drückten sich herzlich. »Also, du bist zu Hause. Ich gehe jetzt auch gleich in meine Wohnung. Noch nasser kann ich ja nicht mehr werden.«

»Du kannst gern mit nach oben kommen und dich abtrocknen. Der Portier ruft dir dann sicher ein Taxi.«

Kaum ausgesprochen, verlor sich ihr Lächeln, weil sich ihr ein Bild aufdrängte, das sich nicht mehr wegschieben ließ. Sie sah sie beide vor sich in dem schönen großen Hotelzimmer neben ihrem breiten Bett, wie sie einander die nassen Sachen auszogen und mit den weichen weißen Badetüchern abtrockneten, um sich dann eng umschlungen aufs Bett fallen zu lassen. Das war ein verflixt anschauliches Bild, und ihr schoss die Hitze ins Gesicht, da nützte auch die kühlende Wirkung des Regens nichts mehr.

Er musste gesehen haben, dass sie rot wurde, sagte jedoch kein Wort. Vielleicht glaubte er, ihre Haut wäre von den prasselnden Regentropfen stärker durchblutet. Er zog sie an sich und küsste sie auf die Wangen. »Ich freue mich auf mein Zuhause. Es war ein großartiger Abend.«

»Das finde ich auch.« Jo hielt ihn auf und konnte nicht widerstehen: Sie zog sein Gesicht zu sich heran und gab ihm einen zarten Kuss auf den Mund. Sie erntete einen überraschten Blick, doch er lächelte weiter. Dann trat sie von ihm weg und wurde von Neuem rot. »Gute Nacht, mein Freund, und danke für alles.«

»Dir auch eine gute Nacht, liebe Freundin.«

Als er draußen hinter dem Regenschleier verschwunden war, schaute sie zu der dunkelhaarigen Frau an der Rezeption und sah sie lächeln.

»Mir scheint, Sie hatten einen aufregenden Abend, Signorina.«

Jo erwiderte das Lächeln und ging zum Aufzug. »Einen Abend, den ich nie vergessen werde.«

10

Am nächsten Tag trafen sich Jo und Victoria auf ein schnelles Mittagessen in einer Sandwich-Bar einen Block vom Tagungszentrum entfernt. Der Sturm hatte sich im Lauf der Nacht gelegt, und von dem sintflutartigen Regen waren nur noch Pfützen übrig, die in der heißen Mittagssonne rasch austrockneten.

Victoria sah sehr glücklich aus und erzählte Jo, dass es sich zwischen ihr und George supergut entwickelte. So gut sogar, dass ein paar Mal das Wort »Liebe« fiel.

»Wunderbar, Vic. Ich freue mich für dich. Und hast du den Eindruck, dass George genauso empfindet?«

»Sehr sogar. Er spricht schon davon, wann und wo wir uns treffen, wenn wir wieder in London sind.«

»Großartig. Ich kann ihn sehr gut leiden. Ich denke, den solltest du behalten.«

»Ganz genau. Und wie steht's mit dir und deinem umwerfenden Chemiker?«

»Du meinst wohl, mit meinem künftigen Schwippschwager.« Jo erzählte von dem Freiluftkonzert und dem Platzregen, und Victoria lachte bei der Vorstellung, wie die beiden pitschnass durch die Pfützen tanzten. Sie musste in Jos Tonfall oder in ihrem Gesicht eine Regung bemerkt haben, denn sie vergeudete keine Zeit.

»Das hört sich ganz so an, als wäre er der Richtige für dich. Er sieht klasse aus, ist supernett und schwerreich, und er bringt dich zum Lachen. Eigentlich könnte es also losgehen.«

»Es gibt aber ein Problem. Er hat höchstens ein sexuelles Interesse an mir.« Sie sah Victoria an. »Versteh mich nicht falsch,

Vic. Ich habe nichts gegen die gute alte sexuelle Anziehung, doch Sex mit ihm würde nur alles verderben. Nicht nur für mich, ich muss auch an Angie und Mario denken.«

»Ich sehe durchaus, wie kompliziert das werden könnte. Aber es ist doch sicher möglich, dass er mit dir ins Bett geht und dann erkennt, dass er dich liebt, und dann könnt ihr glücklich in den Sonnenuntergang reiten.«

Jo schüttelte den Kopf. »Er hat mir unmissverständlich klargemacht, dass seine Verflossenen sich alle mit dieser Vorstellung auf ihn eingelassen haben und keinen Erfolg hatten. Ich mag naiv erscheinen, bin es aber nicht. Nein, ich fürchte, was wir vereinbart haben, ist die einzige Lösung. Wir werden Freunde sein.«

In dem Moment klingelte ihr Handy. Sie schaute aufs Display und dann zu Victoria. »Rate mal, wer das ist.« Jo nahm das Gespräch an. »Hallo, Corrado, wie geht es dir?«

»Bestens, danke. Bin über Nacht getrocknet. Und du? Alles gut so weit?«

»Ja. Ich musste meinen Pass und ein paar Geldscheine trocken föhnen, doch sie haben es überstanden, und wundersamerweise funktioniert auch mein Handy noch, wie du siehst.«

»Großartig. Ich habe wegen heute Abend nachgedacht. Du musst zu der Cocktailparty, nicht wahr? Wie lange wird die dauern? Hättest du vielleicht Lust, hinterher mit mir essen zu gehen?«

Freunde hin oder her, Jos Herz machte einen Freudensprung. Sie hatte gehofft, ihn heute wiederzusehen. Denn schließlich würde sie in zwei Tagen schon wieder in London sein.

»Wahrscheinlich von sechs bis acht. Danach habe ich nichts vor. Ich treffe mich sehr gern mit dir, aber es darf nicht schon wieder ein üppiges Mahl sein.«

»Nun, ich wollte dir doch mein Haus zeigen, du weißt

schon, das an der Via Appia. Ich könnte dich um acht abholen, und wir essen dort eine Kleinigkeit. Was hältst du davon?«

Jos Unterbewusstsein, das sich bisher brav zurückgehalten hatte, gaukelte ihr plötzlich ein Bild von ihr in einem tollen, sehr freizügigen schwarzen Abendkleid und mit Hochsteckfrisur à la Hollywood-Diva vor. Sie stand an Corrados Esstisch und streckte die Arme zu ihm aus, während er lächelnd und sichtlich verliebt auf sie zukam. Mit den Fingerspitzen strich er an ihren nackten Armen herauf und streifte ihr die Spaghettiträger von den Schultern. Sie spürte seine Lippen an …

»Oh Gott …«

»Stimmt etwas nicht, Jo?« Er klang erschrocken, und auch Victoria blickte besorgt auf.

»Äh, nein. Mir ist nur etwas runtergefallen.« Sie mied Victorias Blick und dankte ihrem Glücksstern, dass das kein Videogespräch war, denn ihre Wangen glühten. Wahrscheinlich war sie so rot wie die Tomate auf ihrem Sandwich. »Äh, ja, das ist eine schöne Idee, Corrado, danke, aber ich kann mir ein Taxi nehmen. Es ist nicht nötig, dass du extra herkommst und mich abholst.«

»Das ist kein Aufwand. Also um acht am Hotel. Mach dir keine Gedanken, falls du dich verspätest. Ich werde warten.«

Als er aufgelegt hatte, legte Jo das Handy hin und wappnete sich, bevor sie Victoria ansah. »Er hat mich zum Abendessen in sein Haus eingeladen.«

Im Gesicht ihrer Freundin malte sich Begreifen ab. »Aha. Ihr beide also allein in einem Haus mit vielen Betten.« Sie grinste sie an. »Tja, das wird auf jeden Fall eine harte Prüfung deiner Willensstärke.«

»Nein, wir sind nicht ganz allein. Daisy wird auch da sein.«

»Ach so, dann ist es ja gut.« Victoria grinste nur umso breiter.

Jo biss die Zähne zusammen. Heute war Donnerstag, und am Samstag würde sie nach Hause fliegen. Das hieß, sie hatte noch anderthalb Tage durchzustehen – anderthalb Tage, in denen sie ihrem limbischen System beweisen konnte, dass sie mehr als eine Sklavin ihrer Urinstinkte war. Victoria hatte recht. Das würde nicht leicht werden.

Und vor ihrem Date wartete noch eine recht beängstigende Überraschung auf sie. Als sie um fünf Uhr mit den Tagungsteilnehmern zum Ausgang strebte, um rasch zum Hotel zu gehen und sich umzuziehen, entdeckte sie draußen auf dem Bürgersteig kaum zehn Meter von ihr entfernt niemand anderes als Markus. Als er sie sah, leuchteten seine Augen auf, er strahlte sie an und hob die Hand zum Gruß.

Jo hielt abrupt inne. Ihr Instinkt drängte sie, in den Saal zurückzulaufen und sich zu verstecken. Doch damit würde sie nur das Unvermeidliche aufschieben, das war ihr sofort klar. Soweit sie wusste, gab es bloß diesen Ausgang. Markus brauchte also nur weiter zu warten. Was sollte sie jetzt tun? Während sie dastand und verzweifelt nach einem Ausweg aus dem Dilemma suchte, sah sie ein freundliches Gesicht aus der Schar der Leute ragen. Ricky kam in ihre Richtung, und das brachte sie auf eine Idee. Sie winkte, und er trat zu ihr.

»Hallo, Jo. Gibt es ein Problem? Du siehst aus, als hättest du einen Geist gesehen.«

»Etwas in der Art. Hör zu, Ricky, kannst du mir einen Riesengefallen tun?«

»Klar, jederzeit.«

»Könntest du für zwei Minuten meinen Freund spielen?«

Er schaute verwundert und belustigt zugleich. »Also, man kann dir nicht vorwerfen, auf etwas Langfristiges aus zu sein. Zwei Minuten? Wow, du hast einen ziemlichen Verbrauch.«

»Das ist eine lange Geschichte. Erzähle ich dir später. Jetzt tu erst mal so, als wären wir zusammen.« Sie brachte ein schwaches Lächeln zustande. »Und wir sind total verliebt, weißt du?«

»Aber natürlich.« Ohne mit der Wimper zu zucken, schloss er sie in die Arme und drückte sie an sich. »Darling, du siehst wie immer hinreißend aus.« Er verlegte sich auf eine übertriebene englische Aussprache. Jo war nahe daran zu kichern, trotz ihrer misslichen Lage.

»Danke, Darling. Du sagst stets so süße Dinge. Lass uns nach draußen gehen, ja?« Sie senkte die Stimme. »Der Typ da vor der Tür ist ein Arschloch. Anders kann ich es nicht nennen.«

»Natürlich, Darling, was sonst?«

Ricky ging definitiv in seiner Rolle auf. Liebevoll legte er einen Arm um sie, und so hielten sie auf die Tür zu. Als sie in den warmen Abend hinaustraten, machte Markus einen Schritt auf sie zu. Sein Lächeln entglitt ihm. Er war sichtlich verblüfft, sie im Arm eines anderen zu sehen, der noch dazu zwei Meter groß war.

»Jo, wie schön, dich wiederzusehen.«

»Markus, na, so was, du hier?« Jo war bewusst, wie abgedroschen das klang, aber Improvisieren war noch nie ihre Stärke gewesen. »Was bringt dich nach Rom?« Sie drückte konspirativ Rickys Hand.

»Bin geschäftlich hier. Vielleicht hast du meine SMS nicht bekommen?«

»Ich fürchte, mein Handy ist nass geworden. Es liegt noch im Reis. Hoffentlich funktioniert es bald wieder.« Als fiele es ihr plötzlich ein, deutete sie auf Ricky und schmiegte sich demonstrativ an seine Seite. »Entschuldige, ich sollte euch miteinander bekannt machen. Das ist Richard. Er ist gerade aus den USA gekommen.«

»Ah, ich verstehe.« Sie sah Markus an, dass er den Rivalen abschätzte und zu dem einzig vernünftigen Schluss kam. »Tja, ich dachte, ich schaue mal vorbei und sage Hallo. Jetzt mache ich mich am besten auf den Weg. Schöne Tage noch in Rom.«

Und damit wandte er sich ab und ging.

»Also, Darling, wohin jetzt? Zurück in unser Liebesnest oder möchtest du etwas unternehmen?« Ricky klang höchst amüsiert.

Jo umarmte ihn herzlich und stellte sich auf die Zehenspitzen, um ihm einen Kuss auf die Wange zu geben. »Du warst fantastisch.«

»Das sagt meine Frau auch immer.« Er grinste. »Na ja, manchmal.«

»Und sie hat recht. Hör zu, ich muss jetzt schleunigst ins Hotel zurück, doch ich erzähle dir alles bei der Cocktailparty. Auf jeden Fall danke ich dir von Herzen. Du hast mich gerettet.«

»Freut mich, dass ich helfen konnte. Bis später also.«

Die Cocktailparty fand im Foyer des Tagungszentrums statt, und das war gut gefüllt. Ricky war wie immer mühelos in der Menge zu finden, und sie erzählte ihm die Markus-Episode.

Er schüttelte bedauernd den Kopf. »Gut, dass ich das eben noch nicht gewusst habe, sonst wäre ich nicht so nett zu ihm gewesen. Du hattest recht, er ist ein Arschloch.« Er lächelte sie an und machte eine ironische Verbeugung. »Im Namen der fünfzig Komma vier Prozent der männlichen Erdbevölkerung bitte ich dich um Entschuldigung. Wir sind nicht alle solche Mistkerle.«

Jo grinste ihn an. »Und im Namen der neunundvierzig Komma sechs Prozent der weiblichen Erdbevölkerung nehme ich die Entschuldigung an. Danke.« Sie tippte mit ihrem Prosecco-Glas seine Bierflasche an. »Und was hast du nun vor? Fliegst du auf direktem Weg zurück nach Kalifornien?«

»So ziemlich, mit zwei Zwischenstopps. Ich bin jetzt fast einen Monat von zu Hause weg. Die Kinder werden mich gar nicht mehr erkennen, wenn ich noch länger wegbleibe.«

Jo bat ihn, ihr Fotos zu zeigen. Er hatte eine sehr hübsche, zierliche Frau, drei Jungen und ein kleines Mädchen und wohnte in einem weiß gestrichenen Holzhaus mit Palmen im Garten. Sie gaben eine große, glückliche Familie ab. Jo freute sich für ihn. Und war mehr als nur ein bisschen neidisch.

Vielleicht war es für sie wirklich an der Zeit, auch eine Familie zu gründen. Das Problem war nur, einen passenden Partner zu finden. Und nun, da Corrado ihr in verlockender Weise vor Augen geführt hatte, was für einen Mann sie brauchte, wusste sie, wie schwierig das werden würde. Und sie war nicht bereit, sich mit zweiter Wahl zufriedenzugeben.

Sie ging zu den übrigen Rednern und Rednerinnen, schüttelte Hände, tauschte Geschäftskarten aus und erlebte überraschend herzliche Begegnungen. Es herrschte eine entspannte Abschiedsstimmung, und sie stellte erfreut fest, dass sie in dieser illustren Versammlung von Wissenschaftlern akzeptiert wurde.

Professor Dietrich kam und begrüßte sie überraschend mit zwei Wangenküssen. »Ganz herzlichen Dank für Ihre Hilfe, Joanne. Sie haben mir einen riesigen Gefallen getan und sich wunderbar geschlagen. Ich freue mich darauf, Sie wieder mal bei einer Tagung zu sehen. Ich muss Ronald unbedingt erzählen, wie gut Sie ihn vertreten haben.«

Jo wurde rot und dankte ihr. Auch wenn mein Liebesleben gerade brachliegt, meine Karriere hat definitiv einen Schub bekommen, dachte sie hinterher.

Um Viertel vor acht stahl sie sich von der Party weg, sodass sie genügend Zeit hatte, ins Hotel zurückzukehren und die hochhackigen Sandaletten auszuziehen. Vielleicht könnte sie mit Corrado ein paar Schmetterlingen nachjagen. Etwas Aufregenderes würden sie jedenfalls nicht tun …

Als sie ins Foyer hinunterkam, sah sie ihn draußen beim Range Rover warten. Diesmal saß Daisy nicht im Wagen, sondern brav an seiner Seite. Als sie Jo bemerkte, sprang sie auf und wedelte so heftig mit dem Schwanz, dass ihr ganzes Hinterteil mitwackelte, doch sie wartete gehorsam, bis Jo die Hotelzufahrt überquert hatte.

»Ciao, Daisy. Ich freue mich auch, dich wiederzusehen.«

Jo begrüßte sie zuerst überschwänglich, bevor sie sich Corrado zuwandte. Er trug Shorts und ein Harley-Davidson-T-Shirt und sah auch damit umwerfend aus. Sie küsste ihn auf die Wangen und ignorierte standhaft die Botschaften, die ihre Amygdala aussandte.

»*Ciao, amico mio.*«

»*Ciao, amica mia.*« Er schenkte ihr ein Lächeln, das ihr durch und durch ging. »Wow, ich sehe dich zum ersten Mal mit hochgesteckten Haaren. Hinreißend.«

»Ich fürchte, ich bin ein bisschen overdressed. Ich könnte schnell noch mal raufspringen und mir Shorts anziehen.«

»Aber nicht doch, das Kleid ist perfekt.«

Jo atmete tief durch und gab sich entspannter, als sie sich fühlte. »Okay, wenn du meinst. Also geht es wieder die Via Appia entlang?«

»Wenn dir das recht ist?« Er wartete ab, bis sie nickte. »Du hast gesagt, du möchtest kein üppiges Essen. Ich habe dich beim Wort genommen und nur etwas Käse und andere Kleinigkeiten besorgt.«

»Wunderbar.«

Als sie dort waren, stellte sie bald fest, dass die »anderen Kleinigkeiten« praktisch den ganzen Tisch einnahmen. Außer sieben Sorten Käse gab es Artischockenherzen, getrocknete Tomaten und große grüne Oliven, ein Brett mit Schinken, Salami und Würstchen und einen gemischten Salat mit allen erdenklichen Zutaten, Räucherlachs-Häppchen, gegrillte Hähnchenspieße mit scharfer Tomatensoße und noch schärfere Fleischbällchen. Davon wäre eine hungrige Familie satt geworden. Zwei bis drei Tage lang.

»Ach du je, ich denke schon wieder mit Sorge an mein Brautjungfernkleid.«

»Du brauchst nicht alles zu essen. Das sind lauter haltbare Sachen.« Er grinste sie an. »Auf diese Weise habe ich für einige Mahlzeiten vorgesorgt und mehr freie Zeit.«

Er erzählte von der Geschichte der Villa, die dreihundert Jahre alt war, und zeigte ihr einige große behauene Steine in den Wänden, die von älteren römischen Bauten stammten. Der Boden war mit alten Terrakotta-Fliesen ausgelegt, die von zahllosen Füßen ausgetreten waren. Im Parterre gab es Deckengewölbe aus hübschen alten Backsteinen, gestützt von Holzbalken. Er bot nicht an, sie durch das Obergeschoss zu führen, und sobald sie darüber nachdachte, war sie erleichtert. Victorias Bemerkung hinsichtlich ihrer Willensstärke kam ihr in den Sinn, und Jo wusste sehr gut, dass die ihre Grenzen hatte.

Das Haus war unglaublich, und Jo verliebte sich auf den ersten Blick. Das gestand sie Corrado sogar.

»Versteh das bitte nicht falsch, aber ich habe mich in dein Zuhause verliebt. Anders kann ich es nicht beschreiben, denn mit dem Fortpflanzungstrieb kann es ja nichts zu tun haben.« Sie grinste ihn an. »Ich liebe dein Haus.«

»Das ist in Ordnung. Du darfst das Wort benutzen. Ich tue es selbst oft genug. Ich liebe das Bananeneis, das es weiter unten an der Straße gibt. Ich liebe kühle Herbsttage, ich liebe es, zu den Pontinischen Inseln zu segeln. All das liebe ich. Nur der ganze emotionale Beziehungskram lässt mich kalt.«

Es war wieder eine sehr warme Nacht, und Jo hätte seine Wortwahl infrage stellen können, doch sie hielt es für besser, die Unterhaltung von dem schwierigen Thema wegzulenken.

»Na, jedenfalls finde ich das Haus sagenhaft schön.«

»Freut mich, dass es dir gefällt. Weißt du, was? Warten wir noch zehn Minuten mit dem Essen, und ich zeige dir den Garten. Die Sonne ist noch nicht ganz untergegangen. Und wer weiß? Vielleicht sehen wir sogar ein paar Schmetterlinge.«

Sie holte schon mal ihr Handy aus der Tasche, hielt dann aber inne und deutete auf den fertig gedeckten Tisch.

»Können wir das wirklich allein lassen? Daisy wird sich nicht daran bedienen?«

»Ganz sicher nicht«, versprach Corrado. »Ich mache ihr hier wenige Vorschriften, doch diese eine ist mir wichtig, und sie befolgt sie.« Er beugte sich zu der Hündin hinunter und kraulte ihr die Ohren. »Du bist eine ganz Brave, hab ich recht?«

»Und wie man sieht, liebst du sie.«

»Oh, na klar. Wenn ich Bananeneis lieben kann, dann auch meinen Hund.« Er fing ihren Blick ein und lächelte sie an. »Du weißt ja, was man sagt: ›Wer mich liebt, liebt auch meinen Hund.‹«

»Also, deinen Hund liebe ich definitiv.« Das Gespräch führte allmählich in eine beunruhigende Richtung. Deshalb wandte sie sich ab und ging zu den französischen Fenstern in der hinteren Wand des weitläufigen Wohnzimmers. »Geht es dort in den Garten?«

Corrado und Daisy begleiteten sie nach draußen, wo ihr die Gerüche von Blumen, Sträuchern und Kräutern entgegenschlugen. Am kräftigsten roch der Lavendel, aber auch der Duft von Rosmarin, Rosen und Glyzinien hing in der Abendluft. Das obere Drittel des Sonnenballs ragte noch über den roten Horizont, und es war noch hell genug, um zu sehen, wie schön der

Garten war. Es gab Palmen, Obstbäume und Kletterpflanzen, sogar einen Swimmingpool aus Naturstein, der von einem kleinen Wasserfall gespeist wurde. Das brachte ihr noch mehr als der Range Rover und die Villa zu Bewusstsein, dass Corrado in einer ganz anderen Welt lebte als sie. In einer Welt ohne Geldsorgen.

Der Gedanke erinnerte sie wieder an Markus und seinen Mercedes mit Chauffeur, an das Bootsrestaurant auf der Themse und die zweihundert Pfund teure Flasche Wein. All der augenfällige Luxus machte es ihr leichter, in dieser sinnlichen römischen Nacht einen gewissen Urinstinkt in Schach zu halten. Denn wie sie sich schon hundert Mal eingeschärft hatte, durfte zwischen ihnen nichts passieren.

Zum Glück wurde sie von weiteren Überlegungen abgebracht, da sich ein schwarz-weißer Falter auf einem Sommerfliederstrauch niederließ. Es war kein Großer Schillerfalter, aber ein anderer selten anzutreffender Schmetterling, den sie zu sehen gehofft hatte. Sie winkte Corrado heran. Was diese Art so besonders machte, war nicht die bemerkenswerte Größe der fächerförmigen Flügel und auch nicht die schwarz-weißen Streifen. Sie blickte auf und flüsterte: »Hast du so einen schon mal gesehen?«

»Nein, noch nie.«

»Dann pass auf. Warte, ich nehme ihn per Video auf.«

Sie machte zuerst ein paar Fotos, dann schaltete sie die Videofunktion ein. »Beweg behutsam die Finger in seiner Nähe, damit er wegfliegt. Jetzt.«

Er tat wie geheißen, und der Schmetterling hob von der Blütendolde ab. Sie filmte den Flug und richtete die Kamera dann auf Corrado, der ein verblüfftes Gesicht machte.

»Er ist rückwärtsgeflogen …« Er schüttelte den Kopf. »So was habe ich ja noch nie gesehen.«

Jo lachte und hörte auf zu filmen.

»Nein, das sieht nur so aus, weil er am Hinterleib Scheinaugen hat und die langen Flügelfortsätze wie Fühler aussehen. Das war ein *Iphiclides podalirius*, auch ›Segelfalter‹ genannt. Wenn sich ein Fressfeind nähert, erlebt er eine ziemliche Überraschung, weil seine Beute in eine ganze andere Richtung flüchtet als erwartet.« Sie strahlte ihn an. »Die Natur ist wunderbar, nicht wahr?«

Und das Abendessen auch, ebenso wie Corrados Gesellschaft. Sie plauderten über alles, was ihnen in den Sinn kam, fanden vom Naturschutz zur Chemie, von da zum Einkaufen und Segeln, und sie dankte ihm noch mal, weil er ihr die jüngsten Erkenntnisse seiner Firma zu Plastikersatzstoffen zur Verfügung gestellt hatte.

Corrado erzählte von seiner Jacht, die er an der Küste liegen hatte, und zeigte ihr ein paar Fotos. Er berichtete noch viel mehr von sich und seiner Firma, von seinen Interessen und seinem Leben, und sie tat das Gleiche, sodass sie schließlich schilderte, wie es zu dem Bruch mit Christian gekommen war.

»Wenn ich jetzt zurückblicke, komme ich mir ungeheuer dumm vor. Ich habe wirklich geglaubt, es läuft gut zwischen uns.« Sie sah ihn an und zuckte mit den Schultern. »Vier Jahre waren wir zusammen, und ich habe schon an Hochzeitskleider gedacht. Er dagegen sah sich bereits nach der Nächsten um, für die er mich verlassen könnte. Na ja, vielleicht nicht schon zu Anfang, aber auf jeden Fall im letzten Jahr.«

»Als du neulich sagtest, dass du schon mal geliebt hast, meintest du diesen Kerl?«

»So ist es. Und er hat mir auch immerzu versichert, dass er mich liebt, praktisch bis zum letzten Tag. Inzwischen weiß ich, dass das ein Haufen Lügen waren. Deshalb denke ich, du könntest recht haben, und die Liebe ist tatsächlich nur eine Illusion.«

»Das tut mir wirklich leid für dich, Jo. Das muss dich sehr

gekränkt haben.« Er schwieg einen Moment lang. »Um ganz ehrlich zu sein, das ist der andere Grund, weshalb ich mich weigere, an diesen Ewige-Liebe-Unsinn zu glauben. Und in Filmen, Dramen oder Romanen sieht man immer nur, dass Liebe mit Tränen endet. Warum sollte ich mich dem Risiko aussetzen, am Ende einen Schlag ins Gesicht zu bekommen, wenn ich glücklich sein kann, ohne mich zu binden?«

Jo trank einen großen Schluck von ihrem eisgekühlten Mineralwasser. »Demnach hältst du also nichts von dem Grundsatz: ›Es ist besser, geliebt und verloren zu haben, als niemals geliebt zu haben.‹«

»Genau. Tennyson war ein großartiger Dichter, aber in dem Punkt kann ich ihm nicht beipflichten.«

Jo nickte traurig. Vielleicht hatte Corrado recht. Vielleicht hatte sie recht. Vielleicht lächelte Victoria schon die ganze Woche nur so glücklich, weil sie Sex hatte. Statistisch gesehen war es eher unwahrscheinlich, dass George und sie ein Leben lang zusammenblieben. Also stand mindestens einem von beiden Liebeskummer bevor. Und nach ihrer Erfahrung mit Christian wünschte Jo das niemandem.

Bewegung unter dem Tisch und leises Winseln unterbrach sie in ihrem Gedankengang. Corrado klärte sie auf, was das zu bedeuten hatte.

»Daisy gibt mir damit zu verstehen, dass sie mal raus muss – sie macht nämlich nicht in den Garten, hat sie noch nie. Was hältst du davon, wenn wir einen kurzen Spaziergang unternehmen und ich dich dann in die Stadt zurückbringe?«

»Sehr gern. Aber du brauchst mich nicht zu fahren. Ich kann mir ein Taxi nehmen.«

Ihr Unterbewusstsein stellte heraus, dass sie ansonsten bei ihm übernachten müsste, doch sie ging resolut darüber hinweg. Das kam nicht infrage. Auf gar keinen Fall.

»Unsinn, ich tue das gern. Ich werde den Fiat nehmen und auch in der Stadt bleiben. Erinnere mich nur, die Reste in den Kühlschrank zu stellen.«

Sie gingen die Auffahrt hinunter und die Via Appia entlang. Inzwischen war es dunkel und bemerkenswert still. Man hörte nur ab und zu ein Flugzeug, das Rom-Ciampino anflog. Über ihnen funkelten die Sterne, und ringsherum war kaum mal ein Licht zu sehen; nur der orange Lichtschein am Himmel hinter ihnen erinnerte an die Nähe der Großstadt. Auf den groben Pflastersteinen griff sie haltsuchend nach Corrados Arm, und er ließ es geschehen.

Nach zehn Minuten kehrten sie um. Der schwarze Labrador hatte die gruselige Angewohnheit, in der Dunkelheit zu verschwinden und aus einer völlig anderen Richtung zurückzukehren, wo man zunächst nur zwei grüne Augen leuchten sah. Auch ein paar Glühwürmchen tanzten unter einigen Bäumen.

Jo freute sich über den schönen Abend. So glücklich war sie schon lange nicht mehr gewesen. Als sie am Torbogen ankamen, fand sie, sie sollte Corrado das sagen. »Ich möchte dir noch mal für alles danken. Nicht nur weil du so großzügig bist und mir so viel Zeit geopfert hast. Die Woche hier in Rom war das Beste, das ich seit Langem erlebt habe – seit Jahren –, und das liegt an dir. Ich bin sehr froh, dich als Freund zu haben.« Da sie noch bei ihm untergehakt war, drückte sie kurz seinen Arm. »Danke.«

»Gern geschehen, Jo. Ich hoffe nur, du kommst bald wieder.«

»Natürlich. Und wir sehen uns ja auch noch bei der Hochzeit, nicht wahr?« Ihr kam eine Idee. »Weißt du, was? Hast du morgen Abend schon was vor?«

»Nichts Besonderes. Wieso?«

»Warte mal eine Sekunde.« Sie holte ihr Handy hervor und

rief ihre Schwester an. »Hi, Angie. Seid ihr beide morgen Abend frei?«

»Ja, warum?«

»Als kleines Dankeschön möchte ich euch und Corrado zum Essen einladen. Nein, keine Einwände. Ich kenne eine kleine Pizzeria in der Nähe von Corrados Wohnung. ›*L'Aragosta*‹ heißt sie, und die Pizza ist dort wirklich gut. Und nicht zu teuer. Ist das okay für euch? Aber ich bezahle, klar?«

Jo musste Einwände abschmettern, aber schließlich war Angie einverstanden. Nachdem sie aufgelegt hatte, drehte Jo sich zu Corrado um. »Also sind wir verabredet?«

»Das ist nicht nötig. Aber du hast recht, die Pizza dort ist sehr gut.« Sie gingen durch den Torbogen und den Kiesweg entlang zum Haus, und am Ende willigte er widerstrebend ein. »Du bist hier in meiner Stadt, da sollte ich eigentlich bezahlen, doch wenn du darauf bestehst, nehme ich die Einladung dankend an.«

Sie half ihm, das übrige Essen in den Kühlschrank zu stellen, bevor sie in den Fiat stiegen. Bis sie beim Hotel ankamen, fühlte sie sich angenehm müde, und nicht mal das Gefühl seiner Lippen an ihren Wangen, als sie sich eine gute Nacht wünschten, konnte die Müdigkeit verscheuchen.

»Danke für alles, Corrado.«

»Ich sollte *dir* danken. Ich genieße es, mit dir zusammen zu sein. Sehr.«

»Und ich genieße das Zusammensein mit dir. Gute Nacht. Bis morgen.« Sie lächelte ihn an, tätschelte die Hündin und begab sich in ihr Zimmer.

Was für ein schöner Abend! Und wie gut, dass sie nur noch einen Tag lang durchhalten musste, bevor ihre überbeanspruchte Willensstärke Pause machen durfte!

Doch leider hieß das auch, dass sie dann von Corrado getrennt sein würde.

11

Der Freitagvormittag bei der Tagung verging rasch und endete mit einer Plenumsveranstaltung, bei der eine Reihe von Vorschlägen beschlossen und an Ministerien verschickt wurden. Wie ernst man sie dort nehmen würde, war dahingestellt. Regierungen, die nach fünf Jahren wiedergewählt werden wollten, waren meist viel mehr an kurzfristigen politischen Erfolgen als an langfristigen Erfolgen beim Natur- und Klimaschutz interessiert.

Wegen der Kurzsichtigkeit der führenden Politiker verließen die meisten Tagungsteilnehmer das Plenum in gedämpfter Stimmung, so auch Jo. Dass Ricky sie zum Abschied umarmte und nach Kalifornien einlud, nahm sie nicht so freudig auf, wie es angemessen gewesen wäre. Hinzu kam noch, dass sie in nicht einmal zwei Stunden ihren Ex wiedersehen würde. Deshalb war sie bedrückt, als sie um halb zwei zum Hotel zurückging.

Sie begab sich in ihr Zimmer und zog sich Shorts, ein T-Shirt und flache Sandalen an und machte sich zu einem langen Spaziergang auf, bei dem sie hoffentlich einen klaren Kopf bekommen würde. Angie hatte ihr von dem Handwerkermarkt am Tiber erzählt, und den steuerte sie als Erstes an. Vom Ufer an der Engelsbrücke bis zur Ponte Cavour verkauften Handwerker ihre Waren, von Olivenöl und Essig über Geldbörsen und Handtaschen bis zu Keramik und Schmuck.

Jo kaufte für ihre Mutter ein Schneidebrett aus Olivenholz und ganz spontan für Kevin und Justin, ihre netten Nachbarn in London, ein Geschirrtuch mit lauter Statuen muskulöser römischer Götter in verschiedenen Stadien der Entkleidung.

An einigen Ständen kostete sie Pecorino und Büffelmozzarella, scharfe Würstchen und Räucherschinken, Dörrfrüchte, Brotsorten, Kekse und andere Süßigkeiten. Daher hatte sie kein Bedürfnis, sich irgendwo hinzusetzen und zu Mittag zu essen, zumal sie wusste, wie groß die Pizza sein würde, die am Abend auf sie wartete.

Als sie daran dachte, fiel ihr ein, dass sie Corrado nur noch ein Mal sehen würde und dann monatelang nicht mehr, und das vorrangige Gefühl dabei war Bedauern. Was zwischen ihnen sein könnte, durfte nicht geschehen. Sie tat ihr Bestes, um das Positive zu sehen, und sagte sich, dass sie sich noch einen ganzen Abend lang an Daisy erfreuen konnte. Dabei fiel ihr ein, dass sie dazu einen Tisch im Freien reservieren musste, da der Hund wahrscheinlich nicht ins Restaurant durfte, so gern er sicher seiner Nase folgen würde.

Mithilfe des kleinen Stadtplans, den sie im Hotel bekommen hatte, gelang es ihr, durch das Labyrinth der Gassen zu der Pizzeria zu finden, und im Nu war ein Tisch für halb acht reserviert. Ihr Rückflug ging zwar nicht ganz so früh wie beim vorigen Mal, dennoch musste sie um sieben Uhr am Morgen reisefertig sein. Also sollte sie besser nicht allzu spät ins Bett gehen. Sie schickte eine SMS mit der Uhrzeit an Angie und Corrado und schrieb ihm auch, dass er Daisy unbedingt mitbringen solle.

Inzwischen ging es auf drei Uhr zu. Ihr Wiedersehen mit Christian stand unmittelbar bevor. Schon seit gestern Morgen bereute sie, dass sie sich mit ihm verabredet hatte. Ursprünglich hatte sie ihm zeigen wollen, wie glücklich sie ohne ihn war, inzwischen jedoch konnte sie das nicht mehr von sich behaupten. Ja, sie war über ihn hinweg, aber sie war auch einsam. Je mehr sie darüber nachdachte, desto klarer wurde ihr, dass die Woche mit Corrado sagenhaft schön gewesen war und ihr Leben in London dagegen trist sein würde.

Doch das brauchte Christian ja nicht zu erfahren.

Um fünf vor drei kam sie auf der Piazza Navona am Brunnen an, und es überraschte sie nicht, dass sie fast zwanzig Minuten warten musste, ehe sie Christians große, elegante Erscheinung entdeckte. Er überquerte den Platz, als ginge er über einen Laufsteg. Niemals bewegte er sich wie ein normaler Mensch, und sie sah mindestens drei oder vier Frauen, die die Augen aufrissen, weil sie ihn erkannten. Eine fotografierte ihn sogar mit dem Handy.

Jo seufzte, da das viele unangenehme Erinnerungen heraufbeschwor. Er kam zu ihr und breitete die Arme aus, doch sie wich einen Schritt zurück. »Hallo, Christian.«

Er stutzte und ließ die Arme sinken, als ihm dämmerte, dass sie ihm tatsächlich nicht um den Hals fallen würde. »Hallo, Jo. Wie geht es dir?«

»Danke, gut.«

»Du siehst auch gut aus.«

Typisch, dass er zuerst auf ihr Äußeres einging! Für ihn und seinesgleichen war das Aussehen alles. Zufällig oder absichtlich stand er mit dem Gesicht zur Sonne, und sie musterte ihn ein paar Augenblicke lang, bevor sie antwortete. Er war noch derselbe wahnsinnig schöne Mann, mit dem sie vier Jahre lang zusammengelebt hatte. Seine Haare waren ein ganzes Stück länger als zur Zeit ihrer Trennung, seine Haut hatte eine honigfarbene Bräune, und sie war sich ziemlich sicher, dass die nicht durch Sonne erzeugt worden war. Ob Bräunungsspray oder Sonnenstudio war schwer zu sagen, er sah so oder so gut aus. Doch sie machte ihm absichtlich kein Kompliment.

»Hat es einen besonderen Grund, dass du dich mit mir treffen wolltest?« Damit strich sie klar heraus, dass das seine und nicht ihre Idee gewesen war.

»Eigentlich nicht. Ich war nur überrascht, dich im Fernsehen zu sehen, da wollte ich spontan Kontakt aufnehmen. Sollen wir uns irgendwo hinsetzen?«

Jo ging mit ihm in das Café, in dem sie an ihrem ersten Tag mit Corrado gesessen hatte. Als sie Platz nahmen, verglich sie die beiden Männer miteinander. Was klassische Schönheit betraf, hatte Christian wahrscheinlich ein, zwei Punkte Vorsprung, aber bei allem anderen spielte er nicht mal in derselben Liga. Und wieder seufzte sie verstohlen bei dem Gedanken daran, was zwischen ihr und Corrado sein könnte, wenn die Dinge anders lägen.

»Was darf ich für dich bestellen?« Christian zeigte sich von seiner besten Seite, und Jo fragte sich erneut, ob er Hintergedanken hatte.

»Nur ein Mineralwasser, bitte. Es ist furchtbar heiß.«

»Stimmt. Das nehme ich auch. Die Luftfeuchtigkeit hat sich neulich katastrophal auf meine Haare ausgewirkt. Deine sehen gut aus. Sie sind länger als damals.«

»Weil ich keine Zeit hatte, zum Friseur zu gehen. Ich habe eine neue Stelle und mache viele Überstunden.«

Widerstrebend erzählte sie ihm von ihrer Position in der Umweltstiftung. Zwischendurch brachte die Kellnerin ihnen die Getränke. Christian berichtete von seiner Karriere, mit der es offenbar steil bergauf ging. Von New York bis Prag zählte er allerhand Großstädte auf, in denen er in den vergangenen fünf Monaten Modenschauen und Fotoshootings absolviert hatte. Es lief gut für ihn. Aber das war noch nicht alles.

»Und die größte Neuigkeit ist natürlich, dass ich verlobt bin.«

Jo machte große Augen. Sie hatte mit allem gerechnet, nur nicht damit. Sogar dass er sie um Geld anhauen oder sie zurückgewinnen wollte, hatte sie für möglich gehalten.

»Wirklich? Mit deiner Isländerin?« Sie konnte die Überraschung noch nicht so ganz verdauen.

Auf seine typisch wegwerfende Art fuhr er sich mit den Fingern durch den langen schrägen Pony. Die Geste kannte Jo nur zu gut. Er drückte damit immer aus, dass ihn etwas nicht mehr interessierte, sei es das Essen auf seinem Teller, eine halb gelesene Zeitschrift oder ein Mensch. Die langbeinige Helga tat ihr beinahe leid.

»Das war fast sofort wieder vorbei.« Er schüttelte den Kopf. »Island im Winter ist total dunkel und kalt und langweilig. Du glaubst gar nicht, wie langweilig. Nein, das hat nicht gehalten. Meine Verlobte ist Amerikanerin. Ich habe sie letzten Monat in New York kennengelernt.«

»Letzten Monat?« Jo blieb die Spucke weg. Er handelte immer impulsiv, aber eine so schnelle Bindung? »Und da bist du schon verlobt?«

»Ja, fantastisch, nicht? Wir haben uns gesucht und gefunden.«

»Aber das ist …« Sie war drauf und dran zu sagen, das sei verrückt. Doch andererseits … vielleicht war es das auch nicht. Wenn die beiden so viel füreinander empfanden, spielte es da eine Rolle, wie lange sie sich kannten? Sie kannte Corrado erst seit ein paar Tagen und spürte schon tief im Innern, dass sie starke Gefühle für ihn entwickelte. In ihrem Fall war klar, dass daraus nichts werden konnte, aber Christian war nicht mit derlei Hindernissen konfrontiert. Vielleicht würde auch sie, wenn die Situation anders wäre, alle Warnungen in den Wind schlagen und Corrado ihre Gefühle gestehen? Vielleicht tat Christian genau das Richtige. Sie seufzte still. »Und ist sie auch Model?«

»Nein, sie arbeitet für eine gemeinnützige Organisation.« Er grinste sie über sein Glas hinweg an. »Komischer Zufall, nicht?«

»Allerdings.«

Ehe sie noch etwas dazu sagen konnte, wurde sie von einem unerwarteten Besuch unterbrochen. Etwas Schwarzes sauste auf ihren Tisch zu, und im nächsten Moment wurde sie von einer kalten, feuchten Hundenase angestupst, und zwei schwarze Pfoten landeten auf ihren Knien. Bevor Daisy auf ihren Schoß klettern konnte, bekam Jo sie am Halsband zu fassen und zog sie zum Boden, um ihr ausgiebig über die Ohren zu streicheln.

»Daisy, du solltest nicht so herumflitzen, sonst rennst du noch jemanden um.« Sie sah sich suchend nach Corrado um und überlegte, ob Daisy vielleicht aus seiner Wohnung weggelaufen war. Wegen der vielen Leute war es unmöglich, weiter als ein paar Meter über den Platz zu sehen, daher stand sie auf und schaute noch einmal. Kurz sah sie beim Brunnen einen hochgewachsenen Mann mit hellbraunen Haaren, aber er wurde sofort verdeckt von drei übergewichtigen Touristen, die jeder ein riesiges Eis in der Hand hielten.

Während die drei langsam an ihr vorbeischlenderten, hörte sie einen Pfiff. Aber nicht nur sie. Daisy, die sich gerade auf die Hinterbeine gestellt hatte und an ihrem Gürtel kratzte, wandte sich ab und sauste wie der Blitz davon. Jo stand noch und sah ihr nach. Schon im nächsten Augenblick war die Hündin hinter Passanten verschwunden, genau wie ihr Besitzer.

»Ein Freund von dir?«

Jo setzte sich wieder und sah Christian an. »Ja, ein ganz besonderer.« Sie wunderte sich, wieso Corrado nicht gekommen war, um Hallo zu sagen. Natürlich mochte es ihn überrascht haben, sie mit einem anderen Mann hier sitzen zu sehen. Aber da sie sich einig waren, dass nichts zwischen ihnen laufen würde, sollte er wohl kaum eifersüchtig sein, oder? Hatte er sie wirklich nicht gesehen? Sie dachte noch darüber nach, als Christian das Gespräch auf sie lenkte.

»Und wie steht's mit dir, Jo? Hast du jemand Neues gefunden?«

Sie zögerte, unsicher, was sie antworten sollte. Eigentlich

hatte sie ihm sagen wollen, dass sie ohne ihn glücklich und zufrieden war, auch ohne eine neue Beziehung. Doch nachdem sie nun von seiner Verlobung wusste, würde das ziemlich pathetisch klingen. Deshalb musste sie sich schnell etwas anderes einfallen lassen.

»Das geht dich zwar nichts mehr an, aber ja, auch mein Leben geht weiter.« Das war eine akzeptable Notlüge, fand sie. Immerhin hatte sie sich beruflich verbessert und hier in Rom neue Freunde gefunden – vor allem einen.

Nun wirkte er ein wenig erleichtert. »Und wer ist er? Ein Italiener vielleicht?«

»Vielleicht.«

»Etwa der Besitzer des Hundes?« Er hatte ihr wohl etwas angesehen, denn er nickte staunend. »Schön für dich. Ich war mal kurz mit einer Italienerin zusammen. Die sehen klasse aus, und man kann richtig Spaß mit ihnen haben.«

»War das vor oder während unserer Zeit?« Sein Gesicht verriet einen Anflug von Schuldbewusstsein, und der alte Ärger übermannte sie. »Wie auch immer, Christian, ich muss jetzt los. Ich wünsche euch beiden alles Gute für die Zukunft.«

»Wir haben uns doch gerade erst hingesetzt.«

Jo stürzte ihr Wasser hinunter, stand auf und nahm einen Fünf-Euro-Schein aus ihrer Handtasche, den sie unter ihr Glas legte.

»Das sollte für das Wasser reichen, sogar in Rom. Mach's gut, Christian, und viel Glück weiterhin!« Sie gab ihm die Hand und ließ ihn allein.

Jo schlug die Richtung ein, die die Hündin genommen hatte, und hoffte, Corrado und sie irgendwo zu entdecken, aber vergeblich. Nach einer Weile kam sie am Ende der Fußgängerzone an, wo wild in zweiter Reihe geparkt wurde und ein dröhnender Motorroller nach dem anderen an einem vorbeipreschte. Äußerst umsichtig überquerte sie die stark befahrene Uferstraße und gelangte auf eine schmale, alte Steinbrücke, die Fußgängern vorbehalten war. Dort machte sie halt und lehnte sich an die Brüstung, um in das trübe bräunliche Wasser des Tibers zu starren. Nach Christians Eröffnung schwirrte ihr noch immer der Kopf.

Inmitten der Schönheit und Pracht der Ewigen Stadt fühlte sie sich ungewöhnlich mutlos. Alle fanden ihr Glück, nur sie nicht. Christian war schon verlobt, ihre beste Freundin glücklich mit George zusammen, ihre kleine Schwester würde bald heiraten, aber sie selbst hatte nur einen einzigen Verehrer, und das war der gruselige Markus. Und was noch schlimmer war, der einzige Mann, dessen Berührung einen Schauder der Erregung durch ihren Körper jagte, war nur zu einer platonischen Beziehung bereit.

Humphrey Bogarts unvergesslicher Satz aus Casablanca kam ihr in den Sinn, nach dem die Probleme einzelner Menschen in dieser verrückten Welt völlig ohne Belang waren.

Doch das half nicht gegen das Gefühl von Einsamkeit, das sie gerade überschwemmte.

Gegen Abend ging es ihr allmählich besser. Hauptsächlich weil sie bei ihrem einsamen Spaziergang durch Rom gegen halb sechs eine SMS von Victoria bekam.

George sitzt im Flugzeug nach Hause. Kann ich wieder bei Dir schlafen? Lust auf einen Tee? LG Vic

Jo antwortete sofort, und sie verabredeten sich in dem Café unterhalb der Spanischen Treppe, wo Jo Corrado mit seiner deprimierten Freundin gesehen und die Situation so falsch gedeutet hatte. Als sie dort ankam, entdeckte sie Victoria, die ein halb glückliches und ein halb trauriges Gesicht machte, und ungefähr so war ihr auch zumute. »Hi, Vic. Hattest du eine schöne Woche?«

»Eine fantastische, superschöne Woche.« Victoria seufzte. »Nur schade, dass sie schon zu Ende ist.«

Jo ließ sich auf einen Stuhl neben Vic plumpsen, wo sie im Schatten unter dem Schirm saß und es trotzdem unerträglich heiß war.

»Und du?«

»Gut ... nein, mehr als das. Es war wunderbar, abgesehen von zwei Dingen. Und Rom ist einfach toll.«

»Ja, nicht wahr? Ich habe vier Tage lang die Stadt besichtigt und noch immer so vieles nicht gesehen. Also, was für Dinge waren nicht so schön? Erzähl Tante Vic, was du auf dem Herzen hast.«

Jo schilderte ihr das Treffen mit Christian und ging auch auf die Verlobung ein. Victoria rümpfte kopfschüttelnd die Nase. Anscheinend sank er in ihrer Achtung dadurch nur noch mehr.

»Was für ein Idiot! Wie kann man sich schon nach ein paar Wochen verloben? Na ja, gut, dass du ihn los bist, würde ich sagen.« Sie war sichtlich baff, und Jo beschloss, lieber nicht zu erwähnen, wie kurz sie Corrado erst kannte. »Und was ist noch passiert? Du hast gesagt, es waren zwei Dinge.«

»Markus stand plötzlich vor dem Tagungszentrum, stell dir vor.« Und dann erzählte sie von ihrer erfolgreichen Kriegslist mit Ricky, dem Amerikaner.

Das brachte Victoria wieder zum Lächeln. »Ricky scheint ein guter Typ zu sein, Schade, dass er in Amerika lebt.«

»Und außerdem verheiratet ist und vier Kinder hat.« Jo schmunzelte. »Wie auch immer, George ist zurück nach London geflogen?«

»Ja. Er hat eine Nachricht bekommen und musste sofort aufbrechen, obwohl wir uns gerade zum Mittagessen niedergelassen hatten. Ich bin mit ihm zum Flughafen gefahren. Da haben wir ein Sandwich gegessen, während wir auf den Boarding-Aufruf gewartet haben.« Victoria klang bedrückt, sodass Jo sich bemühte, sie aufzumuntern.

»Aber du siehst ihn bald wieder?« Morgen Vormittag um elf würden sie zusammen nach London fliegen.

»Ja, tatsächlich. Wenn alles klappt, koche ich morgen Abend für ihn.«

Jo freute sich für sie und erzählte weiter von der Tagung und von ihrer gestrigen Verabredung mit Corrado. Doch offenbar war ihr eine gewisse Frustration anzumerken, denn Victoria zog die Brauen hoch.

»Soll das etwa heißen, du fliegst nach Hause und hakst ihn einfach ab?«

»Na ja, das nicht unbedingt, aber ich werde mich darauf konzentrieren, ihn bloß als guten Freund zu betrachten.«

Victoria schaute skeptisch. »Menschen können sich ändern. Er auch. Wie alt ist er noch mal? Fünfunddreißig?« Als Jo nickte, setzte sie ihre Überlegung fort. »Er wird reifer werden und sich ändern. Verlass dich drauf.«

»Ich möchte gern glauben, dass du recht hast. Doch nichts von dem, was er gesagt hat, deutet darauf hin, dass das in irgendeiner Form passieren könnte. Er mag mich ganz bestimmt, vielleicht sogar sehr. Passieren wird trotzdem nichts. Nein, er ist glücklich mit seinem Leben, wie es jetzt ist, das ist sonnenklar. Damit muss ich mich abfinden. Was uns betrifft, tut er, was er für das Beste hält, und belässt es bei einer Freundschaft. Ich kann ihm da nur zustimmen. Wir werden zur selben Familie gehören, und mehr ist nicht drin.«

»Und du hast ihn nicht mal geküsst?«

»Doch, natürlich. Wir sind befreundet.«

»Jo, ich rede nicht von Küsschen, sondern von richtigen Küssen. Sag mir, du hast es wenigstens versucht.«

»Na ja, ein Mal und nur für eine Sekunde. Und das auch bloß versehentlich.« Der Einfachheit halber erwähnte sie nichts von dem Kuss, den sie ihm pitschnass nach ihrem musicalseligen Spaziergang zurück zum Hotel gegeben hatte. Das war kein Versehen gewesen.

»Und wie war es? Es heißt ja, man weiß es schon nach der kleinsten Berührung.«

Jo trank einen Schluck von ihrem kalten Wasser, bevor sie ehrlich antwortete. »Wahnsinnig schön …« Ihre Stimme verebbte, während sie an das Gefühl zurückdachte.

»Ach, Jo.«

In dem Moment summte Jos Handy. Wie sie sah, hatte Corrado ihr eine Nachricht geschickt. Sie war knapp formuliert und klang ein wenig distanziert.

Hi, Jo. Tut mir leid, mir ist was dazwischengekommen. Deshalb kann ich nicht zu Deinem Essen heute Abend kommen. Danke noch mal für die Einladung. Ich wünsche Dir einen guten Heimflug und hoffe, Dich bald mal wiederzusehen. Corrado

Sie reichte Victoria das Handy und versuchte, in der Woge der Enttäuschung den Kopf oben zu behalten. Das war nicht einfach.

»Na, so ein Reinfall!« Victoria gab ihr das Handy zurück und drückte Jo mitfühlend die Hand. »Sollte das ein Abend zu zweit werden? In romantischer Umgebung?«

Jo antwortete geistesabwesend. »Nein, zusammen mit Angie und Mario, und da George schon weg ist, kannst du ja mitgehen. Ich habe in der Pizzeria, in die George uns unlängst eingeladen hatte, einen Tisch reserviert.«

»Weißt du, vielleicht ist es ganz gut, wenn Corrado nicht dabei ist.« Jo hörte ihr an, dass sie aufmunternd klingen wollte. »Nach allem, was du erzählt hast, hast du dich in eine unmögliche Situation manövriert. Das ist bestimmt wie eine offene Wunde, die jedes Mal brennt, wenn du ihn siehst. Aber da er nicht kommt, kannst du deine Pizza genießen, ohne den Schmerz zu spüren. Und ich gehe natürlich mit. Ich werde dich aufheitern, versprochen.«

Die Pizza war genauso gut wie beim vorigen Mal. Ihr Vierertisch war durch die hohen Häuser der Straße gegen die untergehende Sonne abgeschirmt, und ein leichter Wind machte die Hitze erträglich.

Mario und Angie schien es nicht zu überraschen, dass Corrado verhindert war, und Jo bemerkte das Mitgefühl in Angies Blick. Sie erörterten jedoch nicht, aus welchem Grund Corrado fernblieb. Victoria gab sich Mühe, ihr Versprechen zu erfüllen und für einen fröhlichen Abend zu sorgen. Das gelang ihr sogar – in gewissem Maße.

Jo bestellte außer dem Rotwein auch eine Flasche Prosecco und trank ein bisschen mehr, als gut war. Einerseits war sie dadurch entspannter, andererseits auch nachdenklicher, und als sie mit Victoria durch die dunklen Straßen zum Hotel zurückging, war sie sogar deprimiert. Eigentlich hatte es Spaß gemacht, mit den dreien zu essen, aber Corrado hatte sie die ganze Zeit über beschäftigt, trotz Victorias Ablenkungsversuchen.

Jo dachte ständig darüber nach, was ihn abgehalten hatte zu kommen. Vielleicht etwas Berufliches. Ihr Unterbewusstsein meinte, es könnte auch eine andere Frau sein, und sie beging den Fehler, das auszusprechen.

»Sei nicht albern, Jo. Er würde nicht zuerst zusagen und

dann kurz vorher absagen, nur um mit irgendeiner ins Bett zu gehen.«

»Da bin ich mir nicht so sicher. Er hat selbst gesagt, wie sehr sein limbisches System auf Sex steht.«

»Limbisches System? Du lieber Himmel, Jo, kannst du das mal lassen?«

»Entschuldige, Vic. Er hat gesagt, er hat gern Sex.«

»Wie wir alle, Jo. Du auch, falls du so weit zurückdenken kannst. Aber er ist bestimmt nicht der Typ, der dir wegen einer schnellen Nummer einen Korb gibt. Ich kenne ihn zwar nicht so gut wie du, bin mir aber ziemlich sicher. Du wirst bestimmt feststellen, dass er einen triftigen Grund hatte, jede Wette. Da ist keine andere im Spiel.«

»Hoffentlich …«

12

Der Heimflug am Samstag verlief ereignislos, wenn man davon absah, dass Jo verkatert war und um das entgangene Glück trauerte. Victoria und sie trennten sich an der U-Bahn-Station Earls Court, von wo aus Jo nach Süden weiterfuhr. Als sie vom Bahnsteig wieder ans Tageslicht kam, war der Himmel grau, und es regnete, sodass sie auf den letzten zweihundert Metern bis zu ihrem Wohnhaus in ihren Sandalen bald nasse Füße hatte.

Das Wetter passte zu ihrer Stimmung. Voll trüber Gedanken stieg sie die Treppe hoch in den zweiten Stock und kramte in der Tasche nach ihrem Schlüssel. Währenddessen ging hinter ihr die Tür auf, und Kevins freundliches Gesicht erschien, hinter ihm das seines Partners Justin, der über seine Schulter grinste.

»Hi, Jo, oder sollten wir lieber *Buona sera* sagen?«

Plötzlich lächelte sie, und das sicher zum ersten Mal an diesem Tag. Deshalb stellte sie den Koffer ab und schloss die beiden in die Arme. »*Buona sera, Kevino e Justino.* Wie geht's euch denn?«

»Ganz gut. Es ist nur ein bisschen langweilig. Komm doch auf einen Tee herein. Dann kannst du uns alles über das romantische Rom erzählen.«

»Lasst mich schnell den Koffer reinbringen, danach komme ich gleich rüber.« Jo schloss auf, hob den Berg Reklamepost vom Boden auf, in dem sich auch vier Briefe befanden, und schob den Koffer in den Flur. Es war heiß und muffig in der Wohnung, sodass sie die Fenster aufriss, um frische Luft hereinzulassen. Sie holte noch rasch das Geschirrtuch für die Jungs aus dem Koffer und ging zu ihnen hinüber.

»Immer rein mit dir«, riefen sie, als Jo an die angelehnte Tür klopfte.

Es duftete nach frisch gebackenem Kuchen, und wie immer war alles makellos sauber und aufgeräumt. Und wie jedes Mal war es ihr peinlich, wie unordentlich es dagegen bei ihr aussah.

Kevin erschien in der Küchentür. »Justin hat Brownies gebacken. Du kommst genau zur richtigen Zeit. Mach's dir gemütlich und erzähl von deinen Abenteuern.«

Jo saß eine Stunde mit ihnen zusammen und berichtete von Rom und der Tagung. Sie ließ vieles aus, weil Kevin zu gern weitererzählte, was er über andere wusste. Sie erwähnte aber Christians Verlobung, und darüber waren die beiden erwartungsgemäß schockiert. Sofort schlugen sie sich auf Jos Seite.

»Das beweist nur einmal mehr, dass der Typ spinnt.« Kevin nahm ihre Hand und drückte sie verständnisvoll. »Zuerst rastet er aus und lässt die wunderbarste Frau von London sausen.« Jo lächelte. Understatement war nichts für Kevin. »Und dann bindet er sich an irgendeine Tussi, die er kaum kennt.« Er schüttelte bedauernd den Kopf. »Und noch dazu an eine Amerikanerin.«

»Was spricht gegen Amerikanerinnen?«

»Fünftausend Kilometer Ozean zum Beispiel. Was wird er jetzt tun? Auswandern?«

»Ich weiß es nicht, und es ist mir auch egal. Er geht mich nichts mehr an.« Sie fing Kevins Blick auf. »Und das meine ich wirklich so.«

»Ich glaube, endlich ist es tatsächlich so. Das macht mich froh, Liebes. Justin und ich haben uns deinetwegen Sorgen gemacht, seit dieser verrückte Kerl auf und davon ist – zum Anbeißen war er trotzdem. Nicht wahr, Justin?« Wie immer wartete er nicht auf die Zustimmung seines einsilbigen Partners. Aber

Justin zwinkerte ihr zu, während Kevin weiterredete. »Und wie steht's bei dir mit der Liebe? Hast du nicht ein paar gut aussehende Römer mit Toga und Streitwagen kennengelernt?«

Das brachte ihr die Rillen im Steinpflaster der alten Via Appia in Erinnerung, die von solchen Wagen stammten, und damit auch Corrado und Daisy. Sie sah die beiden so lebhaft vor sich, als wären sie bei ihr. Aber natürlich stellte ihr Unterbewusstsein sofort heraus, dass tausendfünfhundert Kilometer zwischen ihnen lagen.

Kevin, dem nie etwas entging, merkte ihr den Stimmungswechsel sofort an. »Sag nicht, du hast ihn verloren.«

»Wen?«

»Ich sehe es geradezu vor mir.« Kevin hatte immer einen Hang zum Theatralischen. »Da stehst du am Trevi-Brunnen und schaust ins Wasser, als ein Schatten über dich fällt und ein römischer Adonis zart deine Hand berührt.«

»Adonis war Grieche, Kevin.«

»Meinetwegen ... Du drehst dich zu ihm um, und es ist Liebe auf den ersten Blick. Du siehst nur ein Mal in diese dunkelbraunen Augen und bist süchtig nach ihm, für immer in seiner Hand.« Er trank einen Schluck Tee. »Aber dann geht alles in die Hose. Wie traurig.«

Jo kicherte mit vollem Mund und verschluckte sich fast. Es dauerte eine Weile, bis sie die Sache richtigstellen konnte. »Nette Geschichte, Kevin. Ich stand tatsächlich mit einem gut aussehenden Römer am Trevi-Brunnen, doch er ist mein künftiger Schwippschwager. Und er hat blaue Augen.«

»Wie ungewöhnlich! Ein blauäugiger Römer. Erzähl uns von ihm. Er scheint hinreißend zu sein.«

Nach und nach ließ sich Jo weitere Details entlocken, bis sie ihnen am Ende verriet, welche Vorbehalte Corrado gegen menschliche Emotionen hatte.

»Wie schrecklich für dich, Liebes! Da bist du unsterblich verliebt in ihn, und er sagt, er will nur mit dir ins Bett hüpfen.«

»Das hat er definitiv nicht gesagt. Er hat nicht mal etwas in der Richtung angedeutet. Und außerdem, wie kommst du darauf, dass ich unsterblich verliebt bin? Wer verliebt sich überhaupt unsterblich außer Figuren in Jane-Austin-Romanen?«

»Wir alle, Darling, wir alle.« Zur Bekräftigung neigte er sich zu Justin und küsste ihn auf die Wange. »Wie er zu dir sagen kann, dass es die Liebe nicht gibt, ist mir schleierhaft. Ausgerechnet zu dir …!«

»Tja, das hat er aber getan. Er ist Naturwissenschaftler und hält das eben für etwas rein Biologisches.« Sie sah Kevin in die Augen. »Ich bin auch Naturwissenschaftlerin und muss ihm in gewisser Weise recht geben.«

Zu ihrer Überraschung lachte Kevin schallend. »Mein liebes Mädchen, du bist zum Totlachen, weißt du?«

»Was ist so lustig?«

»Natürlich gibt es die Liebe. Gerade du solltest das wissen. Schließlich liebst du diesen Römer.«

»Wie bitte?« Jo war verdattert. »Wie kommst du denn auf die Idee?«

»Das ist keine Idee, Prinzessin, das ist eine Tatsache. Ich kann sie dir von der Stirn ablesen. Allein schon, wie du über ihn sprichst und wie du dabei guckst, daran sehe ich es. Jeder sieht es. Du bist unsterblich verliebt.« Er ließ Jo keine Gelegenheit, um zu widersprechen, sondern redete gleich weiter. »Also, was willst du unternehmen?«

»Was könnte ich denn unternehmen? Von allen Schwierigkeiten abgesehen ist er in Rom, und ich bin in London. Und ob ich nun verliebt bin oder nicht, er hält nichts von solchen Gefühlen.«

»Sagt wer?«

»Sagt er. Freiheraus und unverblümt.«

»Warte nur ab. Wann habt ihr euch zuletzt gesehen?«

»Donnerstagabend um zwanzig vor elf.« Da sie seinen belustigten Blick bemerkte, schob sie eine hastige Erklärung nach. »Im Hotelfoyer hängt eine Digitaluhr. Ich habe zufällig einen Blick darauf geworfen, als ich auf den Aufzug wartete.«

»Ja, klar … Und was hat er als Letztes zu dir gesagt?«

»Wörtlich: ›Ich genieße es, mit dir zusammen zu sein. Sehr.‹« Das war keine besondere Gedächtnisleistung, da ihr der Satz seitdem ständig durch den Kopf geisterte.

»Was willst du mehr? Er kann dir seine unsterbliche Liebe nicht gestehen, da ihr beide entschieden habt, dass es die nicht gibt. Was er gesagt hat, ist praktisch das Maximum.«

»Zeig mir ein Shakespeare-Stück, in dem diese Worte vorkommen. Oder ein Sonett von ihm oder ein Gedicht der Romantik. Oder wenigstens eine blöde Valentinskarte! So etwas sagt bloß ein Freund zum anderen.« Sie stand auf, weil sie in ihre Wohnung hinübergehen wollte. »Mehr ist das nicht. Dasselbe könnte ich zu dir sagen. Danke, Kevin. Danke, Justin. Der Tee kam genau richtig, und die Brownies sind superlecker. Ich genieße es, mit euch zusammen zu sein. Sehr. Seht ihr? Von Freund zu Freund.«

Als sie ihre Handtasche nahm, fiel ihr das Geschirrtuch ein. »Hier ist ein Souvenir für euch. Ich habe an euch gedacht. Diese Römer werden euch bestimmt gefallen.«

»Da sprichst du aus Erfahrung, Prinzessin.«

Jo verbrachte den Sonntag damit, zu waschen und einen Tagungsbericht für Ronald zu schreiben – den er todsicher von ihr erwartete –, und nebenbei tat sie ihr Bestes, um nicht an Corrado zu denken. Sie ging einkaufen und füllte anschließend ihren Kühlschrank auf. Danach rief sie ihre Eltern an und vereinbarte, sie am nächsten Wochenende zu besuchen. Bei schönem Wetter würde sie mit ihrer Mutter mal wieder reiten gehen. Aber noch war der Himmel grau und Jos Stimmung gedämpft.

Am Montagmorgen fuhr sie mit einer gewissen Erleichterung ins Büro, denn da würde viel Arbeit auf sie warten, mit der sie ihren Verstand beschäftigt halten konnte.

Sie täuschte sich nicht. Nicht nur in ihrem eigenen Aufgabenbereich war einiges aufgelaufen, Melissa hatte ihr auch einen Berg von Ronalds Arbeit auf den Schreibtisch gelegt. Infolgedessen war sie als Einzige noch abends um acht Uhr im Büro und ackerte sich langsam durch die Papiere. Gerade als sie daran dachte, Feierabend zu machen, bekam sie eine SMS, und ihre Stimmung hob sich schlagartig.

Hi, Jo. Möchte mich noch mal entschuldigen, weil ich Deiner Einladung am Freitagabend nicht gefolgt bin. Es war kompliziert. Ich hoffe, Du bist gut zu Hause angekommen und hast nur schöne Erinnerungen an Rom. Daisy läuft immer wieder schnuppernd umher und hofft wohl, Dich zu finden. Wir vermissen Dich beide.
C.

Wir vermissen dich beide. Diese vier Worte versetzten sie in freudige Erregung. Spontan holte sie ihr Handy hervor und wischte durch die Fotos, bis sie das Zehn-Sekunden-Video mit dem Segelfalter fand. Sie spielte es ab, bis der Falter weggeflogen war und Corrados verblüfftes Gesicht erschien.

»Er ist rückwärts geflogen … So was habe ich ja noch nie gesehen.«

Das Video endete mit einer Großansicht seines Gesichts, doch weil der Play-Button in der Mitte prangte, war es verdeckt bis auf die Ohren, die Haare und das Kinn. Sie spielte es mehrmals ab – häufiger als sie zugeben würde –, immer mit demselben frustrierenden Ende, bis ihr klar wurde, dass sie nur kurz vorher auf Pause zu tippen brauchte. So bekam sie ein schönes Standbild, und das half ein bisschen. Aber sie hätte lieber ein Foto mit normalem Gesichtsausdruck von ihm gehabt, statt der ratlosen Miene. Schließlich steckte sie das Handy weg, fuhr den Computer herunter und machte sich auf den Heimweg.

Draußen war es inzwischen wärmer geworden; die Straßen waren wieder trocken. Vielleicht würde es zum Wochenende hin doch noch schön werden. Die Fahrt mit der U-Bahn nahm sie kaum wahr, sie bewegte sich wie auf Autopilot und war in Gedanken versunken. Erst als sie die U-Bahn-Station verließ, spürte Jo ihren immensen Hunger. Sie hatte zu Mittag nichts gegessen, und ihr Körper forderte sein Recht.

Sowie sie zu Hause war, holte sie eine Pizza aus dem Tiefkühlfach und legte sie in die Mikrowelle. Ihr war klar, dass die kein Vergleich zu den Pizzen in Rom war, aber sie erfüllte ihren Zweck. Aus Lust und Laune öffnete Jo eine Flasche Rotwein und goss sich ein Glas ein.

Corrado vermisste sie also … Aber streng genommen sagte er nur, dass er sie vermisste, nicht mehr, stellte ihr Unterbewusstsein sofort klar. Das war nicht das Gleiche. Vielleicht wollte er nur höflich sein. Trotzdem, sagte sich Jo, während sie den Wein trank, hat er sich die Zeit genommen und mir geschrieben. Also hat er an mich gedacht. Das muss doch ein gutes Zeichen sein. Während die Pizza heiß wurde, schrieb sie eine Antwort.

Hi, Corrado. Freue mich sehr, von Dir zu hören. Bitte drücke Daisy fest von mir. Schade wegen Freitagabend. Das heißt, Du hast noch eine Pizza bei mir gut. Die Woche in Rom war wunderschön, und das vor allem durch dich. Ich vermisse Euch auch. Jo

Sie überlegte, ob sie ein kleines x vor ihren Namen setzen sollte, das für Liebe stand. Nein, er hatte seinen Standpunkt klargemacht. Seufzend tippte sie auf *Senden*.

13

Am Wochenende war Jo froh, aus London rauszukommen. Der August war da, und endlich schien die Sonne. Die Stadt heizte sich sehr rasch auf. In ihrer Wohnung, in den Bahnen und Bussen und im Büro fühlte sie sich wie in der Sauna. Bestimmt hatte sie die paar Pfund, die sie in Italien zugenommen hatte, längst wieder ausgeschwitzt.

Corrados SMS hatte sie enorm aufgemuntert – obgleich ein leises Bedauern die Munterkeit dämpfte –, und ihre Arbeitsbelastung ließ ihr tagsüber kaum Zeit für melancholische Selbstbeschäftigung.

Am Mittwoch hatte Ronald sie ins Krankenhaus gerufen. Er war noch mürrischer gewesen als sonst, und sie hatte sich arg zusammenreißen müssen, um ihm bei seinem Gejammer nicht die Trauben an den Kopf zu werfen, die sie ihm mitgebracht hatte. Sie sagte sich immer wieder, dass er für mehrere Wochen ans Bett gefesselt war und sich bestimmt schrecklich langweilte und unwohl fühlte.

Kommentarlos nahm er ihren Tagungsbericht entgegen und las ihn schweigend. Gerade als sie ernsthaft überlegte, einfach rauszugehen und sich einen Kaffee zu holen, hob er den Kopf.

»Wie ich höre, ist mein Vortrag gut angekommen, obwohl ich ihn nicht selbst gehalten habe.«

»Er kam sehr gut an, Ronald. Und bei der Plenumsveranstaltung wurde er noch einige Male erwähnt. Ich denke, Professor Dietrich und ihr Team werden das meiste daraus, wenn nicht sogar alles, in ihre Vorschläge aufnehmen, die sie nächsten Monat an den UN-Klimarat schicken wollen.«

»Gut, gut.« Seine Antwort versöhnte Jo ein wenig. »Woran arbeiten Sie jetzt?«

»Ich arbeite die Vorgänge ab, die sich in der Woche auf Ihrem und meinem Schreibtisch angesammelt haben.« Sie hatte festgestellt, dass er einiges davon auch in horizontaler Lage hätte erledigen können, statt das ihr zu überlassen. Doch es überraschte sie nicht, dass er lieber die Hände in den Schoß legte, da er wusste, sie würde sich nach ihrer Rückkehr darum kümmern.

»Sind Sie in Rom auf neue Ideen gekommen? Haben Sie bei anderen Vorträgen etwas gehört, das sich aufzugreifen lohnt?«

Inzwischen kannte sie ihn gut genug, um geschickt auszuweichen. Tatsächlich hatte sie einige sehr reizvolle Anregungen mitgenommen, doch sie erinnerte sich an Rickys Bemerkungen über Ronald, der hinter vorgehaltener Hand »der Pirat« genannt wurde, und beschloss, sich nicht in die Karten sehen zu lassen. Sie antwortete vage und erduldete noch eine halbe Stunde lang seine Fragen, dann wurde sie entlassen.

Eine der Ideen, die sie besonders aufregend fand, war ein neuer Vorschlag, wie sich Plastikabfall in Treibstoff verwandeln ließ. Da immer mehr Plastik aus dem Meer gefischt wurde, ergab sich als Nächstes das Problem der Beseitigung, und sie hatte selbst schon ein, zwei Ideen formuliert, bei denen sich die Umsetzung lohnen könnte.

Als sie wieder im Büro war, suchte sie Rickys Geschäftskarte heraus und schickte ihm eine E-Mail mit ein paar Vorschlägen. Er würde ganz sicher nicht ihre Ideen stehlen, im Gegensatz zu ihrem Chef.

Es war schön, am Samstag nach Oxford rauszufahren. Ihre Eltern freuten sich, sie zu sehen. Jo erzählte ihnen von der Tagung und erfuhr von den jüngsten Planungen zur Hochzeit ihrer

Schwester. Im Lauf der Woche hatten Angie und ihre Mutter am Telefon allerhand Fragen leidenschaftlich erörtert, und nun war es zu einer ersten Entscheidung gekommen. Sie hatten mit dem Pfarrer gesprochen und sich darauf geeinigt, dass die Hochzeit nächstes Jahr Anfang April in ihrem Dorf stattfinden sollte.

Jo war enttäuscht. Das bedeutete weitere neun Monate ohne Corrado.

Natürlich könnte sie auch vorher noch mal ihre Schwester besuchen, um ihn wiederzusehen. Doch was sollte das bringen? Wie Victoria gesagt hatte: Ihre Beziehung – oder nicht vorhandene Beziehung – zu ihm war wie eine offene Wunde. Warum sollte sie sich dem Schmerz aussetzen, indem sie nach Rom flog und ihn wiedersah? Corrado wäre so anziehend und so unerreichbar wie immer, eine verbotene Frucht. Er wusste das, und sie wusste das. Nein, es wäre das Beste, darauf zu hoffen, dass Abwesenheit in diesem Fall nicht zu größerem Verlangen führte, sondern das Gegenteil bewirkte, und es ihr nach und nach gelang, ihn aus dem Kopf zu bekommen.

Am Sonntagvormittag ging sie mit ihrer Mutter reiten, und anschließend ließen sie sich zusammen mit ihrem Vater im Pub den Sonntagsbraten schmecken. Obwohl Hochsommer, war es für England ungewöhnlich heiß, und im Biergarten unter einem Schirm zu sitzen erinnerte sie an die Tage in Rom. Und das wiederum rief Erinnerungen an die Bewohner dieser Stadt wach, besonders an einen bestimmten. Jo atmete beinahe auf, als ihre Mutter auf ihn zu sprechen kam.

»Angela hat erzählt, dass du viel Zeit mit deinem künftigen Schwippschwager verbracht hast.«

»Mit Corrado. Ja, er war sehr nett. Er ist mit mir ausgegangen und hat mir die Sehenswürdigkeiten gezeigt.« Sie schilderte ihnen die Schönheiten der Stadt und berichtete zuletzt von dem

Freiluftkonzert. Ihr Vater äußerte sich überraschenderweise beeindruckt. Normalerweise hielt er sich aus ihrem Liebesleben raus und überließ das Feld ihrer Mutter.

»Er scheint ein intelligenter Bursche zu sein, Joanne. Und Stil hat er auch. Der Mann gefällt mir.« Er schaute zu ihr und nickte. »Du bist ein intelligentes Mädchen. Du brauchst einen intelligenten Partner.«

»Er ist nicht mein Partner, Dad, und das wird er auch nie sein.« Sie merkte selbst, dass ihr Dementi zu schnell kam, und erklärte das hastig, bevor ihre Mutter in dieselbe Kerbe schlagen konnte. »Er ist sehr nett, aber wir sind zu verschieden. Außerdem gehören wir bald zur selben Familie.«

»So verschieden seid ihr gar nicht. Ihr seid beide intelligent und gebildet. Angela sagt, er sieht sehr gut aus, und du bist doch auch sehr hübsch. Du könntest es schlechter treffen.« Er grinste sie an. »Außerdem höre ich, dass er schwerreich ist.«

Jo wünschte allmählich, ihre kleine Schwester würde ihre Gespräche mit den Eltern auf Angelegenheiten beschränken, die sie selbst und Mario betrafen. Doch das Kind war bereits in den Brunnen gefallen. Sie führte ihre Erklärung noch ein wenig aus, ohne jedoch auf Corrados Ansichten über Liebe und Sex einzugehen. Mit ihrem Vater hatte sie noch nie über Sexualität gesprochen und würde jetzt nicht damit anfangen.

»Das kann nicht funktionieren, Dad. Er hat seine Firma in Rom – ja, ich weiß, wie gut er damit verdient –, und ich arbeite in London.«

»Aber du sitzt hier nicht unwiderruflich fest, nicht wahr? Soweit ich weiß, ist dein Chef eine Quelle ständiger Frustration für dich.« Wie sich oft zeigte, wusste er sehr genau, was in ihr vorging, auch wenn er wenig darüber sprach.

»Ronald kann einem ganz schön auf die Nerven gehen, und du hast natürlich recht: Mir gefällt zwar meine Stelle, doch ich kann jederzeit wechseln, wenn sich eine gute Gelegenheit bietet. Aber die Anfrage wird kaum aus Rom kommen, oder? Außerdem ist der Naturschutz ein ziemlich kleiner Sektor, und viel Geld lässt sich da nicht verdienen, wie man weiß. Auf meiner jetzigen Stelle werde ich aber wenigstens ganz gut bezahlt.«

Sie trank einen Schluck von ihrem chilenischen Rotwein und wechselte das Thema. »Habe ich euch eigentlich schon Marios Haus beschrieben? Sie haben einen tollen Pool.«

Leider sprang ihre Mutter nicht darauf an.

»Was ist denn mit dem Mann, von dem du uns neulich erzählt hast? Der Banker ist, wenn ich mich recht entsinne.«

An Markus hatte Jo schon eine Weile nicht mehr gedacht und ärgerte sich, weil sie an ihn erinnert wurde.

»Ich bin zweimal mit ihm ausgegangen, aber er war definitiv nicht mein Typ. Das ist vorbei.« Sie nahm davon Abstand, ins Detail zu gehen, und hoffte, ihre Mutter würde von etwas anderem anfangen. Das tat sie, doch ihre Bemerkung zielte in eine unliebsame Richtung.

»Ach, wie schade. Angela meint, das Problem bei Marios Bruder sei auch seine Haltung gegenüber Frauen. Du willst dich sicher nicht mit einem Schürzenjäger einlassen, nicht wahr? Wie hat Angela es ausgedrückt? Er hat eine nach der anderen.«

Jo seufzte im Stillen.

»Ja, er hat offenbar ein Bindungsproblem.« Das schien ihr eine unverfängliche Beschreibung zu sein.

»Er will wohl keine Familie gründen, obwohl er schon Mitte dreißig ist. Allerdings wirst du jetzt auch schon dreißig.«

»Erinnere mich nicht daran.« Jo nahm Zuflucht zu ihrem Wein.

»Nun, jedenfalls findet Angela es schade, dass er so ist, denn ihr beide versteht euch wohl sehr gut, er und du.«

»Da hat sie recht, das tun wir. Aber er wird sich nicht ändern. Also lassen wir das.«

Ihre Eltern hörten offenbar ihren eisernen Ton und wandten sich ihrem bevorstehenden Geburtstag zu. Da der mitten in der Woche lag, erklärte sie sich widerstrebend bereit, sie am folgenden Sonntag wieder zu besuchen und mit ihren Eltern und einem Haufen Leute, die sie seit Jahren nicht gesehen hatte, zu Mittag zu essen. Die gingen wahrscheinlich alle auf die siebzig zu, aber Jo wollte ihrer Mutter die Freude nicht verderben, und es war ja nicht so, als hätte sie an dem Wochenende etwas Besseres vor.

Am Abend, als sie auf den Zug nach London wartete, rief sie ihre Schwester an. Sie ließ sie erst einmal von dem Erfolg ihrer letzten Reitveranstaltung erzählen und gratulierte ihr dazu, dann kam sie auf den Grund ihres Anrufs zu sprechen.

»Angie, tu mir einen Gefallen und bring Mum von dem Thema ›Corrado‹ ab, wenn ihr das nächste Mal telefoniert. Jetzt will sogar Dad mich schon mit ihm verheiraten.«

»Das tut mir leid, Jo. Es ist nur so, seit ich verlobt bin, wollen sie dich auch gern in festen Händen sehen.«

»Ich komme sehr gut ohne diese festen Hände klar. Außerdem wissen wir beide, dass Corrado nicht zur Verfügung steht.« Sie zögerte. »Hast du ihn inzwischen mal getroffen? Wie geht es ihm?«

»Wir sehen ihn kaum. Ich nehme an, er hat in der Firma alle Hände voll zu tun, damit bis zu den Betriebsferien alles erledigt ist. Das Labor macht Mitte August für zwei Wochen zu. Wie fast alles hier. Es ist einfach viel zu heiß!«

»Tja, wenn's hilft. Hier ist es auch verdammt heiß, seit es aufgehört hat zu regnen.« Sie fragte sich, wie Corrado wohl seinen Urlaub verbringen würde. Mit einem Besuch in London vielleicht? Der Gedanke allein versetzte sie in Erregung.

Was völlig unangebracht war.

»Ich nehme an, er wird segeln gehen. Das hat er letztes Jahr auch getan.«

Ein verlockendes Bild von Corrado in Badeshorts an Deck einer schicken Jacht, umgeben von azurblauem Meer, erschien vor ihrem inneren Auge, doch im nächsten Moment aalte sich eine schöne Italienerin in einem sexy Bikini neben ihm in der Sonne. Jo unterdrückte ein Schnauben. »Na, grüß ihn doch das nächste Mal von mir.«

»Wir sollen dich auch von ihm grüßen. Das hat er neulich zu Mario gesagt. Mario meint, er vermisst dich.«

»Ich ihn auch, doch wir beide wissen, dass nichts daraus wird.«

»Menschen können sich ändern, Jo.«

»Das sagt mir zurzeit jeder.« Sie sah die gelbe Front der Lok kommen. »Wie auch immer, ich muss Schluss machen. Mein Zug fährt ein. Bis dann.«

»Ich rufe dich am Donnerstag an, um dir zu gratulieren.«

Am Abend checkte sie ihre E-Mails. Sie hatte eine von Ricky aus Kalifornien bekommen. Er schrieb in freundschaftlichem Ton und äußerte sich begeistert über ihre Ideen zum Problem des Plastikmülls in den Weltmeeren. Er versprach auch, sich mit der Realisierbarkeit ihrer Vorschläge zu befassen, und plötzlich wurde ihr Blick von seinem letzten Absatz angezogen.

Ich bin gerade erst nach L. A. zurückgekehrt und wollte Dich auch kontaktieren. Auf meiner Rückreise von Europa war ich vier Tage in New York und wurde von Professor Dietrich zum Lunch eingeladen. Wir haben uns über die Tagung in Rom unterhalten. Anscheinend ist sie ziemlich beeindruckt von Dir. Ich habe taktvoll ange-

deutet, dass ein Großteil Deines Vortrags aus Deiner Feder stammt und nicht aus der von Captain Jack Sparrow, und daraufhin war sie noch mehr angetan. Möglich, dass nichts dabei herumkommt, aber man kann nie wissen – vielleicht bietet sie Dir einen Job an. Nächste Woche kommt sie nach L. A., und dann treffen wir uns wieder. Wenn Du interessiert bist, schick mir doch Deinen Lebenslauf, und ich gebe ihn an sie weiter. Kann zumindest nicht schaden …

Jo war perplex. Professor Dietrich arbeitete für die UNO. Sie leitete eine Fachabteilung zum Klimawandel. Von ihr ein Jobangebot zu bekommen wäre fantastisch. Jo hing noch ihren Träumen nach, als ihr Handy klingelte. Es war Victoria.

»Hi, Jo. Wir kommen gerade von einem Besuch bei Georges Schwester in Dulwich, und da das praktisch auf dem Weg liegt, dachten wir, wir könnten kurz bei dir haltmachen, um zu sehen, wie es dir geht. Oder stören wir dich bei etwas?«

Jo versicherte ihr, dass sie sich riesig freuen würde und dass sie unbedingt vorbeikommen sollten. Eine Viertelstunde später standen sie vor ihrer Tür.

Victoria unterzog Jo einer eingehenden Musterung. »Ich bin froh, dass du so gut gelaunt bist.«

Jo winkte sie herein. »Es geht mir gut. Ich bin gerade von meinen Eltern zurückgekommen, und sieh mal, was für eine E-Mail ich bekommen habe.« Sie las ihnen den letzten Absatz vor und erklärte, was für ein toller Karriereschritt es wäre, für Professor Dietrich zu arbeiten.

Die stets hellwache Victoria erfasste sofort, was das bedeutete. »Wo arbeitet diese Professorin?«

»In New York.«

»Also wäre deine Stelle auch dort.«

Mit diesem Aspekt hatte sich Jo noch gar nicht befasst. Aber natürlich stimmte das. Sie sah die beiden mit großen Augen an. »Ja … klar. Das nehme ich auch an.«

»Und hast du denn Lust, in den USA zu arbeiten? New York soll großartig sein.«

Jo dachte darüber nach und fand die Vorstellung durchaus reizvoll.

Victoria wies trotzdem auf den Nachteil hin. »Allerdings wird deine Mum darüber nicht allzu glücklich sein, da sie schon eine Tochter an Italien verloren hat. Und du wärst sogar noch weiter weg.«

»Aber es ist total einfach und nicht allzu teuer, nach New York zu fliegen.« George äußerte sich wie immer ermutigend. »Deine Eltern könnten dich jederzeit besuchen.« Er strahlte Victoria an. »Und wir auch.«

»Ich muss zugeben, das hat was. Es gibt nur eins, was dagegenspricht …« Ungefragt mogelte sich ein gewisser Römer in ihre Gedanken.

Victoria war nicht umsonst ihre beste Freundin. »Denkst du dabei zufällig an die Riesenentfernung zu einem bestimmten attraktiven Italiener?«

»Möchtet ihr vielleicht einen Tee?« Jo wollte Zeit gewinnen. Mit den Gedanken bei Corrado, füllte sie den Wasserkocher und starrte auf die Füllstandsanzeige, während das Wasser erhitzt wurde. Ja, sie wäre noch weiter von ihm entfernt als jetzt. Na und? Schließlich war er nicht mehr als ein künftiger Verwandter.

Sie gab Tee in die Kanne und drehte sich um. »Du hast recht, Vic, ich habe an ihn gedacht, und auch an Angie und Mario. Aber wie du sagst, sie können mich jederzeit besuchen kommen. Außerdem reden wir hier nur von einer vagen Aussicht auf einen Job. Da ist ja noch gar nichts spruchreif.«

In dem Moment bescherte ihr nerviges Unterbewusstsein

ihr ein Bild mit Corrado nackt neben ihr in einem großen Bett in einer schicken Wohnung am Central Park. Sanft strich sie mit den Fingerspitzen über seine muskulöse Brust und zu seinem Bauch, während er …

Sie stürzte beinahe zum Kühlschrank, riss die Tür auf und streckte den Kopf hinein, um ihre erröteten Wangen abzukühlen, während sie nach der Milchflasche griff. Da die Tür sie vor neugierigen Blicken schützte, tat sie, als suchte sie nach den Schokoladenplätzchen, bis sie Victorias Stimme hörte.

»Aber dein Freund Ricky hat recht. Es kann nicht schaden, ihm deinen Lebenslauf zu schicken.«

Jo atmete tief durch und drückte sich kurz die kalte Milchflasche an die Wangen. Erfrischt kam sie mit den Plätzchen in der Hand – und Gott sei Dank ohne das Schlafzimmerbild im Kopf – aus dem Kühlschrank hervor.

»Und wenn Professor ›Wieheißtsienochmal‹ dir einen Job anbietet, würdest du ihn nehmen?«, fragte Victoria.

Jo goss das kochende Wasser in die Kanne und trug sie samt Plätzchen, Tassen und Milch zum Tisch hinüber. »Das überlege ich mir, wenn es so weit ist. Vielleicht kommt es gar nicht dazu. Ricky schreibt ja nur, dass die Möglichkeit besteht. Und dann hinge meine Entscheidung davon ab, was ich dort zu tun hätte und wie viel sie mir bezahlen würden. Und ich bräuchte eine Arbeitserlaubnis und so weiter. Greencards sind bekanntlich schwer zu bekommen.«

»Jo, hast du mal überlegt, in die Politik zu gehen? Du hast gerade fast eine ganze Minute lang geredet, ohne etwas zu sagen.«

Jo grinste sie an. »Du kannst es auf ein Wort zusammenstreichen: vielleicht.« Sie wog die Vor- und Nachteile gegeneinander ab. »Aber unterm Strich neige ich eher zu einem Ja als zu einem Nein. Das wäre auf jeden Fall ein großer Karriereschritt, und ich käme von meinem jetzigen Chef weg.«

Sie setzten sich, und Jo verteilte die Tassen. Während sie sich unterhielten, wurde immer deutlicher, dass Victoria und George schon ein richtiges Paar waren. Sie wirkten glücklich miteinander, und Jo freute sich für die beiden.

Bald kam ihre Freundin auf eine andere wichtige Frage zu sprechen. »Nächsten Donnerstag hast du doch Geburtstag, Jo. Wie werden wir ihn feiern?«

»Was gibt es daran zu feiern, wenn man dreißig wird? Da sollte man eher Beileidskarten kriegen.«

»Vergiss nicht: Dreißig ist das neue Zwanzig. Außerdem siehst du nicht wie dreißig aus.«

»Aber ich fühle mich so. Und von da an geht es bergab.« Sie sagte das zwar scherzhaft, dennoch war das eine Zäsur im Leben. »Meine Mutter hat mich zu einem großen Essen mit sämtlichen Nachbarn eingeladen, nächsten Sonntag, doch ich sollte eigentlich auch am Donnerstag etwas trinken gehen. Ich könnte ein halbes Dutzend Kollegen einladen und ein paar alte Freunde. Kann ich denn auch mit euch beiden rechnen?«

»George muss nach Schottland, aber ich habe mir den Abend frei gehalten.«

14

Der Donnerstag wurde viel schöner als gedacht. Bevor Jo sich auf den Weg zur Arbeit machte, brachte ihr der Postbote ein halbes Dutzend Geburtstagsbriefe, und als sie im Büro ankam, warteten noch mehr auf ihrem Schreibtisch, außerdem eine Menge Pralinen von den Kolleginnen auf ihrer Etage und E-Mails von Freunden und Verwandten. Die größte Überraschung war jedoch ein Päckchen, das gegen Mittag ankam.

Carol von der Rezeption brachte es persönlich herauf. »Bitte sehr, Geburtstagskind. Es ist als Eilsendung gekommen, darum habe ich es sofort raufgebracht.«

Jo nahm es entgegen, und ihr Herz machte einen Satz. Es kam aus Italien. Während Carol an den Schreibtisch gelehnt vorgab, die Aussicht aus ihrem Büro zu bewundern, öffnete Jo das Päckchen und zog eine Papiertüte heraus, in der Seidenpapier knisterte. Die Tüte trug ein Logo: *Gucci*. Jo hielt staunend inne, als sie den weltberühmten Namen sah. Sehr behutsam legte sie sie auf den Schreibtisch und zog das Seidenpapier auseinander. Was sich dazwischen verbarg, verschlug ihr den Atem.

Ein Bikini. Ein cremefarbener mit einem filigranen Muster aus Schmetterlingen verschiedener Art und Farbe. Er war hinreißend. Den hätte jede Frau gern besessen, aber für eine, die Schmetterlinge liebte, war er etwas ganz Besonderes. In der Tüte lag auch ein weißer Umschlag mit einer Karte. Mit zitternden Fingern öffnete Jo ihn und fand ein paar Zeilen des Absenders.

Einen glücklichen Geburtstag der wunderbarsten Schmetterlingskundlerin, die ich kenne. Ich denke immerzu an Dich.
Corrado (und Daisy)
PS: Angie hat mir die Größe empfohlen, aber sollte er nicht passen, gibt es in London sicher eine Gucci-Filiale, die ihn Dir umtauscht.

Während Jo den Bikini bestaunte, ging ihr immerzu ein einziger Satz durch den Kopf: *Ich denke immerzu an dich.* Ihre Augen brannten von aufsteigenden Tränen. Dass er sich die kurze Plauderei über die Bikinis auf der Via dei Condotti gemerkt hatte, zeigte, dass er vielleicht genauso sehr an sie dachte wie sie an ihn.

»Wow, Jo, das ist ja mal ein tolles Geschenk.«

Sie hatte Carol ganz vergessen. Verstohlen wischte sie sich die Augen und blickte auf. Bei Carol standen inzwischen noch andere Kolleginnen, und alle beäugten den Bikini.

»Willst du ihn nicht anprobieren? Und den ganzen Tag tragen? Ich würde ihn nie wieder ausziehen.« Denise aus der Buchhaltung war für ihren frechen Humor bekannt.

»Nicht hier. Was würde Ronald dazu sagen?«

»Der ist nicht da. Also los, probier ihn an.«

Jo schüttelte den Kopf und packte das gute Stück wieder in das Seidenpapier und in die schützende Tüte. Sie besaß jetzt etwas sehr Kostbares. Als sie die enttäuschten Gesichter sah, öffnete sie die größte der Pralinenschachteln und reichte sie herum, und mehr Kollegen gesellten sich zu ihnen. Nicht lange, und sie sah sich mit der Frage konfrontiert, vor der sie sich gefürchtet hatte.

»Und wer hat dir das gute Stück geschenkt?«

»Nicht dein toller Coverboy, oder?«

Jo schüttelte den Kopf. »Nein, nicht Christian. Es überrascht euch vielleicht, aber in den vier Jahren Beziehung hat er mir nie Kleidung geschenkt. Die war immer *sein* Ding. Doch das ist sowieso vorbei.«

»Und wer ist es dann? Auch ein Model?«

Jo grinste. »Nein, er ist Chemiker. Und er ist nur ein Freund.«

»Aber was für einer!«

»Dürfen wir uns auch mit ihm anfreunden, Jo?«

»Du Glückliche!«

Jo sorgte dafür, dass alle Pralinen gegessen wurden, und dachte daran, welches Glück sie hatte. Das war ein absolut wundervolles Geschenk, zum einen weil es für sich genommen wunderschön war und zum anderen weil derjenige, der es ihr gemacht hatte, Gedanken und Mühe aufgewendet hatte. Gerade aus diesem Grund bedeutete es ihr so viel. Es war außerdem, wie ihr Unterbewusstsein betonte, ein sehr intimes Geschenk, und ausnahmsweise war sie derselben Meinung. Nachdem sie die Papiertüte in eine Schreibtischschublade gelegt hatte, fuhr sie mit dem Aufzug nach unten und ging nach draußen in die Sonne.

Dort holte sie das Handy hervor und rief Victoria an, die schon nach dem ersten Klingeln abnahm.

»Hi, Jo. Ich wollte dich gerade anrufen. Herzlichen Glückwunsch, beste Freundin!«

Jo erzählte ihr von dem Bikini und hörte, wie sehr sich Victoria mit ihr freute.

»Unglaublich. Du bist ein Glückspilz. Du kannst dir die Männer echt aussuchen. Wenn doch George auch Millionär wäre … Hast du schon angerufen und dich bedankt?«

»Äh, nein. Ich wollte erst hören, wie du das siehst: Rufe ich ihn an, schreibe ich eine E-Mail, oder schicke ich eine SMS?«

»Ruf ihn an. Solch ein Geschenk verdient persönlichen Kontakt.«

»Finde ich auch. Und sage ich einfach Danke?«

»Sofern du ihm nicht deine unsterbliche Liebe gestehen willst, schätze ich, dass ein schlichtes Danke genügt.«

»Gut, ein Anruf und ein Danke. Danke für den Rat, Vic.«

»Dann bis später im Pub. Moment noch: Wie wär's, wenn du im Bikini hinkommst, und ich schicke ihm ein Foto?«

Jo lachte. »Vergiss es.«

»Ich weiß, Schatz. Bis später.«

Nach der Arbeit eilte Jo nach Hause, um sich umzuziehen, bevor sie sich mit den anderen im Pub traf. Als Erstes lief sie ins Schlafzimmer, zog den Bikini an und betrachtete sich in dem Spiegel an der Schranktür. Er sah super aus und passte perfekt. Er bedeckte auch nicht mehr als der, den sie sich von Angie geliehen hatte, aber er sah dabei elegant aus, nicht freizügig. Kurz schaute sie zum Handy, das auf dem Bett lag, widerstand jedoch der Versuchung, ein Foto zu machen, und ging duschen.

Als sie angezogen war, setzte sie sich an den Küchentisch und schickte Corrado eine SMS. Sie wollte ihn nicht mit einem privaten Anruf bei der Arbeit stören.

Hi, Corrado. Würde es Dir passen, wenn ich mal schnell anrufe? Jo

Dreißig Sekunden später meldete er sich selbst.

»Corrado, hallo. Freut mich, dass du zurückrufst.«

»Hallo, Jo, und herzlichen Glückwunsch zum Geburtstag!«

»Danke. Ich wollte mich bedanken. Der Bikini ist wunderbar. Ich weiß gar nicht, was ich sagen soll.«

»Und er passt? Du kannst ihn umtauschen, weißt du?«

»Er passt perfekt und sieht toll aus. Und mit Schmetterlingen – ich bin gerührt.«

»Also gefällt er dir?«

»Ich liebe ihn, Corrado. Wenn ich das so sagen darf.«

Er reagierte nicht auf ihre Anspielung. »Großartig. Sonst bin ich nicht gut im Schenken. Aber die Idee kam mir neulich Abend, als Daisy und ich eine Dokumentation über gefährdete Arten im Fernsehen geschaut haben. Dabei musste ich an dich denken.«

»Ganz herzlichen Dank, und Danke auch an Daisy für ihren Beitrag. Aber das hättest du nicht tun müssen. Ich weiß, was die Dinger kosten.«

»Doch, das musste und wollte ich tun. Ich freue mich, dass er dir gefällt.«

»Total. Er ist wunderschön. Und wie geht's meiner vierbeinigen Freundin?«

Jo kam eine halbe Stunde zu spät zum Pub, weil sie fast eine Stunde lang mit Corrado telefoniert hatte. Die Zeit war wie im Flug vergangen, und sie hatte es genossen, seine Stimme zu hören. Als sie schließlich aufgelegt hatte, schossen ihr tausend Gedanken durch den Kopf, und sie war noch nicht ganz im Hier und Jetzt, als sie den Pub betrat und sich zu ihren Gästen gesellte. Zwischendurch, als mal keiner auf sie achtete, konnte sie Victoria von dem Anruf erzählen.

Ihre Freundin lächelte glücklich. »Es geht nichts über verbale Kommunikation. Wann wirst du ihn wiedersehen?«

»Die Hochzeit wird Anfang April stattfinden, da sehe ich ihn auf jeden Fall, wenn nicht schon vorher.«

»Das sind noch acht Monate, Jo. Bestimmt kannst du vorher für eine Gelegenheit sorgen.«

»Er hat mal erwähnt, dass er vielleicht geschäftlich nach Großbritannien muss. Mal sehen, vielleicht kommt er ja tatsächlich.«

»Das wäre ein vielversprechendes Zeichen.« Victoria grinste und senkte die Stimme, denn schließlich waren sie unter Leuten. »Aber stell dir vor, er kommt nach London und muss dann erkennen, dass du nach New York gezogen bist.«

Jo hatte Spaß im Kreis der Kollegen und Freunde, trank aber wenig und war gegen elf Uhr wieder zu Hause. Bevor sie ins Bett ging, schaute sie nach, ob noch E-Mails gekommen waren, und fand eine von Corrado. Unter einem entzückenden Foto von Daisy, die ausgestreckt auf seiner Terrasse lag und ihr Hundegrinsen sehen ließ, stand nur:

Herzlichen Glückwunsch zum Geburtstag! Ich denke an Dich.

Jo schaute zu ihrem Bikini, der auf dem Seidenpapier auf dem Frisiertisch lag, und kurz erwog sie, Corrado doch noch ein Foto zu schicken, entschied sich aber wieder dagegen. Stattdessen antwortete sie:

Ich wünschte, ich wäre bei Dir. Ich werde mich immer nach Rom zurücksehnen und an Dich denken (und an Daisy). x Jo

Als sie auf *Senden* klickte, sagte sie sich, dass das kleine x bloß eine Konvention war und nichts zu bedeuten hatte.

Fast konnte sie ihr Unterbewusstsein schnauben hören.

15

Am nächsten Tag erhielt Jo Besuch bei der Arbeit. Carol rief von der Rezeption an, um ihr Bescheid zu sagen.

»Hallo, Jo. Ich habe hier einen Mr George Wilson, der dich sprechen möchte.«

George Wilson? Der Name sagte ihr nichts, und sie wollte gerade nachfragen, worum es ging, als Carol ihr zuvorkam.

»Ich soll sagen, dass er mit dir und Victoria befreundet ist.«

Der Groschen fiel.

»Natürlich. Schick ihn rauf, bitte. Ich hole ihn am Aufzug ab.«

George lächelte sie an, als die Aufzugtür zur Seite glitt. Er sah mit Anzug und Krawatte sehr geschäftsmäßig aus.

»Hi, George. Entschuldige, dass ich nicht gleich geschaltet habe. Ich kannte deinen Nachnamen gar nicht.« Sie wunderte sich, weshalb er wohl zu ihr kam.

»Hallo, Jo. Herzlichen Glückwunsch nachträglich. Tut mir leid, dass ich gestern nicht mitfeiern konnte, aber ich musste zu einer Besprechung nach Edinburgh. Danke, dass du dir Zeit nimmst. Ich versuche, es kurz zu machen. Ich bin beruflich hier.«

Gespannt führte Jo ihn in ihr Büro. Er schloss die Tür hinter sich, bevor er sich ihr gegenüber in den Sessel setzte. Kaum hatte er das getan, griff er ins Jackett und holte ein Foto hervor, um es ihr hinzuschieben.

»Kannst du mir bitte sagen, ob du diesen Mann kennst?«

Jo nahm das Schwarz-Weiß-Foto in die Hand und betrachtete es genauer. Es sah aus, als wäre es aus einem Fenster im ersten oder zweiten Stock aufgenommen, und zeigte einen Mann, der an einem dunklen Pkw lehnte. Sie erkannte ihn sofort. »Ja, den kenne ich.«

George wirkte befriedigt.

»Und mit welchem Namen hat er sich dir vorgestellt?«

Jo war verblüfft über seine Formulierung. »Markus.« Sie versuchte, sich an seinen Nachnamen zu erinnern, und zwei Augenblicke später fiel er ihr ein. »Finchley. Markus Finchley.« Sie blickte auf. »Wieso? Ist das nicht sein richtiger Name?«

»Komischerweise doch.« Er lächelte sie an. »Du musst einen ziemlichen Eindruck auf ihn gemacht haben, dass er sich mit seinem Geburtsnamen vorgestellt hat.« Erneut griff er ins Jackett und holte eine Plastikkarte hervor, die er vor sie auf den Schreibtisch legte. »Bevor wir fortfahren, mache ich es besser offiziell.«

Jo schaute auf den Ausweis. Auf dem Foto sah sie einen etwas jüngeren, sehr ernst blickenden George, und unter seinem Namen stand, dass er im Schatzamt Ihrer Majestät arbeitete. Überrascht blickte sie auf. »Also bist du doch ein James Bond.«

Er nahm den Ausweis an sich und grinste. »Nein, Jo, es bleibt bei Nullnullsechs ein Viertel. Aber um zum Ernst der Sache zurückzukommen, du musst dich zur Geheimhaltung verpflichten, bevor wir fortfahren können. Was ich dir mitzuteilen habe, ist streng geheim, und du darfst das niemandem erzählen, auch nicht deinen Eltern, Verwandten und Freunden.« Er sah ihr in die Augen. »Nicht einmal Victoria. Kannst du mir das versprechen?«

»Natürlich. Meine Lippen sind versiegelt. Aber worum geht es denn, George? Was hat Markus getan?«

Er lehnte sich zurück und zog ein Notizbuch aus der Tasche. »Er ist der Grund, weshalb ich so plötzlich nach Rom kam und genauso plötzlich wieder abreisen musste. Ich war ihm auf den

Fersen. Er reist unter verschiedenen Decknamen und versteht es geschickt, Verfolger abzuhängen. Ich habe vier Tage mit der römischen Polizei nach ihm gesucht, ohne Erfolg, und erst am Freitag habe ich von seiner Rückkehr nach England erfahren. Er benutzt immer verschiedene Fluggesellschaften, manchmal auch Privatflugzeuge, verschiedene Flughäfen und Pässe. Er kann sich leicht für zwei Tage außer Landes begeben, ohne dass wir davon erfahren.«

»Aber ich habe ihn in der Französischen Botschaft kennengelernt. Dort hätte man ihn doch sicher nicht reingelassen, wenn er ein zwielichtiger Typ wäre.«

George lächelte grimmig. »Das ist er aber, und außerdem ist er auch sehr gerissen. Als Markus Finchley hat er in England eine weiße Weste. Er zahlt seine Steuern oder zumindest einige. Er spendet an Wohltätigkeitsorganisationen; deshalb war er vermutlich in der Französischen Botschaft. Er ist Mitglied des Rotary Clubs, und seine Frau und er gehören zu den Stützen der Gesellschaft von Henley-on-Thames.«

Jo sah ihn entgeistert an. »Sagtest du: ›seine Frau‹?«

George nickte und schaute in sein Notizbuch.

»Frances Ann Finchley, geborene Monroe. Alter siebenunddreißig. Sie sind seit zwölf Jahren verheiratet. Ob glücklich, kann ich dir nicht sagen.«

Jo verdaute diese Neuigkeit. Was für ein widerliches Ekelpaket. »Warum bist du hinter ihm her? Wegen Steuerhinterziehung?«

»Auch deshalb, aber an der Sache ist mehr dran. Er ist am organisierten Verbrechen beteiligt.« Jo war sprachlos. »Nicht im gewalttätigen Sektor, sondern in der Geldwäsche. Wir haben Grund zu der Annahme, dass er umgerechnet in Pfund Hunderte Millionen gewaschen hat, sowohl hier als auch in Europa und verschiedenen Steuerparadiesen in Übersee.«

Jo war fasziniert. Plötzlich fiel ihr etwas ein. »Als er mit mir essen gegangen ist, hat er einmal erwähnt, dass er gerade aus der Karibik zurückgekommen ist. Also war er deshalb dort. Aber was hat er in Rom gemacht?«

»Ist dir die 'Ndrangheta ein Begriff?«

»Nie gehört. Was ist das?«

»Es überrascht dich vielleicht zu hören, dass das zurzeit die größte kriminelle Organisation in Europa ist. Dagegen erscheint die sizilianische Cosa Nostra wie ein Trüppchen Pfadfinder. Ihr Hauptsitz ist Kalabrien, du weißt schon, der Zeh des italienischen Stiefels. Sie ist verantwortlich für einen hohen Prozentsatz illegaler Drogen in Europa, die sie über den Hafen von Gioia Tauro ins Land schmuggeln, den größten Containerhafen Italiens. Schätzungsweise achtzig Prozent des Kokains, das von Kolumbien nach Europa gelangt, kommt über Gioia Tauro durch die Hände der 'Ndrangheta.«

»Wow. Und Markus steckt da mit drin?«

»Bis zu seinem dreckigen Hals.«

»Woher weißt du das?«

»In den letzten fünf Jahren haben die internationalen Strafverfolgungsbehörden immer besser zusammengearbeitet, besonders das FBI hat sich reingehängt und eine Reihe bedeutender Verhaftungen vorgenommen. Ein paar Inhaftierte waren bereit zu reden.«

»Und was war neulich in Rom?«

»Ungefähr einmal im Monat trifft er sich mit seinen Bossen, um ihnen Bericht zu erstatten und neue Instruktionen zu erhalten. Wir beobachten ihn zusammen mit der italienischen Polizei, um an die Hintermänner heranzukommen. Bislang sind die für uns unsichtbar geblieben. Die 'Ndrangheta ist ein Familienunternehmen, und die, die das Sagen haben, sind alle miteinander verwandt. Sie stammen aus kleinen Dörfern, wo niemand ein Wort gegen sie zu sagen wagt, und sie können sich praktisch ungesehen durch ganz Italien bewegen. Natürlich wollen wir sie am liebsten in flagranti erwischen. Aber Finchley schlüpft uns immer wieder durch die Finger.«

»Kann ich irgendwie helfen? Woher weißt du überhaupt von ihm und mir?«

»Das habe ich vorgestern zufällig durch Victoria erfahren. Sie hat von dem Sonderling erzählt, der dir in seinem Wagen Angst gemacht hat und dann ungebeten bei deiner Tagung in Rom aufgekreuzt ist. Dabei fiel der Name Markus, und ich habe mich gefragt, ob es sich wohl um denselben handelt. Während ich in Rom nach ihm gesucht habe, hattest du schon die ganze Zeit Kontakt mit ihm. Wenn ich das gewusst hätte! Ob du uns helfen kannst, hängt davon ab, wozu du bereit bist. Hast du Kontaktdaten? Eine E-Mail-Adresse oder Telefonnummer?«

»Nur seine Handynummer.«

Jo holte ihr Smartphone hervor und nannte ihm die Nummer.

George notierte sie sich. »Willst du ihn wiedersehen? Vic hat erzählt, wie du ihn mit einem Amerikaner zusammen abgewimmelt hast. Also willst du nichts mehr mit ihm zu tun haben?«

»Auf keinen Fall. Gott sei Dank hat er es kapiert. Tut mir leid.«

»Muss es nicht. Seine Handynummer kann für uns auch schon nützlich sein, und falls du doch noch mal etwas von ihm hörst, würde ich das gern erfahren, besonders wenn er vorhat, nach Rom zu fliegen.« Er gab ihr eine Visitenkarte. »So kannst du mich erreichen.«

»In Ordnung, George. Wenn ich etwas höre, rufe ich dich an. Aber ich halte das für sehr unwahrscheinlich.« Er stand auf und sie ebenfalls. »Gehst du deshalb zum Italienischkurs?«

»Es hilft zumindest, mich mit meinen italienischen Kollegen

zu verständigen. Der Dialekt, den die Verbrecher der 'Ndrangheta sprechen, ist für einen Außenstehenden praktisch nicht zu verstehen, nicht mal für andere Italiener. Aber durch den Italienischkurs habe ich Victoria kennengelernt. Von daher war es goldrichtig hinzugehen.«

Nachdem George gegangen war, setzte sich Jo an den Schreibtisch und dachte eine Weile nach. Markus hatte sich also mit der kalabrischen Mafia eingelassen. Jetzt war sie umso mehr erleichtert, dass sie ihn losgeworden war. Ihr Unterbewusstsein erzeugte ein Bild, in dem sie auf einem Barhocker in einer sogenannten »Flüsterkneipe« saß, gekleidet wie eine Gangsterbraut und umgeben von finsteren Typen mit Violinkästen, und das machte ihr noch mal deutlich, was für einem Mann sie da nur knapp entkommen war.

Anfang August war es weiterhin drückend heiß in London, und Jo fühlte sich dadurch immer wieder an die Tage in Rom erinnert. Natürlich bot die Ewige Stadt dafür einen gewissen Ausgleich, zum Beispiel in Gestalt eines gewissen Römers und seiner vierbeinigen Gefährtin. Seit dem langen Telefongespräch an ihrem Geburtstag hatte Jo ihn noch zweimal angerufen, um zu plaudern, und er sie ebenfalls. Als Freunde verstanden sie sich wirklich blendend. Was romantischere Gefühle anging, bewirkten tausendfünfhundert Kilometer Abstand, dass ihre Selbstbeherrschung nicht überbeansprucht wurde.

Eines Abends, als Jo mit dem Handy am Ohr auf ihrem Bett lag, sorgte Corrado für mächtige Aufregung.

»Jo, was hast du dieses Jahr als Urlaub geplant? Hast du schon etwas vor?«

»Nichts. Ich hatte so viel Arbeit zu bewältigen, dass ich mir noch nichts überlegen konnte. Ich müsste noch vier Wochen ungenutzten Urlaub haben, den ich nehmen könnte. Mein Chef wird ab Montag wieder ins Büro kommen. Dann will ich mir freinehmen und irgendwohin fahren.«

»Tja, weißt du … ich dachte …« Er war auf einmal zögerlich. »In der zweiten Augusthälfte macht unser Labor Betriebsferien, dann ist nur noch eine Notbesetzung in der Firma. Ich dachte, ich gehe die zwei Wochen segeln. Je nachdem, wie das Wetter ist, segle ich zu den kleinen Inseln wie Giglio und Montecristo. Wenn du nichts Besseres vorhast und dir gerade danach ist, könntest du mitkommen.«

Jo holte tief Luft und atmete langsam aus. Die Vorstellung, zwei Wochen lang mit Corrado auf einer Jacht im sonnigen Mittelmeer zu kreuzen, war geradezu märchenhaft. Doch ihre Selbstbeherrschung würde nicht auf Kurs bleiben, da war sie sich sicher. Und wenn sie ihren Urinstinkten nachgäbe und es zwischen ihnen mit bitteren Schuldzuweisungen endete, wie es wohl den vorigen Frauen in seinem Leben passiert war, dann würden die Familienbeziehungen darunter leiden. Ihre Gedanken überschlugen sich, sodass sie die Entscheidung erst mal aufschob.

»Wow, Corrado, das klingt fantastisch. Die Sache ist die, ich muss erst mal abwarten, was Ronald dazu sagt. Kannst du mir ein paar Tage Zeit lassen?«

»Natürlich. Die Betriebsferien beginnen an *Ferragosto*, das ist der fünfzehnte August. Du hast also noch zehn Tage Zeit, dich zu entscheiden. Gib mir einfach vorher Bescheid, falls möglich.« Kurz schwieg er, und dann klang er unerwartet liebevoll. »Ich würde mich wirklich freuen, wenn du mitkommst.«

Nachdem sie aufgelegt hatten, rief Jo aufgeregt ihre Freundin an. »Vic, zum Glück bist du da!«

»Hi, Jo. Was ist denn los?«

»Ich brauche deinen Rat. Ganz dringend.«

»Ist etwas Schlimmes passiert?«

»Das definitiv nicht. Eher etwas Tolles, aber das könnte zu einer Katastrophe führen, und ich weiß nicht, was ich tun soll.«

»Tante Vic ist ganz Ohr.«

Also erzählte sie und kam zuletzt auf den springenden Punkt. »Weißt du, ich mag ihn wirklich sehr. Unter anderen Umständen würde ich nicht zögern, aber es gibt so viele Haken bei der Sache. Er ist an einer dauerhaften Beziehung nun mal nicht interessiert, nur an Sex. Nun bin ich eine erwachsene Frau von dreißig Jahren und wäre ja bereit, es drauf ankommen zu lassen, obwohl ich weiß, wie er es bisherig gehandhabt hat. Jeder, sogar er selbst, hat mich gewarnt, doch alles in allem komme ich allmählich in einen Zustand, wo ich mit ihm schlafen und das Denken auf morgen verschieben würde. Aber die Folgen würden eben nicht nur mich betreffen. Wenn es zwischen uns zum Bruch kommt – und die Geschichte lehrt, dass es so kommen wird –, wirkt sich das auf meine Familienbeziehungen aus, vor allem auf die zu Angie. Sie wird ihn umbringen, wenn er mir das Herz bricht, das hat sie ihm von Anfang an gesagt.«

»Dann müsste sie schneller sein als ich. Ich würde sofort angeflogen kommen und ihm den Hals umdrehen.«

»Was soll ich jetzt tun, Vic? Bisher konnte ich das Problem zurückstellen, weil wir so weit voneinander entfernt sind. Aber zwei Wochen mit ihm auf einer Jacht, wir beide nur spärlich bekleidet ...«

»Ich sehe das Problem.« Nach kurzem Schweigen kam Victoria zu einem Urteil. »Mir scheint, die wichtigste Person in der Angelegenheit, abgesehen von dir natürlich, ist deine Schwester. Ihr steht euch sehr nahe. Du kannst ihr alles sagen. Rede mit ihr. Sprich die Sache mit ihr durch, und lass sie die Entscheidung treffen.«

»Ist das nicht schrecklich unfair ihr gegenüber?«

»In gewisser Weise, ja. Aber fällt dir eine bessere Lösung ein?«

Nachdem Victoria aufgelegt hatte, sah Jo auf die Uhr. Es war elf Uhr durch, in Rom also bereits Mitternacht, sodass sie das Gespräch mit Angie auf den nächsten Tag verschieben musste. Sie sah ihm mit einigem Bangen entgegen.

Am nächsten Tag wartete Jo bis zur Mittagspause, um mit ihrer Schwester zu telefonieren. In der Zwischenzeit rief sie Ronald zu Hause an und erkundigte sich, ob er tatsächlich am Montag wieder zu arbeiten anfangen würde. Dabei bat sie auch um zwei Wochen Urlaub. Er grummelte ein bisschen herum, konnte aber keinen handfesten Grund nennen, der dem entgegenstehen würde. Also würde sie verreisen können. Folglich blieb nur die Frage, ob sie Corrados Einladung annehmen oder ausschlagen sollte.

Kurz vor ein Uhr wählte sie Angies Nummer. Ihre Schwester sollte inzwischen mit Essen fertig sein, da es bei ihr kurz vor zwei war.

»Hallo, Angie. Hast du Zeit zu reden?«

»Absolut. Mario ist schon zum Restaurant rübergegangen, und auf die Gefahr hin, dich neidisch zu machen, ich liege unter der Pergola in der Hängematte und habe gerade einen schönen rot-schwarzen Schmetterling vorbeiflattern sehen. Ein Roter Admiral, stimmt's?«

»Schwarze Flügel mit orangeroten Bändern und weißen Flecken? Ja, das war einer. Du hast nicht zufällig auch einen meiner geliebten seltenen Großen Schillerfalter gesehen?« Ihr fiel der Grund ihres Anrufs ein, und sie kam gleich zur Sache. »Übrigens, Angie, ich muss wegen Corrado mit dir reden.«

Doch Angie wartete mit einer Überraschung auf. »Es geht um die Segeltour, ja?«

»Er hat dir davon erzählt?«

»Er war gerade eine Stunde lang hier und hat mir ein Ohr abgekaut. Vor zwanzig Minuten sind Daisy und er gefahren. Ich wollte dich später anrufen und dir alles erzählen.«

»Und was hat er gesagt?«

»Er wollte Mario und mich überreden, euch beide bei einer Segeltour um die Inseln zu begleiten. Versteh mich nicht falsch: Seine Jacht ist absolut toll, und er ist ein erfahrener Segler. Zu jeder anderen Zeit wären wir sofort dabei. Doch gerade jetzt findet im *Country Club* praktisch jeden Tag etwas statt. Da können wir unmöglich weg.«

»Also hat er euch auch eingeladen …« Jo war überrascht, aber auch angetan. Es beruhigte sie, dass er noch jemanden hatte mitnehmen wollen, damit sie beide nichts Unüberlegtes tun konnten.

»Jo, hör zu. Ich wünschte, wir könnten mitkommen, doch das geht einfach nicht. Er hat dich bereits gefragt. Also, was wirst du tun?«

»Das sollst du mir sagen, Angie.«

»Ich? Du bist jetzt dreißig. Du musst deine Entscheidungen selbst treffen.«

»Ich weiß, aber so einfach ist das nicht.« Sie brachte alle Einwände vor, die ihr seit Corrados Einladung durch den Kopf gingen. Angie unterbrach sie nicht, sondern brummte nur ab und zu etwas vor sich hin. »Da hängt noch so viel anderes dran. Das Problem ist nicht, ob er mir das Herz bricht oder nicht. Wenn es nur das wäre, würde ich das Risiko eingehen. Das Problem seid ihr, die Familie …«

Sie musste sich ein paar Augenblicke gedulden, bis ihre Schwester antwortete. »Jo, hör dir nur mal selber zu. So habe ich dich noch nie über einen Mann reden hören. Der ganze Blödsinn, den du von dir gegeben hast, dass es die Liebe gar nicht gibt und du nicht an Männern interessiert bist, hat sich in Luft aufgelöst, nicht wahr? Du bist total in Corrado verliebt.«

»Das ist nicht alles Blödsinn … aber … um ehrlich zu sein, Angie, so habe ich noch nie für einen Mann empfunden. Nicht mal in der Anfangszeit für Christian. Ich kann ehrlich sagen, wenn die familiären Komplikationen nicht wären, würde ich nicht zögern. Ja, alle haben mich gewarnt, einschließlich Corrado, und von daher weiß ich, dass es mit Tränen enden wird. Doch ich wäre bereit, es drauf ankommen zu lassen.«

»Wie so viele andere vor dir. Das weißt du auch, nicht wahr?«

»Ja.« Jo war nahe daran, den Kopf auf die Schreibtischplatte zu schlagen, aber sie atmete tief durch und riss sich zusammen. »Mit ihm segeln zu gehen ist bestimmt traumhaft schön, doch ich bin auch nur ein Mensch und mache mir keine Illusionen, wie das enden wird, wenn wir rund um die Uhr miteinander allein sind.«

Wieder entstand eine Gesprächspause, und Angie überraschte sie ein zweites Mal. »Ich finde, du solltest es wagen.«

»Wirklich? Aber warum?«

»Für dein Seelenheil. Wenn du es nicht tust, wirst du es für den Rest deines Lebens bereuen.«

»Und was passiert, wenn es schiefgeht?«

»Dann werden wir die Situation meistern. Glaub mir, das wäre kein Weltuntergang. Hier weiß doch jeder, wie Corrado ist, sogar seine Eltern. Keiner würde dir einen Vorwurf machen. Aber eines kann ich dir sagen: So wie heute Mittag habe ich ihn noch nie erlebt. Nicht nur du redest auf einmal völlig anders. Vielleicht ändert er sich gerade. Und es wird dich interessieren, was ich von Mario erfahren habe. Corrado ist seit Anfang Juli nicht mehr mit einer Frau ausgegangen, und das fällt zufällig mit deinem ersten Besuch bei uns zusammen.«

»Wow!« Noch eine Überraschung.

»Ja, allerdings. Du hättest ihn heute hören sollen. Er hat in einem fort nur über dich gesprochen. Er wünscht sich sehr, dass du mitkommst, und ich habe ihm geglaubt, als er mir – ungefähr ein halbes Dutzend Mal – versprach, dich nicht anzurühren.«

»Ich mache mir mehr Sorgen, ob ich die Finger bei mir behalten kann.«

»Wann musst du ihm Bescheid geben?«

»Spätestens Ende nächster Woche.«

»Mein Rat wäre: Lass dir Zeit, überleg es dir gut, sprich auch mit Victoria. Sie ist vernünftig. Hör dir an, was sie davon hält. Wenn du nach reiflicher Überlegung immer noch mit ihm segeln gehen willst, werden Mario und ich Verständnis haben und hoffen, dass es gut geht. Für euch beide.«

Kaum hatte Jo aufgelegt, klingelte das Handy. Ihr Herz machte einen Freudensprung, als sie sah, wer sie anrief.

»Corrado, hallo. Wie schön.«

»Hallo, Jo. Hör zu, ich habe gerade etwas überlegt. Hast du am Wochenende schon was vor?«

»Teilweise. Am Samstag nicht, aber meine Mutter organisiert für Sonntag eine Geburtstagsfeier für mich, und ich habe versprochen zu kommen, auch wenn das eine eher langweilige Angelegenheit wird.«

»Ah … okay.« Er schwieg und schien umzudenken. »Ich hatte überlegt, ob du Lust hättest, übers Wochenende nach Rom zu kommen. Wir könnten zusammen reiten und essen gehen und uns unterhalten. Aber vor allem könnte ich dir die Jacht zeigen, damit du sie schon mal kennenlernst.«

»Eine schöne Idee.« Jo überlegte fieberhaft, wie sie um das Essen mit ihren Eltern und den Nachbarn noch herumkommen könnte.

»Aber am Samstag hättest du Zeit?«

»Ja.«

»Gut, dann könnte ich doch zu dir kommen und Fotos von der Jacht mitbringen. Ich möchte dich einfach sehen. Vielleicht lässt sich das organisieren. Heute Abend melde ich mich wieder.«

Jo hoffte den ganzen Nachmittag, dass er tatsächlich nach London kommen würde. Wie hatte Victoria das genannt? Vielversprechend. Und sicher hatte sie damit recht. Die Aussicht, ihn schon in zwei Tagen wiederzusehen, versetzte Jo in freudige Erregung.

Als sie um sechs Uhr nach Hause kam, klingelte das Telefon. Es war Corrado, aber sein erster Satz brachte eine Enttäuschung.

»Hallo, Jo. Ich habe nach Flügen geschaut, doch leider findet am Samstag in Wembley ein Freundschaftsspiel Italien gegen England statt, und alle frühen Flüge von Rom sowie von Neapel nach London sind ausgebucht. Auch Freitagabend gibt es keinen Platz mehr.«

»Oh …« Das war ernüchternd.

»Aber die gute Nachricht ist, dass es am Samstagmorgen und Samstagabend in umgekehrter Richtung jede Menge freie Plätze gibt. Hättest du Lust zu mir zu kommen? Es tut mir leid, dass das für dich ein bisschen anstrengend wird, doch es wäre schön, wenn wir uns treffen könnten, und sei es auch nur für ein paar Stunden. Und natürlich würdest du das Boot sehen.«

Jo zögerte nicht. »Ich habe sogar große Lust. Ich werde meine Flüge sofort buchen.«

»Fantastisch.« Er schien sich ehrlich zu freuen. »Weißt du, ich habe gehofft, dass du Ja sagst, und auf gut Glück einen Platz für dich gebucht. Du fliegst mit British Airways um acht Uhr dreißig von Gatwick nach Fiumicino und um zwanzig Uhr zwanzig mit der letzten Maschine zurück. Dann landest du kurz vor zehn in Gatwick und bist um Mitternacht im Bett. Ist das okay? Es ist ein bisschen anstrengend, fürchte ich.«

»Nein, das ist wunderbar. Aber ich kann selbst für mich bezahlen.«

»Das weiß ich, Jo, doch du kannst nichts dafür, wenn ich dich so kurzfristig damit überfalle. Also lass mich diesmal bezahlen.«

»Das ist unfair. Du solltest nicht …«

»Lass uns am Samstag beim Essen darüber streiten, einverstanden?«

»Na gut, aber ich bezahle das Essen. Ohne Wenn und Aber.«

Er lachte. »Abgemacht. Und, Jo? Ich freue mich wirklich, dich wiederzusehen.«

»Ich auch.«

16

Als Jo gegen Mittag in Rom landete, war sie einer Panikattacke nahe. Sie war mitten in der Nacht aufgestanden, um sich in Ruhe fertig zu machen, und hatte sich dreimal umgezogen, bis sie sich für ein Kleid entschieden und die neue Unterwäsche angezogen hatte, die sie sich in Rom gekauft hatte. Während des Fluges hatte sie sich gefragt, wieso die Wahl der Unterwäsche eine Rolle spielte, wenn er die sowieso nicht zu sehen bekam …

Corrado wartete auf sie in der Ankunftshalle und wirkte beinahe so nervös wie sie. Er winkte ihr, und als sie auf ihn zutrat, gab er ihr zur Begrüßung die Hand. Jo wusste nicht so recht, ob sie enttäuscht oder erleichtert sein sollte, nachdem sie weder eine Umarmung noch einen Kuss bekommen hatte.

Sie gingen hinaus in die Gluthitze. Überraschenderweise stand der Range Rover direkt vor dem Ausgang, kaum fünfzig Schritte vom Terminal entfernt.

»Hat deine kleine Polizistin heute keinen Dienst, oder hattest du einfach nur Glück?« Sie sah Corrado lächelnd an, und er grinste.

»Nein, alles vorschriftsmäßig. Ich habe am Automaten bezahlt. Aber tatsächlich wurde gerade ein Parkplatz frei, als ich kam. Das war ein Glück. Und es ist ein Glück für mich, dich wiederzusehen.«

Sobald sie sich dem Wagen näherten, hörte Jo vertrautes Gebell und sah im Fond einen sehr aufgeregten Labrador, der sich um die eigene Achse drehte, so sehr freute er sich, sie wiederzusehen. Als Corrado die Hecktür öffnete, sprang die Hündin heraus.

Jo war diesmal gewappnet und ließ sich nicht umreißen. »Ciao, Daisy. Wie geht es dir?« Sie knuddelte die Hündin, die glücklich winselte und versuchte, ihr das Gesicht zu lecken. »Ich glaube, sie weiß noch, wer ich bin.«

Corrado grinste. »Es muss wohl Liebe sein.«

Jo überging das.

Als sie im Wagen saßen, wandte Corrado sich ihr zu und betrachtete sie in aller Ruhe. Sie spürte, dass sie rot wurde, während sein Blick an ihr hinauf- und hinunterglitt. »Du siehst absolut wunderbar aus.«

»Na, du siehst auch nicht allzu schäbig aus.«

Nein, wirklich nicht. Er trug ein hellgelbes Polohemd und sandfarbene Shorts. Sie fand ihn genauso umwerfend wie am ersten Tag, und umso mehr zweifelte sie wieder daran, ob sie allein mit ihm segeln gehen sollte. Er mochte ja konsequent bleiben und die Finger von ihr lassen. Aber konnte sie von sich dasselbe behaupten? Sie beschloss, ihn nicht wieder zu küssen wie vor ein paar Wochen, als er sie vom Bahnhof abgeholt hatte, und lieber eine Armlänge Abstand zu halten.

»Ich dachte, wir gehen abseits der Küste etwas essen. Mitte August sind die Lokale mittags am Strand überlaufen. Passt es dir, wenn wir uns von den Menschenmengen fernhalten?«

»Sehr, doch denk an unsere Abmachung. Das Essen geht auf mich.«

»Mir wäre immer noch lieber, du würdest mich bezahlen lassen, aber das ist deine Entscheidung. Wenn du es so möchtest, soll es so sein. Ich kenne ein kleines Restaurant, wo das Essen ausgezeichnet und gar nicht teuer ist.«

Während sie den Flughafen verließen und über stille Landstraßen durch die Ebene fuhren, war es auch im Wagen still. Anscheinend wussten sie beide nicht, was sie sagen sollten. Schließlich bemerkte Jo zwischen Schirmkiefern einige Ruinen aus der Antike und fragte ihn danach. Wie es sich anhörte, war er auch froh, endlich ein Thema gefunden zu haben.

»Das ist Ostia Antica. Das war in der Antike die Hafenstadt Roms.«

»Aber es liegt doch gar nicht am Meer.«

»Heutzutage nicht mehr. Der Tiber lagerte mit der Zeit immer mehr Schlamm ab, und die Mündung verlandete. Wenn wir heute mehr Zeit hätten, könnten wir die Ruinen besichtigen. Sie sind bemerkenswert gut erhalten. Man kann sich das Forum, Villen, gepflasterte Straßen und Heizungsanlagen ansehen. Eine wirklich eindrucksvolle Ausgrabungsstätte.« Er drehte den Kopf zu ihr. »Nächstes Mal.«

»Unbedingt.« Aber wann?, fragte sie sich. Vielleicht in einer Woche, wenn sie alle Vorsicht in den Wind schlug und mit ihm zusammen Urlaub machte. Und wieder wälzte sie das schwierige Problem.

Das Restaurant befand sich in einem liebevoll restaurierten alten Bauernhaus. Als sie im Schatten eines Baumes geparkt hatten und Daisy aus dem Wagen ließen, rannte ein halbes Dutzend Hühner nervös gackernd in die entgegengesetzte Richtung davon. Daisy sah ihnen interessiert nach, doch Corrado ermahnte sie rasch.

»Hühner werden nicht gejagt, Daisy. Hast du verstanden? *Lascia stare le galline!*«

Daisy kehrte den Hühnern tatsächlich brav den Rücken und trabte gehorsam an seiner Seite, als sie zu der schattigen Terrasse gingen. Etwa die Hälfte der Tische war besetzt, und kein einziger Tourist saß dort. Ein leutseliger Mann kam aus der Tür und begrüßte sie, wobei er sich die Hände an seiner weißen Schürze abwischte.

»*Signori, buongiorno.*« Er führte sie zu einem Tisch im Schatten einer hölzernen Pergola an der Seite des Hauses, die mit

Wein bewachsen war. Nach der sengenden Mittagssonne war es darunter angenehm kühl.

Was es zu essen gab, wurde ihnen mündlich mitgeteilt, aber mit ein wenig Hilfe des Besitzers bestellte Jo Meeresfrüchte als Vorspeise sowie *spaghetti alle vongole* und als Hauptgericht gebratenes Lamm mit Salbei, Rosmarin und Knoblauch. Das war viel mehr, als sie normalerweise bestellt hätte, doch sie wollte Corrado eine ordentliche Mahlzeit bieten. Er schwieg dazu, bis sie wieder allein waren.

»Das ist eine ordentliche Menge, Jo. Willst du mich mästen, damit ich bei der Hochzeit nicht in meinen Anzug passe?«

Jo lächelte, weil er sie mit ihren eigenen Worten aufzog.

Sie unterhielten sich übers Radfahren und über Schmetterlinge, die Erderwärmung und Blutuntersuchungen, aber keiner von ihnen streifte das Thema »Segeltour«. Das Essen war köstlich, und Jo staunte über sich selbst, denn sie verzehrte alle Meeresfrüchte, den Großteil der Spaghetti und fast die Hälfte des Lammfleischs. Sie hatte sogar noch Platz für ein Zitronensorbet.

Da Corrado fuhr, trank er nur wenig Wein, und sie beschränkte sich auf anderthalb Gläser, obwohl der Rosé ausgezeichnet war. Sie musste ihren Verstand beisammenhalten, oder genauer gesagt, ihre Selbstbeherrschung durfte nicht nachlassen. Sie brauchte erst in fünf Stunden wieder am Flughafen zu sein, und in der Zeit konnte viel passieren.

Als sie sich jeder bei einem Espresso am Ende des Mahls zurücklehnten, kamen sie doch noch aufs Segeln zu sprechen.

»Wenn wir mehr Zeit hätten, könnten wir jetzt schon ein Stück segeln, aber vielleicht hast du Lust, dir den Jachthafen anzusehen. Dann kann ich dir die *Ippona* schon mal zeigen.«

»So heißt deine Jacht?«

»Ja. Ippona war die römische Göttin der Pferde. Bei euch

heißt sie Epona und war ursprünglich eine keltische Fruchtbarkeitsgöttin. Wegen meiner Liebe zu Pferden fand ich den Namen passend.«

»Deine Jacht ist also ein Meerespferd?«

»Meine Jacht ist die Göttin selbst. Sie ist sehr schön.« Er warf ihr einen raschen Blick zu. »Fast so schön wie du, Jo.«

»Ich habe es schon mal gesagt und sage es wieder: Komplimente kannst du dir sparen.«

Er grinste. »Also gut, dann ist sie genauso schön wie du. Zufrieden?«

Jo grinste zurück. »Jetzt will ich sie definitiv sehen. Lass mich nur rasch bezahlen, dann brechen wir auf.«

Im Jachthafen lagen Hunderte Boote, vom Schlauchboot bis zum Millionärsspielzeug mit zwei oder drei Decks.

»Welches gehört dir? Ich habe die Fotos nur vage in Erinnerung. Es hat einen Mast, nicht wahr?

»Richtig. Sie ist ein Katamaran. Das heißt, sie hat zwei Rümpfe. Da drüben liegt sie.«

»Entschuldige. Ich habe nicht daran gedacht, dass ihr Seeleute eure Schiffe wie Frauen betrachtet.«

»Und ich habe die *Ippona* besser behandelt als viele Frauen.« Er sah sie von der Seite an. »Verzeih, Jo. Ich sollte meine zweifelhafte Vergangenheit außen vor lassen.«

Vergangenheit? Das klang ermutigend, doch sie hielt sich mit dem Gedanken nicht auf. »Wie fühlt sich Daisy auf einem Boot? Nimmst du sie mit, wenn du segelst?«

»Ich hatte die Jacht schon ein halbes Jahr, bevor ich Daisy bekam. Sie war von klein auf beim Segeln dabei. Sie liebt das. Und natürlich das viele Wasser. Du weißt ja, wie Labradore sind.« Sie kamen bei der Jacht an. »Willkommen an Bord der *Ippona*, Jo. Eine Göttin empfängt ihresgleichen.«

Jo trug flache Schuhe, doch sie zog sie aus genau wie Corrado, bevor sie dem Hund über den Steg an Bord folgte. Sie blieb stehen und sah sich um. Es war atemberaubend. Sie hatte ein enges Cockpit und hölzerne Luken erwartet, durch die man unter Deck gelangte. Das offene Cockpit hatte jedoch die Größe eines Zimmers und wurde durch ein Sonnenverdeck vor Wind und Wetter geschützt, und da gab es auch einen Tisch, an den etliche Leute passten. Seitlich darüber befanden sich das Steuerrad und viele Messinstrumente und Anzeigen.

Eine Glasschiebetür führte ins Innere. Als Corrado aufschloss, folgte sie ihm hinein und stand in einem großen Salon mit Panoramablick, einem Esstisch mit hufeisenförmiger Polsterbank und einer Sitzecke mit zwei Sofas. Die Küche war ultramodern und der Raum insgesamt hell und luftig. Ganz anders als die Boote, die sie kannte.

»Wenn ich dich herumführe, zeige ich dir auch gleich die Kabinen. Es gibt zwei kleinere im Backbordrumpf, also links, und eine große im Steuerbordrumpf. Alle haben eine eigene Nasszelle mit Dusche und Schiffstoilette.«

»Wow!« Auch das hatte sie nicht erwartet.

»Wenn du nächstes Wochenende mitkommst, schläfst du in der großen Kabine, Daisy und ich nehmen gern eine der anderen. Komm, sieh sie dir an.«

Sie folgte ihm eine steile Treppe hinunter in einen langen, schmalen Raum mit voller Stehhöhe und schmalen Fenstern in Schulterhöhe. Er war im gleichen Stil eingerichtet wie ihr Hotel beim Tagungszentrum und auf luxuriöse Art bequem und makellos sauber. Am einen Ende war ein großes Doppelbett eingebaut, davor stand Daisys Schlafkorb. Am anderen Ende führte eine Tür in ein schönes Bad. Alles war unerwartet geräumig und von bester Qualität.

»Was hältst du davon?« Er klang unsicher.

»Bildschön.« Sie drehte sich zu ihm um, nachdem sie sich

das Bad angesehen hatte. »Wirklich bildschön. Darf ich die anderen Kabinen bitte auch sehen?«

Sie stiegen in den Salon hinauf und die Treppe in den anderen Rumpf hinunter. Die Kabinen dort waren genauso luxuriös ausgestattet. Nachdem Jo sich alles angesehen hatte, gingen sie wieder hinauf und durch die Glastür nach draußen auf ein Sonnendeck, wo sich der Labrador zufrieden ausgestreckt hatte. Corrado setzte sich auf eine Polsterbank und bot ihr einen Platz gegenüber an.

»Setz dich, Jo. Und jetzt sag mir ehrlich, wie die *Ippona* dir gefällt.«

Als sie Platz genommen hatte, sah sie, dass gute drei Meter zwischen ihnen lagen. Man konnte wirklich nicht behaupten, dass er ihr zu nahe kam.

»Wie ich eben schon sagte: Die Jacht ist bildschön. Aber eines möchte ich gleich mal klarstellen, und wenn du damit nicht einverstanden bist, fahre ich nicht mit.«

Das machte ihn sichtlich beklommen, und deshalb beeilte sie sich, ihn aufzuklären.

»Wenn ich wirklich mitkommen soll, dann weigere ich mich, dich und Daisy aus der großen Kabine zu vertreiben. Ich werde mich auch in einer der kleinen sehr wohlfühlen. Auf gar keinen Fall werde ich in deiner Kabine schlafen.« Dabei musste sie ihren ganzen Willen aufbieten, um ein Bild zurückzudrängen, das ihr Unterbewusstsein hervorbrachte: sie beide nackt aufeinander in dem großen Doppelbett. Sie lächelte ihn an. »Diese beiden Bedingungen sind nicht verhandelbar. Akzeptiere sie, oder lass es.«

»Du bist ein knallharter Verhandlungsgegner.« Er grinste anerkennend. »Dabei hatte ich schon alles geplant. Daisy sollte im Salon schlafen und uns beide bewachen. Es soll dir an nichts fehlen.«

»Und ich bin dir sehr dankbar, Corrado, doch das ist nicht nötig. Du bleibst in deiner Kabine. Ich werde zufrieden sein. Also, abgemacht?«

Er kam zu ihr und besiegelte das mit einem Handschlag. Neben ihr war genug Platz, damit er sich zu ihr setzen konnte, doch er blieb stehen und kehrte nach ein paar Augenblicken auf seine Seite zurück.

»Abgemacht. Jetzt brauchst du nur noch zu entscheiden, ob du mitkommst.«

Bei einer Tasse Tee plauderten sie eine Stunde lang. Daisy lag zu ihren Füßen auf dem Holzboden und zuckte im Schlaf mit den Läufen, wenn sie im Traum einer Beute nachjagte. Die Sofas standen rechtwinklig zueinander, und Jo saß auf dem einen, Corrado in sicherem Abstand auf dem anderen. Es war klar, dass er entweder nichts von ihr wollte oder entschlossen demonstrierte, dass er auf dem Boot durchaus mit ihr zusammen sein konnte, ohne sie anzufassen. Was Jo anging, so war sie sich nicht sicher, wie lange das auch für sie gälte.

Ein wenig später gingen sie aufs Sonnendeck, um sich auf den Liegen zu entspannen, und Jo bedauerte kurz, dass sie ihren neuen Bikini nicht mitgenommen hatte, denn Corrado zog sich das Hemd aus. Doch es ist vielleicht besser, das Kleid anzubehalten, dachte sie, als sie sich auf das weiche Polster legte, das er hervorgeholt hatte. Er legte sich ein gutes Stück entfernt auf die andere Liege, und Daisy postierte sich in der Mitte im Schatten an der Salontür.

Jo schloss die Augen, und vermutlich kam es von dem frühen Aufstehen und dem Wein zum Mittagessen, nun, jedenfalls döste sie ein.

Sie wachte auf, weil sie eine warme Berührung am Bein spürte. Ein leichter Wind wehte, und ihr Rocksaum war ein Stück hochgerutscht. Das Gefühl der warmen Haut auf ihrem nackten Oberschenkel war beglückend und erregend. Im Nu war sie hellwach, ließ die Augen aber geschlossen und wartete ab, was als Nächstes passieren würde.

Ganz kurz spürte sie eine Zunge an ihrem Knie, und zugleich wurde sie von Haaren gekitzelt. Erst als sie schlabbernd beleckt wurde, verstand sie. Sie öffnete die Augen und blickte in Daisys große braune Hundeaugen. Als die Hündin sah, dass sie wach war, verließ sie ihren Platz neben Jos Beinen und kam nach oben zu Jos Oberkörper, um ihr eine Pfote auf die Schulter zu legen.

Jo durchlebte gemischte Gefühle. Von der liebevollen Hündin derart beachtet zu werden löste in ihr das schöne Gefühl aus dazuzugehören. Doch sosehr sie den Labrador liebte, sie war ein wenig enttäuscht. »Hallo, Daisy. Hast du auch ein kleines Nickerchen gemacht?« Sie kraulte ihr die Ohren.

»So klein war es gar nicht, Jo. Du hast eine ganze Stunde geschlafen.«

Jo stemmte sich auf einen Ellbogen, zog sich den Rocksaum herunter und sah zu der anderen Liege. Corrado hatte sich das Hemd wieder angezogen und saß auf der Bank am anderen Ende des Sonnendecks.

»Ob du es glaubst oder nicht, es ist halb fünf durch. In einer knappen Stunde müssen wir zum Flughafen fahren, sonst verpasst du deinen Flug. Und wenn ich nicht dafür sorge, dass deine Mutter dich morgen zurückhat, bekommt sie einen schlechten Eindruck von mir.«

»Ach, Corrado, das tut mir leid. Ich habe unseren Nachmittag vergeudet. Wir hätten uns über so vieles austauschen können.«

»Mach dir keine Gedanken. Ich habe gesehen, wie müde du warst. Du hast im Schlaf sehr friedlich ausgesehen.«

Jo stand auf und setzte sich auf die Bank gegenüber. Sie

wusste, das war der Moment, um eine Entscheidung zu fällen. Und auch der Moment, um ein paar Dinge klarzustellen.

»Corrado, ich habe viel über dein nettes Angebot nachgedacht.« Er setzte sich aufrechter hin. »Ich mag dich sehr, und hoffentlich täusche ich mich nicht, aber ich habe den Eindruck, dass du mich auch magst. Sag es freiheraus: Glaubst du, wir können zwei ganze Wochen zusammen verbringen, ohne dass wir etwas miteinander anfangen? Bisher warst du sehr ehrlich zu mir und hast gesagt, dass du an einer festen Beziehung nicht interessiert bist. Ich will auch ehrlich zu dir sein: Ich habe kein Interesse an einer vorübergehenden Affäre, wie verlockend sie auch sein mag. Ich bin jetzt dreißig und weiß, dass ich mehr brauche als das. Außerdem will ich das Verhältnis zu Mario und Angie nicht belasten. Meinst du, wir schaffen es, nur Freunde zu bleiben?«

Einen Moment lang schwieg er und senkte den Blick. »Ich habe auch viel nachgedacht und glaube, wir schaffen das. Mir sind deine Grundsätze völlig klar, und ich wünschte wirklich, ich könnte dir sagen, dass ich eine feste Beziehung möchte, doch das kann ich nicht. Ich will nicht behaupten, was nicht stimmt. Aber als dein Freund weiß ich, dass wir zusammen schöne Ferien haben werden.« Er blickte auf und lächelte sie an. »Ich muss nur so tun, als wärst du ein Mann.«

Zufrieden traf Jo ihre Entscheidung. »Wenn das so ist, Captain, betrachte mich als deinen Ersten Offizier. Wir machen zusammen Ferien.«

Mit glücklichem Gesicht beugte er sich über den Tisch und streckte ihr die Hand hin. »Das ist grandios! Ich freue mich darauf.«

»Ich auch.«

»Da ich nun weiß, dass du kommst, werde ich nächste Woche einen Tag nach Porto Ercole segeln. Dann können wir von dort aus starten. Der Küstenstreifen ist unberührt, nur Felsen und Steine, kleine versteckte Buchten und das klarste und blaueste Wasser, das du je gesehen hast.«

Das hörte sich fantastisch an. Jo musste ihn jedoch warnen. »Ich bin bisher nur mal in einer kleinen Jolle mitgefahren und tauge nicht zum Ersten Offizier, nicht mal zum Zweiten oder Zehnten. Du wirst mir alles zeigen müssen. Ich hoffe, das nervt dich nicht zu sehr. Nicht, dass du mich am Ende über die Planke schickst.«

»Keine Sorge. Die *Ippona* ist zwar groß, doch ich kann sie auch ganz allein segeln. Segel und Ankerwinde werden elektrisch bedient, und es gibt viele elektronische Extras, die die Handhabung erleichtern. Wir werden zurechtkommen.«

»Tja, dann freue ich mich riesig. Ich kann es kaum erwarten, Captain.

»Da geht es dir wie mir, Eins-O.«

17

Am Sonntagmorgen wurde Jo erst um neun Uhr wach. Ihr Flugzeug war in Rom mit Verspätung gestartet, und sie war erst gegen Mitternacht ins Bett gekommen, aber sie hatte geschlafen wie ein Stein. Im warmen Licht der Augustsonne, die durch die Vorhänge ins Zimmer schien, dachte sie über den gestrigen Tag nach. Er war wunderbar gewesen, und sie mochte Corrado immer mehr. Nachdem sie sich also entschieden hatte, konnte sie nur hoffen, dass sie tatsächlich einen schönen Urlaub verleben würden und mehr nicht.

Sie duschte, zog sich an und setzte Wasser auf. Während sie darauf wartete, dass es zu kochen begann, checkte sie ihre E-Mails. Eine war darunter, die sofort ihre Aufmerksamkeit erregte. Sie war an Dr. Joanne Green adressiert und kam von Professor Dietrich bei der UNO. Sie las sie dreimal sorgfältig durch. Nach einem einleitenden Absatz, in dem die Wissenschaftlerin Jos Auftritt bei der Tagung und im Fernsehen lobte und erwähnte, dass sie mit Ricky über sie gesprochen hatte, kam die eigentliche Sensation.

Ihren Lebenslauf finde ich sehr interessant, besonders das Thema Ihrer Dissertation. Naturschutz und Klimawandel haben bei der UNO gegenwärtig höchste Priorität und können im Lauf der kommenden Jahre nur noch mehr Bedeutung erlangen.
Mir ist zugefallen, ein Team internationaler Fachleute zusammenzustellen und mit einer Aufgabe zu betrauen, die nicht nur für die verschiedenen Länder unerlässlich ist, sondern auch für den Erhalt unseres Planeten. Es würde mich überaus freuen, wenn Sie bereit

wären, sich uns anzuschließen. Zu Ihrer Information hänge *ich ein PDF-Dokument an, dem Sie unsere Leitlinien, Arbeitsbedingungen, Gehalt und Weiteres entnehmen können. Bitte nehmen Sie sich Zeit für die Entscheidung.*
In ein paar Tagen reise ich nach Österreich, um Urlaub zu machen, und werde Anfang September bei meinem Rückflug in die Staaten in London einen Zwischenstopp einlegen. Wenn Sie an meinem Angebot interessiert sind oder Näheres erfahren möchten, würde ich mich freuen, Sie dann wiederzusehen.

Am Ende bat Professor Dietrich sie noch einmal, ernsthaft darüber nachzudenken, denn sie sei sicher ein großer Gewinn für das Team.

Jo war sprachlos. Sie las auch das PDF mit dem vielen Kleingedruckten und war noch mehr entgeistert. Sie würde dort schon zu Anfang doppelt so viel verdienen wie jetzt, und außerdem stünde ihr eine beträchtliche Pension zu, Krankenversicherung und ein großzügiger Umzugszuschuss. Sie las mit großen Augen. Das Angebot war überwältigend.

Mit den Gedanken bei der E-Mail goss Jo sich Tee auf und setzte sich damit hin, um ihn in Ruhe zu trinken und darüber nachzudenken, welche Folgen sich aus dem Angebot ergaben. Für ihre berufliche Laufbahn wäre der Job ein steiler Karriereschritt. Damit stiege sie in die Reihen der international bekannten Wissenschaftler auf, die auf diesem Gebiet arbeiteten. Sie musste grinsen bei dem Gedanken, wie Ronald die Neuigkeit aufnähme, wenn sie ihm mitteilte, dass sie das Angebot angenommen hatte. Und sie musste es annehmen, daran gab es für sie keinen Zweifel. Abgesehen von der Bedeutung für ihre Karriere und ihre Finanzen eröffnete sich ihr die Möglichkeit, für die Zukunft des Planeten einen direkten Beitrag zu leisten, und mehr konnte sich kein Wissenschaftler wünschen.

Keine Frage, sie würde ein anderes Leben führen. Nach New York zu ziehen hieß, ihre Eltern, ihre Schwester, Victoria und alle Freunde zurückzulassen, und somit natürlich auch Corrado. Diese Entwicklung bestärkte sie nur in ihrem Entschluss, in den gemeinsamen Ferien Abstand zu wahren. Sich in ihn zu verlieben – und das lag nur allzu nahe – würde unweigerlich in einer Tragödie enden, entweder beruflich oder emotional. Oder beides.

Jo wälzte diese Gedanken noch, als sie schon im Zug nach Oxford saß. Sie merkte kaum, dass die Vororte Londons am Fenster vorbeizogen, schließlich die ersten Felder und Gehölze. Als sie am Bahnhof die Schranke durchquerte und ihre Mutter in den Arm nahm, war sie mit ihren Überlegungen kein Stückchen weiter. Sie war sogar ziemlich aufgewühlt.

Ihre Mutter bemerkte das sofort, und als sie nebeneinander im Auto saßen, machte sie keine Anstalten, den Motor anzulassen. Stattdessen nahm sie Jos Hand. »Was hast du, Joanne? Ist etwas vorgefallen?«

Jo bemühte sich, aus dem Gedankendickicht herauszufinden. Sie drehte den Kopf zu ihrer Mutter und lächelte sie an. »Nein, Mum, nichts Schlimmes. Ich habe nur ein tolles Jobangebot bekommen.«

Ihre Mutter strahlte. »Das ist ja wunderbar! Erzähl mir davon.«

Das tat sie und verfolgte dabei das Mienenspiel ihrer Mutter. Die war verblüfft, dann überaus erfreut und schließlich bestürzt, als ihr dämmerte, dass ihre Älteste fünftausend Kilometer von ihr entfernt leben würde. Jo wartete auf ihre Reaktion. Die ließ ein, zwei Minuten auf sich warten und war eine ziemliche Überraschung.

»Du musst die Stelle annehmen.«

»Meinst du wirklich?«

»Selbstverständlich. Das ist eine einmalige Gelegenheit für dich. Du bist doch sicher begeistert.«

»Aber was ist mit dir und Dad?«

»Liebes, wir werden zurechtkommen.« Ihre Mutter drückte ihre Hand, um das zu unterstreichen. »Da dein Vater jetzt wieder mobil ist, werden wir dich in New York besuchen können. Wir waren noch nie in Amerika, und alle sagen, was für ein beeindruckendes Land das ist.«

Jo sah ihr an, dass sie die Tapfere spielte, und liebte sie dafür. Sie beugte sich zu ihr und drückte sie. »Und ich komme euch besuchen, wann immer es geht. In der E-Mail stand auch, dass ich in dem Job viel reisen muss. Bestimmt fliege ich oft nach Europa.« Und hoffentlich auch nach Rom, dachte sie.

Der Nachmittag mit den Nachbarn war doch unterhaltsamer als gedacht. Natürlich musste Jo vor der versammelten Schar von ihren Erlebnissen in Rom berichten, aber sie verlor wohlweislich kein Wort über Corrado. Erst am frühen Abend, als sich alle verabschiedet hatten, eröffnete sie ihren Eltern, dass sie am kommenden Wochenende nach Rom fliegen und zwei Wochen mit Corrado allein über das Mittelmeer segeln würde.

Ihre Mutter machte sich sofort Sorgen, ihr Vater beneidete sie, und vielleicht war er auch ein wenig besorgt, jedoch mehr wegen des seemännischen als wegen des romantischen Aspekts der Reise.

»Wie schön, Joanne. Aber er ist doch ein erfahrener Segler, oder?«

Nach allem, was Corrado gesagt hatte, konnte sie ihren Vater beruhigen. »Er hat die Jacht seit fünf Jahren und hat sowohl hier als auch in Italien einen Yachtmaster-Schein gemacht – oder wie immer das heißt.«

Ihr Vater kannte die Anforderungen für den Sportbootführerschein und schaute anerkennend. Ihre Mutter dagegen war eher beunruhigt, weil Jo mit einem bekannten Schürzenjäger allein sein würde.

»Hältst du das wirklich für eine gute Idee, Joanne? Hast du keine Befürchtungen, dass er … du weißt schon …?«

»Nein, ehrlich nicht, Mum.« Sie versicherte ihr, dass Corrado sich am vergangenen Tag vorbildlich benommen habe und sie wirklich nicht befürchten müsse, er könnte auf offener See zudringlich werden. Dass eher ihr eigenes Verhalten das Problem sein könnte, behielt sie für sich. Es hatte keinen Sinn, sich etwas vorzumachen: Sie fand Corrado ungemein anziehend, und dass er bereit war, sein gewohntes Verhalten zugunsten ihrer Freundschaft aufzugeben, machte ihn für Jo noch anziehender. Doch das brauchte ihre Mutter nicht zu wissen, und daher beteuerte sie noch einmal, dass sie nur als Freunde zusammen Urlaub machten.

Ihre Mutter nickte zwar, konnte sich aber eine abschließende Mahnung nicht verkneifen. »Du wirst ganz bestimmt einige sehr romantische Plätze sehen, Joanne. Tu nichts, was du später bereuen könntest. Und denk vor allem an Angela und Mario. Du möchtest ihnen doch nichts verderben, nicht wahr?«

»Nein, Mum, ich werde mich in Acht nehmen. Das verspreche ich.« Kurz wurde sie unvorsichtig. »Außerdem, welchen Zweck hätte es, sich mit ihm einzulassen, wenn ich in ein oder zwei Monaten nach Amerika übersiedle?« Und das war das Dilemma. Jetzt war es noch wichtiger, sich auf keinen Fall in ihn zu verlieben, denn sonst würde sie weit von zu Hause entfernt an Liebeskummer leiden. Sie würde ihn ja auch so wahnsinnig vermissen.

»Also nimmst du den Job an?«

Jo holte tief Luft. »Ja, ich denke schon. Ich werde Professor Dietrich heute Abend antworten und schreiben, dass ich sehr interessiert bin.«

In der folgenden Woche bereitete sich Jo auf den Segelurlaub vor, und abends telefonierte sie mit Corrado. Auf seinen Rat hin kaufte sie sich einen wasserdichten Anorak, Bootsschuhe und eine Baseballmütze, die zufällig das Logo der britischen Seenotretter hatte. Hoffentlich forderte sie ihr Schicksal damit nicht heraus! Außerdem investierte sie in zwei Paar Shorts, einen weiteren Bikini – einen preiswerten – und in den Besuch eines Schönheitssalons. Jo kaufte Sonnencreme und eine neue Sonnenbrille und lackierte sich zum ersten Mal seit Langem die Fußnägel. Da sie die meiste Zeit barfuß laufen würde, sollte sie ihren Zehen ein wenig Farbe verleihen.

Am Donnerstagabend ging sie mit Victoria und George nach dem Italienischkurs in den Pub und erzählte, dass sie in zwei Tagen aufbrechen würde. Danach berichtete sie von dem Jobangebot. George äußerte sich wie immer positiv, Victoria dagegen legte sofort den Finger in die Wunde.

»Das heißt dann wohl: ›*Arrivederci*, Freunde!‹ Nicht nur hier, sondern auch zu denen in Rom.«

Jo sah sie an. »Jep, das stimmt, aber ›*arrivederci*‹ heißt ›auf Wiedersehen‹, nicht ›auf Nimmerwiedersehen‹. Und das gilt sowohl für euch als auch für alle in Italien.«

»Alle in Italien? Ganz sicher?« Victoria lächelte sie an. »In gewisser Weise macht das die Dinge für dich einfacher.«

»Tatsächlich?«

»Na ja, du wirst zwei Wochen lang um Inseln im Mittelmeer herumsegeln nur mit ein paar Streifen Stoff am Leib und allein mit einem absolut begehrenswerten Mann, der auch nicht viel anziehen wird – entschuldige, George, keiner ist so begehrenswert wie du. Aber wenn dich deine Selbstbeherrschung im Stich lässt, Jo, und du mit Corrado im Bett landest, wird die Verlegenheit wenigstens nur ein paar Wochen dauern, und dann schützt ihn der Atlantik vor dir.«

»So weit hast du recht.« Jo lächelte sie an. »Mir macht viel mehr Sorgen, dass ich ihn wirklich sehr mag. Ich fürchte, es braucht nicht viel, damit ich mich Hals über Kopf in ihn verliebe – obwohl er an so was gar nicht glaubt.«

»Und würde dich das davon abhalten, nach New York zu gehen?«

Jo schüttelte den Kopf, doch wie sehr sie wirklich davon überzeugt war, wollte sie gerade nicht so genau wissen. »Nein, ich muss den Job annehmen. Alles andere wäre unvernünftig.«

»Und wann musst du dich endgültig entscheiden?«

»Ich habe schon geantwortet, dass ich sehr interessiert bin, und treffe mich in London drei Tage nach meiner Rückkehr aus Italien mit Professor Dietrich. Dann wird es also ernst.«

»Na ja, bis dahin weißt du, was Sache ist, nicht wahr?«

18

Jo packte alles in eine große Reisetasche und fuhr damit am Samstagmorgen zum London Luton Airport. Sie freute sich auf den Urlaub mit Corrado, war aber auch ein wenig beklommen. Sie gab die Reisetasche auf, passierte die Sicherheitskontrolle und setzte sich auf eine Tasse Tee und ein Croissant in ein Café. Jo kaufte sich eine Zeitung, las aber kaum darin, weil ihre Gedanken ständig abschweiften. Erst als sie ihren Mitreisenden in die Abflughalle folgte, tauchte sie aus ihrer Versunkenheit auf und erlebte eine unangenehme Überraschung.

In der Schlange vor ihr – etwa zwanzig Leute standen zwischen ihnen – entdeckte sie einen Bekannten. Als er den Kopf zur Seite drehte, sah sie sich bestätigt. Markus. Er schien sie noch nicht bemerkt zu haben. Darum duckte sie sich hinter dem korpulenten Ehepaar, das vor ihr stand, und überlegte, wie sie sich weiter verhalten sollte. Auf jeden Fall musste sie George anrufen. Seine Visitenkarte musste irgendwo in der Handtasche sein. Sie kramte, bis sie sie gefunden hatte, und verließ die Warteschlange, um sich aus dem Blickfeld zu entfernen. In einer stillen Ecke, die von ihrem Gate aus nicht zu sehen war, wählte sie die Nummer auf dem Kärtchen und wartete. Nach zweimaligem Freizeichen meldete sich eine Frau.

»Ja, hallo.«

»Ich muss mit George …« Sie blickte noch mal auf das Kärtchen. »… George Wilson sprechen. Er hat mir diese Nummer gegeben. Es ist sehr dringend.«

»Bleiben Sie bitte am Apparat.«

Augenblicke später meldete er sich. Seine Stimme klang, als spräche er über Mobilfunk.

»George Wilson.«

»George, hier ist Jo. Ich bin im Luton Airport und habe gerade Markus gesehen. Er fliegt nach Rom, mit derselben Maschine wie ich.«

»Das ist großartig, Jo. Vielen Dank. Welche Flugnummer?«

Sie nannte sie ihm und wartete.

»Gut, Jo, hör zu. Wir haben vor ein paar Tagen erfahren, dass er sich in Kürze mit seinen Bossen treffen will, und überwachen Heathrow und Gatwick. Unser Personal ist leider knapp. Keiner meiner Kollegen kann rechtzeitig dort sein und noch ins Flugzeug steigen. Ich gebe die Information an meine Kollegen in Rom weiter. Die werden ihn dort erwarten und observieren.«

»Gut. Kann ich sonst noch etwas tun? Er wird mich sehr wahrscheinlich sehen, wenn ich ins Flugzeug steige.«

»Ich überlege … Als du ihn mit deinem amerikanischen Freund verscheucht hast, hast du ihn Markus als deinen Neuen vorgestellt?«

Jo musste nachdenken. »Nein, ich glaube nicht. Ich habe nur gesagt, dass er gerade aus Amerika gekommen ist.«

»Also könntest du ihn noch als Bekannten oder Cousin hinstellen?«

»Ja, warum? Soll ich so tun, als wäre ich an Markus noch interessiert?«

»Du darfst auf keinen Fall ein Risiko eingehen. Er selbst ist keine Bedrohung, seine italienischen Kontaktleute hingegen schon. Wenn er dich anspricht, sei einfach freundlich, und wenn nötig, stellst du den Amerikaner als deinen Cousin hin, um Markus bei Laune zu halten. Aber geh unter keinen Umständen allein mit ihm irgendwohin, hörst du?«

»Natürlich. Corrado holt mich in Rom ab.«

»Gut. Tu mir noch einen Gefallen, ja? Schick eine SMS an diese Nummer, sobald du durch die Passkontrolle bist. Okay? Schreib bloß meinen Namen, das genügt.«

»Gut, mach ich.«

»Und, Jo? Ich meine es ernst. Halte dich von ihm und seinen Kontaktleuten fern, sobald du in Rom angekommen bist. Das sind ganz üble Leute.«

Jo legte auf und ging zurück zu ihrem Gate. Zum Glück stand Markus jetzt viel weiter vorn in der Speedy-Boarding-Schlange, die sich bereits auf die Tür zubewegte. Sie zeigte ihren Boarding-Pass vor und verbarg sich zwischen den übrigen Passagieren, bis sie ebenfalls nach draußen aufs Flugfeld durften. Ihr Sitzplatz befand sich im hinteren Teil des Flugzeugs. Sie stieg also hinten ein und gelangte zu ihrem Platz, ohne Markus zu sehen, der vermutlich weit vorne saß.

Sie erlebte einen ruhigen Flug bei fast wolkenlosem Himmel und konnte sich entspannen, da sie sicher war, dass Markus sie nicht bemerkt hatte und sie ihm wahrscheinlich auch nach der Landung nicht über den Weg laufen würde. In Rom angekommen, verließ sie das Flugzeug mit den anderen Passagieren durch die vordere Tür, also fast als Letzte. Doch als sie die Fluggastbrücke entlangging, wäre sie fast über Markus gestolpert, da er zur Seite getreten war und gebückt in seiner Tasche kramte. Er richtete sich auf und machte große Augen. Sie gab sich Mühe, genauso überrascht zu wirken.

»Markus, hallo. Warst du auch in dem Flieger von London?«

»Jo, wie schön, dich zu sehen. Ja, ich werde übers Wochenende hier sein. Also haben wir in derselben Maschine gesessen!« Er zögerte. »Triffst du dich hier mit deinem amerikanischen Freund?«

»Du meinst Ricky? Den baumlangen Kerl, meinen Cousin?

Der ist wieder in den Staaten. Er war gerade auf der Durchreise, und wir hatten uns lange nicht gesehen.«

In seinen Augen leuchtete ein neu erwachtes Interesse auf. Als sie sich abwandte und weitergehen wollte, fasste er sie am Arm und ging neben ihr her. »Wunderbar. Ich war erpicht darauf, dich wiederzusehen und mich bei dir zu entschuldigen, falls ich seinerzeit in London den falschen Eindruck erweckt habe.«

Den falschen Eindruck? Jo behielt das freundliche Lächeln bei, aber nur mit Mühe. »Schnee von gestern, Markus. Nichts passiert.«

»Ich überlege, ob du Lust hättest, dich in Rom mit mir zu treffen.« Kurz dachte er konzentriert nach. »Ich fürchte, ich muss jetzt gleich zu einer Besprechung, aber heute Abend müsste ich Zeit haben. Wollen wir zusammen essen gehen?«

»Nette Idee. Ich muss nur nachhören, was meine Schwester geplant hat. Ich besuche sie nämlich. Mein Schwager steht sicher draußen, um mich abzuholen. Kann ich dich anrufen? Ich habe ja deine Nummer.«

»Äh, nein, die ist nicht mehr gültig. Ich habe ein neues Handy.«

Er holte eins hervor, das gar nicht neu aussah, und diktierte ihr die Nummer. Sie fragte sich, ob er regelmäßig die SIM-Karte wechselte, um Leute wie George abzuhängen. Sie hatte die Nummer gerade ihren Kontakten hinzugefügt, als sein Handy klingelte. Er schaute aufs Display.

»Entschuldige, Jo. Da muss ich rangehen. Ruf mich an, okay?«

Jo war froh, von ihm wegzukommen, und eilte weiter zur Passkontrolle, wo sich lange Schlangen gebildet hatten. Ungeduldig wartete sie, bis sie an der Reihe war, und begab sich zum Gepäckband. Das stand noch still. Sie hatte also Zeit für die SMS an George.

George Wilson. Markus hat eine neue Handynummer. Er wird den Flughafen jeden Moment verlassen. Jo

Sie schrieb die neue Nummer dazu und hoffte, dass sie George nützte.

Zehn Minuten später setzte sich das Gepäckband in Bewegung, und sie bekam ihre Reisetasche zurück. Jo schaute immer wieder über die Schulter, ob Markus zu sehen war, aber vermutlich war er nur mit Handgepäck gereist und stieg bereits in ein Taxi.

Sie war froh, als die Schiebetür aufglitt und sie Corrado draußen warten sah. Er eilte ihr entgegen, und es schien, als wollte er sie umarmen, doch im letzten Moment nahm er die Arme herunter und gab ihr bloß die Hand.

»Hallo, Jo, schön, dich zu sehen!« Er betrachtete sie näher. »Alles gut?«

»Ja, danke. Und ich freue mich auch.« Das meinte sie ganz ehrlich.

Er nahm ihr die schwere Tasche ab und hängte sie sich über die Schulter. »Der Wagen steht diesmal etwas weiter weg. Wir haben fünf Minuten zu laufen.«

Sie verließen die klimatisierte Halle und begaben sich in die Nachmittagshitze hinaus. Corrado ging mit ihr am Terminal entlang zum Parkplatz. Als sie an den Autoreihen vorbeiliefen, passierte etwas Unerwartetes. Direkt vor ihnen setzte ein großer silberfarbener Van mit getönten Scheiben rückwärts aus der Parkbucht und fuhr sie beinahe an. Sie sprangen zur Seite, und Jo hörte Corrado leise fluchen. Als das Fahrzeug neben ihnen bremste, weil der Fahrer in den Vorwärtsgang wechselte, schwang die hintere Beifahrertür auf, und Jo sah überrascht, dass Markus stark zur Seite gebeugt verzweifelt nach dem Türgriff langte. Es sah aus, als versuchte er zu entkommen.

Jo und Corrado blieben abrupt stehen und sahen mit an, wie ein behaarter Unterarm ihn hinten am Kragen packte und zurückzerrte. Dabei begegnete sie Markus' Blick und erkannte nackte Angst in seinen Augen. Während sie mit Corrado noch erschrocken dastand, erschien ein schlankerer Arm in der Tür, und in der manikürten Hand sah sie eine Pistole. Es dauerte einen Moment, bis Jo begriff, dass die Mündung auf sie zielte. Sie konnte sich vor Angst nicht rühren.

»Non avete visto niente.«

Der Tonfall war genauso bedrohlich wie die Waffe. Jo holte entsetzt Luft. In dem Moment wurde sie zur Seite gestoßen, und Corrado stellte sich vor sie, mit voller Absicht zwischen sie und den Gangster. Dann hörte sie die Wagentür ins Schloss fallen und Reifen quietschen. Der Van preschte davon.

»Dreckskerle.« Corrado drehte sich zu ihr um und schloss sie in die Arme. Sowie sich ihre Anspannung löste, fing sie an zu weinen und hielt ihn fest, als wollte sie ihn nie wieder loslassen.

Es kam ihr lange vor, dass sie so dastanden, wahrscheinlich dauerte es aber höchstens eine halbe Minute, bis Corrado die Arme sinken ließ.

»Hast du gehört, was der mit der Pistole gesagt hat? ›Sie haben nichts gesehen.‹ Wir sollen so tun, als wäre nichts passiert. Mistkerle!«

Jo nickte nur, da sie ihrer Stimme nicht traute. Corrado zog sein Handy hervor. »Wir müssen das melden. Ich habe mir das Kennzeichen gemerkt. Das hilft dem armen Teufel vielleicht, den sie in den Wagen gezerrt haben.«

Jo sah zu, wie er den Notruf wählte. Er hielt sie weiter am Arm fest, und sie war froh darüber.

Sie räusperte sich. »Es tut mir leid, dass ich so ein Feigling bin, Corrado. Ich bin nur noch nie mit einer Waffe bedroht worden.«

Er wartete darauf, mit der Polizei verbunden zu werden. »Ich auch nicht. Das ist kein angenehmes Gefühl, nicht?«

»Danke, dass du mich beschützt hast ...« Plötzlich bekam sie einen klaren Kopf. »Die Sache ist die, ich kenne den Mann, der aus dem Auto fliehen wollte.« Wie von George verlangt, hatte sie bisher keinem von Markus' zwielichtigen Geschäften erzählt, und dementsprechend verblüfft sah Corrado sie jetzt an. Währenddessen zog sie ihr Handy hervor und wählte Georges Nummer. Sie wurde sofort zu ihm durchgestellt. Sie berichtete, was sie soeben erlebt hatten, und gab ihm das Autokennzeichen durch, während Corrado das Gleiche der italienischen Polizei meldete. George dankte ihr und legte auf.

Ein paar Augenblicke später standen sie am Heck des Range Rover, wo sie von Daisy überschwänglich begrüßt wurden. Corrado verstaute die Reisetasche im Fond, und sie stiegen ein.

Jo wusste, diesmal musste sie es tun. Sie zog ihn zu sich heran, küsste ihn auf die Wangen und lehnte den Kopf an seine Brust, während er die Arme um ihre Schultern legte. Jetzt fühlte sie sich wieder sicher. »Danke, Corrado. Mein Ritter in glänzender Rüstung.«

Er drückte sie an sich. »Ich bin heilfroh, dass dir nichts passiert ist.« Er hob ihr Kinn, damit er ihr in die Augen sehen konnte. »Und mir auch nicht. Puh, das war definitiv ein übles Erlebnis. Willst du mir erzählen, was es damit auf sich hat?«

Das tat sie. Die Katze war ohnehin aus dem Sack. Er hörte aufmerksam zu und stellte keine Fragen. »Hoffen wir, dass die Polizei sie schnappt.« Mehr sagte er am Ende nicht.

Sie verließen das Flughafengelände und fuhren die Küstenstraße entlang, die alte Via Aurelia, die jetzt eine moderne Fernstraße war. Auf halber Strecke nach Porto Ercole klingelte Jos Handy. Es war George mit neuen Informationen.

»Wir haben sie. Andere Leute haben den Vorfall auch beobachtet. Kollegen von der Kripo haben das Fahrzeug in der Autobahnauffahrt gerammt und die Insassen festgenommen. Ein oder zwei wurden verletzt, doch nicht lebensbedrohlich.«

»Und Markus?«

»Finchley reiste diesmal mit belgischem Pass unter dem Namen Jean-Pierre Dupont. Er ist verängstigt, aber unverletzt. Er hat enormes Glück gehabt, und das weiß er auch. Allem Anschein nach stand ihm ein sehr unschönes Ende bevor. Wir wissen noch nicht genau, warum, doch meine italienischen Kollegen sagen, er singt wie ein Vogel. Also könnte das der erhoffte Durchbruch bei unserer Ermittlung sein. Jo, ich kann dir gar nicht genug danken. Hättest du nicht angerufen, hätten wir ihn verpasst, und er wäre verschwunden. Das wäre für unsere Ermittlung ein schwerer Rückschlag gewesen.«

»Warum wollten sie ihn töten?«

»Das werden wir noch herausfinden. Vielleicht haben die Bosse gemerkt, dass wir ihn beschatten, und wollten einen potenziellen Zeugen verschwinden lassen. Wie auch immer, geh und hab einen schönen Urlaub. Du hast ihn dir verdient.«

19

Gegen halb fünf kamen sie in Porto Ercole an und waren zehn Minuten später in der Marina und auf der Jacht. Als Jo die Schuhe auszog und vom Ponton aufs Deck trat, atmete sie tief durch, denn plötzlich fühlte sie sich unsicher. Nachdem sie schon mit einer Pistole bedroht worden war, stand ihr nun eine Reise ins Unbekannte bevor, nicht so sehr geografisch, sondern emotional.

Corrado war unterwegs recht schweigsam gewesen, sodass sie viel Zeit zum Nachdenken gehabt hatte. Am meisten hatte sie beschäftigt, dass er sich vor sie gestellt hatte. Damit hatte er zumindest enormen Mut bewiesen. Vielleicht hatte sich da aber auch ein tiefes Gefühl für sie gezeigt, das er bisher nicht geäußert hatte.

»Jo, ich weiß nicht, wie es dir geht, doch mir würde es guttun, eine Runde zu schwimmen … damit ich wieder zu mir komme.« Er klang mitgenommen, und sie fragte sich, ob er bloß müde von der Fahrt war oder ob sich da ein verzögerter Schock andeutete.

Sie schaute über den Jachthafen und die vielen Boote. »Ich hätte auch Lust dazu. Aber meinst du, hier?« Das Wasser war recht klar, doch wohin man sah, lagen Boote.

»Nein. Ein kurzes Stück weiter westlich gibt es hübsche kleine Strände. Die sind zwar steinig, aber das Wasser ist klar und sauber, und oben am Hang befindet sich ein Café. Klingt das gut?«

»Sogar fantastisch.« Jo freute sich, ihn ein bisschen lebhafter zu sehen.

»Gut, ich starte den Motor, und wenn ich es dir sage, machst du die Leinen los, das heißt, du löst sie von den Ringen am Ponton.« Er nahm sie zum unteren Deck am Heck mit und zeigte ihr, was sie tun musste. »Lass die Taue nicht an Land und pass auf, dass du selbst auch nicht zurückbleibst. Alles klar?«

»Aye, aye, Captain.« Jo salutierte.

Kaum eine Viertelstunde später näherten sie sich einem der Strände. Der Sandstreifen war durchsetzt von großen Steinen und Felsbrocken. Drei, vier Leute planschten in dem hellblauen Wasser, sonst war niemand dort, und der buschbewachsene Berghang wirkte unberührt und so gut wie unbewohnt.

Als die Jacht auf der Stelle schwamm, hörte Jo die elektrische Ankerwinde surren und sah den Anker zum Grund sinken. Das Wasser war wunderbar klar, sodass sie einen Schwarm kleiner silberner Fische ausmachen konnte, der vor der Ankerkette kehrtmachte und davonstob.

Corrado schaltete den Motor ab. Sie ging nach einer Weile zurück in den Salon und traf ihn dort mit Daisy an. Die Hündin wusste anscheinend, was gleich passieren sollte, denn sie sprang aufgeregt hin und her.

Er blickte lächelnd auf. »Daisy braucht sich nicht umzuziehen, ich hingegen schon. Und du wirst sicher auch nicht in dem schönen Kleid ins Wasser wollen.«

»Ich brauche nur eine Minute.« Jo lief die Treppe hinunter in ihre Kabine, während er über die andere Treppe nach unten verschwand. Sie holte den Bikini mit den Schmetterlingen heraus und zog sich hastig um, doch als sie nach oben kam, wartete Corrado schon auf sie. Er machte ein ernstes Gesicht. Augenscheinlich belastete ihn der Vorfall am Flughafen noch sehr. Er hielt inne und starrte ein paar Sekunden auf ihren Körper, bevor er sich auf seine guten Manieren besann und den Blick abwandte, doch da fühlte Jo längst die Röte in ihre Wangen steigen.

»Es freut mich, dass der Bikini passt.«

»Er sitzt super und sieht toll aus. Danke noch mal.«

»Gern geschehen.« Er trug blaue Badeshorts und gefiel ihr damit sehr, und überhaupt fand sie diesen neuen, nachdenklichen Corrado noch anziehender als den alten. Er schaute auf und bemerkte ihren Blick. »Willst du ins Wasser springen oder lieber hineinsteigen?«

Jo dachte, dass nach einem Blick auf seine Badeshorts ein Sprung in kaltes Wasser wahrscheinlich das Beste war. Sie war noch keine halbe Stunde an Bord und schon gefährlich nahe daran, ihre guten Vorsätze in den Wind zu schlagen. »Mal sehen, ob ich noch tauchen kann. In der Schule war ich in der Schwimmmannschaft.«

Sie ging aufs Sonnendeck und zu der niedrigen Reling, trat hinüber und sprang.

Das Wasser war zuerst kalt, dann wunderbar erfrischend. Als sie wieder an die Oberfläche kam, prüfte sie, ob der Bikini noch an Ort und Stelle saß, strich sich die Haare aus der Stirn und blickte gerade rechtzeitig zum Deck hoch, um etwas Großes, Schwarzes auf sich zufliegen zu sehen. Der Labrador landete so elegant im Wasser wie ein Sack Kartoffeln und schickte einen Tsunami in Jos Gesicht. Die Schnauze halb aus dem Wasser gereckt, den Schwanz wie ein Ruder ausgestreckt, paddelte er glücklich schnaufend auf sie zu. Auf dem rundlichen Hundegesicht stand eindeutig ein Lächeln.

»Ciao, Daisy. Bist du ein glücklicher Hund?« Eine rhetorische Frage.

»Ein sehr glücklicher Hund.« Corrado erschien neben ihr. »Und das war ein erstklassiger Kopfsprung, Jo – deiner, nicht ihrer.« Er musste auch gesprungen sein, doch sie hatte das nicht gehört.

»Übrigens habe ich am Heck die Leiter aufgehängt, damit du

jederzeit bequem ins Wasser steigen kannst. Wollen wir ans Ufer schwimmen und zu dem Café hochgehen? Siehst du es da oben?«

Sie schaute in die gewiesene Richtung. Tatsächlich führte ein Pfad den Hang hinauf zu einem niedrigen Haus mit einer schattigen Terrasse, das durch die Büsche erst auf den zweiten Blick zu sehen war.

»Gute Idee. Ich bin Brustschwimmerin, du wirst vielleicht auf mich warten müssen.«

»Wir haben keine Eile.«

Während er neben ihr herschwamm, tauchte sie ab und zu und schaute sich unter Wasser um. Der Grund bestand aus Sand und Steinen, zwischen denen kleine Fische umherflitzten. Jo blickte nach oben und sah Corrado über sich treiben. Er lag flach auf dem Wasser und wartete darauf, dass sie an die Oberfläche kam.

Zum Strand hin stieg der Meeresboden steil an, und bald konnte sie stehen. Da lagen viele Steine, aber die meisten waren glatt. Jo watete hinter Corrado an Land, und zusammen mit der Hündin stiegen sie den Pfad zu dem Café hinauf. Er war ausgetreten und sandig und war barfuß angenehm zu gehen. Als sie oben ankamen, fiel ihr etwas ein.

»Corrado, ich merke jetzt erst, dass ich überhaupt kein Geld bei mir habe.«

»Das war mir klar. In dem Bikini ist nur für dich Platz.« Er sah, dass sie schon wieder errötete, und redete schnell weiter. »Meine Badeshorts haben eine Reißverschlusstasche, und darin habe ich ein wasserdichtes Portemonnaie.«

»Ich bin erleichtert. Ich sah uns schon zum Boot zurückschwimmen.«

»Das müssen wir vorerst nicht.« Er ging mit ihr zu einem freien Tisch, von dem sie den Strand und die Jacht sehen konnten. »Hier können wir die *Ippona* im Auge behalten.«

»Es sieht schön aus, wie sie da liegt. Und das Wasser ist so klar, dass man ihren Schatten auf dem Grund erkennt.« Man hätte fast meinen können, sie stünde auf dem Trocknen. Jo wandte sich Corrado zu. »Danke, dass du mich eingeladen hast mitzukommen. Das wird ein traumhafter Urlaub für mich.«

Er wirkte noch immer ungewohnt ernst, trotzdem kam seine Antwort schnell. »Für mich auch, denn ich habe dich bei mir … meinen Eins-O.«

Eine Stunde verbrachten sie auf der Terrasse und genossen den Blick über das Meer und die Kühle unter der weinbewachsenen Pergola. Nach und nach brachte Jo ein Gespräch in Gang, und sie unterhielten sich über dies und das, vor allem über die Familie, und Jo fühlte sich in Corrados Gegenwart immer entspannter und hatte den Eindruck, dass es ihm umgekehrt genauso ging. Es gab keine Anspielungen, keine verstohlenen Blicke auf ihren knappen Bikini, nichts, was sie verlegen machte. So gewöhnte sie sich daran, halb nackt neben ihm zu sitzen. Vielleicht rührte seine ernste Art auch nur daher, dass er sich bereits an ihre Gegenwart gewöhnt hatte.

Wie durch eine stille Übereinkunft erwähnten sie mit keinem Wort den Vorfall am Flughafen, und es gab noch ein zweites Thema, das Jo erst einmal ausließ: ihre Entscheidung, nach New York zu ziehen. Obwohl sie nur miteinander befreundet waren, würde sie ihn schrecklich vermissen, das war ihr vollkommen klar. Und wenn sie ihm von dem neuen Job erzählte, würde ihr das den Abschied nur näherbringen.

»Guck mal, Jo, da ist einer von deinen Freunden.«

Sie tauchte aus ihren Gedanken auf und drehte sich hastig um. Ein Freund? Hier? Dann entdeckte sie, was er meinte. Einen Meter von ihr entfernt saß ein Falter mit weiß gefleckten schwarzen Vorderflügeln und orangefarbenen Hinterflügeln mit schwarzen Tupfen. Auch sein Hinterleib leuchtete orange.

Das war deutlich zu sehen, weil er mit ausgebreiteten Flügeln auf einem Weinblatt im Schatten saß. Ein wirklich hübsches Tierchen.

»Das ist ein Schwarzer Bär. Die sind gar nicht so selten, aber es ist ungewöhnlich, einen hier sitzen zu sehen, denn sie sind Nachtfalter.« Sie musste kurz überlegen, dann fiel ihr der lateinische Name ein. »›*Epicallia villica*‹ heißt er.« Sie grinste ihn stolz an. »Hey, mein Verstand arbeitet noch, obwohl ich im Urlaub bin.«

»Beeindruckend.«

Schweigend betrachtete sie den Falter, bis er wegflog. »Wie schön die sind …« Eine Weile versank sie in nachdenklichem Schweigen und genoss den Augenblick, die Umgebung und Corrados Gesellschaft. Erst eine ganze Weile später hörte sie wieder seine Stimme.

»Es ist sechs Uhr durch. Wir könnten in Porto Ercole essen, wenn du nichts dagegen hast. Bist du bereit aufzubrechen?«

»Du bist der Captain.«

Gemütlich schwammen sie zur Jacht zurück. Beim unteren Deck angekommen, legte Daisy die Vorderpfoten auf den Bootsrand, und Corrado schwamm hinter sie und stemmte sie aus dem Wasser an Bord, eindeutig ein gut geübtes Manöver. Als Jo die Leiter hochsteigen wollte, hielt Corrado sie am Arm auf.

»Moment noch. Du willst keine Dusche abbekommen.«

Und wie üblich schüttelte Daisy sich trocken, während die beiden Wasser tretend abwarteten. An Deck merkte Jo, dass sie kein Handtuch aus ihrer Kabine mitgenommen hatte, und stand triefend da. Aber Corrado zeigte zum Bug.

»Ich habe die Polster aufs Vorderdeck gebracht. Normalerweise lege ich mich da in die Sonne, um trocken zu werden. Wäre das was?«

»Definitiv.«

Jo folgte ihm an der Reling entlang nach vorn und legte sich auf die sonnenwarme Liege. Er machte es sich auf der anderen gemütlich, während der Hund sich diesmal zwischen ihnen in der Sonne ausstreckte. Zufrieden brummend drehte er sich mal auf die eine, mal auf die andere Seite, um trocken zu werden.

Jo legte den Kopf aufs Kissen, und nach ein paar Minuten fielen ihr die Augen zu. Sie war kurz davor einzudösen, als Corrados Stimme sie vom Rand des Schlafes zurückriss.

»Heute ist etwas Seltsames passiert, Jo ...« Er klang zögerlich und unsicher, so ganz anders als sonst, und das machte sie hellwach.

»Was denn, Corrado? Ist etwas nicht in Ordnung?«

»Doch, alles gut. Mir ist nur etwas aufgefallen, das ich überhaupt nicht verstehe ...« Wieder stockte er.

Jo ließ ihm Zeit, seine Gedanken zu ordnen. Aber dann, als sie den Blick über das Deck schweifen ließ, stutzte sie, riss die Augen auf und stand ganz langsam auf. Sie sah zu Corrado und legte den Finger an die Lippen. »Schmetterling«, flüsterte sie.

Sie schlich zur aufgerollten Ankerkette und staunte. Im Schein der untergehenden Sonne saß ein *Apatura iris*, ein Großer Schillerfalter in seiner blauvioletten Pracht. Jo stand ganz still und konnte ihr Glück kaum fassen. Sekunden später tippte ihr Corrado auf die Schulter. Er hielt ihr die Handtasche hin.

»Ich dachte, du willst ihn vielleicht knipsen.« Er dachte sogar daran zu flüstern. »Großer Schillerfalter, nicht wahr? Den kenne ich aus meiner Kindheit.«

Jo nickte und zog das Handy aus der Handtasche. Sie schoss einige Fotos und filmte es, als er die Flügel bewegte. Unvermittelt flog er weg. Jo sah ihm nach, bis er nicht mehr zu erkennen war. Seufzend drehte sie sich zu Corrado um.

»Wie wunderbar war das denn? Und dass ich gerade hier

auf der Jacht einen zu Gesicht bekomme! Normalerweise wohnen sie in Baumkronen. Neulich ist er mir ja knapp entwischt. Danke, dass du mir die Tasche gebracht hast.« Sie prüfte, ob die Fotos gut geworden waren. Beruhigt steckte sie das Handy weg und blickte auf, als ihr einfiel, was vor dem Erscheinen des Falters gewesen war. »Entschuldige bitte. Du wolltest eben erzählen, was dir heute aufgefallen ist.«

Im ersten Moment wirkte er seltsam bang, doch dann rang er sich ein Lächeln ab. »Ach, das kann warten. Ich schlage vor, wir fahren zurück in den Jachthafen.« Sein Lächeln wurde heiterer. »Ich starte den Motor. Könntest du die Ankerkette im Auge behalten und rufen, wenn sie sich verfängt?«

Er ging zum Cockpit und Jo zur Ankerwinde. Sie hätte sich in den Hintern beißen können. Anscheinend hatte er loswerden wollen, was ihn bedrückte. Das war wichtiger als ihre Liebe zu Schmetterlingen, ob sie nun gefährdet waren oder nicht.

Das Restaurant lag direkt am Hafen. Man saß dort geschützt unter einer Markise und konnte über einen kleinen Strand die Küste entlang nach Süden blicken. Als sie dort ankamen, war die Sonne hinter den Bergen verschwunden, und drüben am Festland sahen sie die Lichter funkeln. Jo setzte sich neben Corrado und spürte den Hund, der sich neben ihren Füßen niederließ. Es war ein schöner Abend, und sie fühlte sich entspannt.

Sie befanden sich jetzt in der südlichen Toskana, und deshalb schlug Corrado als Vorspeise Bruschetta vor, das hier mit ungesalzenem Brot und sattgrünem Olivenöl zubereitet wurde. Danach wählten sie beide gegrillte Garnelen und Tintenfisch mit gemischtem Salat. Sie tranken kalten Weißwein und Mineralwasser. Erst als Jo sich ihrem Tiramisu zuwandte, rang sich Corrado dazu durch, seine Gedanken in Worte zu fassen.

Sie hörte wie gebannt zu.

»Jo, ich muss dir etwas erzählen. Ich habe keine Ahnung, was es bedeutet. Vielleicht kannst du mir ja helfen. Heute ist etwas passiert. Am Flughafen, als der Gangster die Pistole auf dich gerichtet hat. Ich sah mich genötigt … nein, das klingt nach einer bewussten Handlung. Ich hatte den Impuls, dich zu schützen. Der Gedanke, dass dir etwas zustößt, war mir unerträglich. So etwas wie in dem Moment habe ich noch nie empfunden.«

»Du warst unglaublich mutig. Das hat mich tief berührt.« Jo traute ihren Ohren kaum. Worauf wollte er hinaus?

»Nicht mutig. Wie gesagt, ich habe instinktiv gehandelt.« Er nahm ihre Hand und hielt ihren Blick für einen Moment fest, um dann wieder zu den Lichtern entlang der Küste zu schauen. »Wenn du mich vor einem Monat gefragt hättest, ob ich unter bestimmten Umständen mein Leben für jemand anderes riskieren würde, hätte ich gelacht. Wir sind Tiere, und unsere primären Instinkte sind der Fortpflanzungs- und der Überlebensinstinkt. Mein eigenes Leben zu opfern, damit ein anderer überlebt, erscheint mir unsinnig … oder erschien mir bisher unsinnig. Und trotzdem habe ich das heute am Flughafen getan.« Er drehte den Kopf zu ihr. »Was hat das zu bedeuten, Jo?«

Im flackernden Schein des Windlichts auf ihrem Tisch sah sie ihm in die Augen. Er wirkte verwirrt, aufgewühlt, verletzlich. Sie drückte seine Hand und sagte das Einzige, was sie sagen konnte. »Das musst du selbst ergründen, Corrado. Denk darüber nach, dann wird es dir schon klar werden. Ich habe zwar eine starke Vermutung, möchte dir aber nicht vorgreifen.«

»Die hast du?«

Sie war noch immer verblüfft. Erkannte der nüchtern denkende Wissenschaftler etwa ganz allmählich, dass seine Handlungen auch von etwas anderem ausgelöst werden konnten als biologischen Urinstinkten? Und wenn es sich tatsächlich so verhielt, was bedeutete das für seine Gefühle ihr gegenüber und für seine Absichten? Was bedeutete das für seine Zukunft und für die ihre?

»Ich bin mir ziemlich sicher. Nimm dir Zeit. Du wirst ganz bestimmt dahinterkommen.«

Ihre Gedanken rasten. Ihm mochte das jetzt noch nicht klar sein, doch sie hegte keine Zweifel, dass früher oder später der Groschen bei ihm fallen würde. Dann würde er begreifen, was in ihm vorging. Und dann? Plötzlich war es vorbei mit ihrer Entspanntheit. Hastig überlegte sie, womit sie die Stimmung aufheitern könnte. Zum Glück griff Daisy ein, indem sie unter dem Tisch das vielsagende Winseln von sich gab. Inzwischen wusste Jo, was das hieß.

»Mir scheint, Daisy braucht einen Spaziergang. Wie wär's, wenn ich die Rechnung kommen lasse? Und vielleicht einen Espresso für dich?«

Natürlich weigerte er sich wieder rundheraus, sie bezahlen zu lassen. Sie verhandelte hart und musste am Ende nachgeben, doch sie rang ihm immerhin das Versprechen ab, ein andermal bezahlen zu dürfen. Trotzdem hatte sie das Gefühl, dass er sich auch dann wieder dagegen sperren würde.

Es war zehn Uhr durch, als sie auf die Jacht zurückkehrten, und nach dem ereignisreichen Tag fühlte Jo sich erschöpft. Gern hätte sie sich noch mit ihm an Deck gesetzt und geplaudert oder ihm zugehört, aber sie konnte die Augen kaum mehr offen halten. Er schien jedoch genauso müde zu sein. Sobald sie den Salon betreten und er die Tür wegen der Mücken geschlossen hatte, wünschte sie ihm eine gute Nacht. Es kostete sie viel Willenskraft, ihm keinen Kuss zu geben, aber wenigstens umarmte sie ihn und bedankte sich noch einmal für seine tapfere Tat am Flughafen. Die Umarmung war rasch vorüber, da er sie allzu bald wieder losließ und ihr ebenfalls eine gute Nacht wünschte.

»Schlaf gut, Jo. Die Türen sind verriegelt, auch wenn ich nicht glaube, dass uns hier etwas passiert. Außerdem patrouilliert unser Wachhund.«

Daisy war mit ihrem Körbchen aus der großen Kabine in den Salon umgezogen. Es stand zwischen den beiden Treppen. Weit davon entfernt, auf Patrouille zu gehen, lag sie bereits in ihrem Korb und schaute sie aus halb offenen Augen an.

Jo kraulte ihr die Ohren. »Bis morgen früh, Daisy.« Sie warf Corrado noch einen Blick und ein sanftes Lächeln zu. »Gute Nacht und danke für alles.«

Als sie im Bett lag, ging ihr ein Gedanke immer wieder im Kopf herum. Wie sollte sie reagieren, wenn er ihr seine Liebe gestand und nicht nur triebgesteuerte Lust? Zwar hegte sie keinerlei Zweifel, dass ein gesundes Maß triebgesteuerter Lust sowieso dicht unter ihrer Haut brodelte, aber sie wollte mehr als das. Und wenn er sie tatsächlich liebte, was empfand sie für ihn? War es Liebe? Und wenn ja, war sie bereit, ihn zu lieben und zurückzulassen? Denn schließlich musste sie den Job bei der UNO annehmen.

Oder nicht?

20

Obwohl ihr vor dem Einschlafen so vieles durch den Kopf gegangen war, schlief sie ausgezeichnet und wurde am nächsten Morgen erst nach acht Uhr wach. Als sie die Treppe hinauf in den Salon ging, empfing sie ein herrlicher Kaffeeduft. Corrado war bereits angezogen und stand an der schicken Kaffeemaschine. Daisy sprang aus ihrem Korb, sobald Jos Kopf über dem Treppenabsatz erschien, und begrüßte sie stürmisch, was ihren Besitzer veranlasste, sich zu ihr umzudrehen.

»*Buongiorno.* Gut geschlafen?«

Jo knuddelte den Hund und schlenderte dann zu Corrado. Er sah so begehrenswert aus wie immer, aber sie bezwang ihren Drang, ihm einen Kuss zu geben. Stattdessen lächelte sie ihn nur an. »*Buongiorno, capitano.* Ja, danke, wie ein Stein. Ich habe nur kurz gegen zwei Uhr ein paar Leute draußen gehört. Und du?« Sie betrachtete ihn näher. Er sah noch immer bedrückt aus.

»Gut, danke.« Es klang matt.

Sie hakte nicht nach, obwohl es ihm augenscheinlich nicht gut ging. Vielleicht hatte er wach gelegen und sich den Kopf zerbrochen. Doch sie freute sich, dass er ihr Lächeln erwiderte.

»Kaffee? Espresso, Cappuccino oder etwas dazwischen?«

»Einen Cappuccino, wenn es keine Umstände macht.«

Sie hatte gute Lust, ihn zur Aufmunterung zu umarmen, weil er so sehr damit rang, seine Gefühle zu verstehen. Aber sie ließ es bleiben. Stattdessen ging sie zur offenen Glastür und schaute nach draußen. Die Sonne schien von einem wolkenlosen Himmel herab, und selbst um diese Uhrzeit war es schon heiß. Sie drehte sich zu Corrado um und merkte, dass er sie betrachtet hatte, denn im selben Moment wandte er sich mit schuldbewusstem Blick wieder den Kaffeetassen zu.

»Was steht heute an, Captain?«

»Zuerst eine schnelle Tasse Kaffee, dann braucht Daisy ihren Spaziergang.« Er sah zu seiner Hündin, und sein Gesicht hellte sich auf. »Sie kennt das italienische Wort dafür genau. Ich bin gespannt, wann sie anfängt, auf das englische zu reagieren.«

Jo hörte den Dampf fauchen, als er die Milch für ihren Cappuccino erhitzte, und er servierte ihn wie ein Profi. Erstaunlich. Während sie den Kaffee tranken, führte er seine Pläne für den Tag weiter aus.

»Wenn wir mit Daisy unterwegs sind, schlage ich vor, wir kaufen uns Croissants zum Frühstück – es sei denn, du möchtest Eier und Speck? – und nehmen auch Brot und Milch und andere Kleinigkeiten mit, damit wir für ein, zwei Tage versorgt sind. Später können wir um die Insel herum zu einer malerischen Bucht segeln. Ich kenne sie. Da kann man gut ankern, und es ist sehr schön. Wie klingt das?«

Perfekt.

Es dauerte den halben Vormittag, zu der Meeresbucht zu segeln, und die Fahrt dahin war herrlich. Es ging wenig Wind, aber schließlich frischte er doch auf und trieb sie um die felsige Insel herum. Der Katamaran schaukelte trotz der Wellen kaum, sodass Jo sich sicher fühlte.

Corrado erklärte, dass Argentario zwar durch zwei Streifen Sand und eine Dammstraße mit dem Festland verbunden, aber letztendlich doch eine Insel war. Von ein paar kleinen Küstendörfern abgesehen, war sie fast unbewohnt, und die steinigen Hänge waren mit Sträuchern oder dichtem Wald bewachsen. Die Landschaft war bemerkenswert unberührt.

Die Bucht hatte die Form eines Hufeisens und in der Mitte

einen schmalen Sandstrand. Da ankerten schon fünf oder sechs andere Boote oder hielten auf den Strand zu, doch es waren nicht mehr als zwei Dutzend Leute zu sehen, für Mitte August recht wenig. Die Farben des Wassers reichten vom hellsten Blau bis zu sattem Kobalt, und gelegentlich sah man dunkle Flecken, wo Steine unter der Wasseroberfläche lagen. Die Bucht war vollkommen windgeschützt und das Wasser spiegelglatt.

Sie ankerten hundert Meter weit vom Strand entfernt und fuhren mit dem Schlauchboot hin. Der Labrador stand stolz wie eine Galionsfigur am Bug. Im Seichten angekommen, schaltete Corrado den Außenbordmotor ab. Daisy sprang begeistert ins Wasser. Jo ließ sich eher gemächlich über den Rand gleiten und watete mit dem Boot im Schlepptau zum Strand. Die Stelle, die sie angesteuert hatten, war durch große Felsbrocken geschützt. Sie hätten glauben können, allein zu sein, wenn sie nicht vom übrigen Strand ab und zu Planschen und Stimmen gehört hätten.

Das Wasser war warm. Sie verbrachten eine Ewigkeit damit, sich treiben zu lassen und zu tauchen, und holten glatte Kieselsteine vom Grund hoch oder folgten kleinen Fischschwärmen. Es war entspannend, es war faszinierend, und Jo hätte nicht glücklicher sein können. Schließlich gingen sie an den Strand, ließen den Hund im seichten Wasser liegen und machten es sich auf ihren Handtüchern bequem, um trocken zu werden.

Keine Wolke stand am Himmel, und die Sonne ließ das Wasser auf ihrer Haut um Nu verdunsten. Jo holte eine Flasche Sonnencreme aus der Tasche und rieb sich damit ein. Als jedoch ihr Rücken an die Reihe kam, war ihr klar, dass sie Hilfe brauchte.

»Corrado, darf ich dich um einen Gefallen bitten? Könntest du mir den Rücken eincremen? Ich reiche nicht überall heran.« Die Einladung, mit den Handflächen über ihren nackten Rücken zu streichen, hat rein zweckmäßige Gründe, sagte sie sich. Wie immer glaubte ihr Unterbewusstsein ihr kein Wort und hatte damit vermutlich recht.

Corrado kniete sich neben sie, während sie sich auf den Bauch legte. Die kühle Sonnencreme landete auf ihren Schultern, dann spürte sie seine Hände, die sie auf der Haut verteilten. Sie strichen ihre Arme hinauf und ihren Rücken hinunter. Ungebeten öffnete er den Verschluss des Oberteils, um keine Stelle uneingecremt zu lassen.

Jo hatte weit mehr davon als nur den Schutz vor einem Sonnenbrand. Das Gefühl seiner Hände auf ihrer Haut sandte ihr Schauder über den Körper, und er fragte angesichts ihrer Gänsehaut sogar, ob ihr kalt sei. Sie schüttelte bloß den Kopf und wollte nicht sprechen. Als er fertig war, klippte er den Verschluss zu und setzte sich auf sein Handtuch, sodass Jo in einem Zustand ungezügelter Wonne zurückblieb.

Zehn, fünfzehn Minuten lang lag sie so da und ließ sich die Sonne auf den Rücken brennen, während sie versuchte, innerlich abzukühlen. Corrados Berührung hatte eine magische Wirkung, und sie wusste ohne den Schatten eines Zweifels, dass es um ihre Selbstbeherrschung geschehen wäre, wenn er sie noch einmal anfasste. Freundschaft war gut und schön, aber inzwischen reichten ihre Gefühle für ihn viel tiefer, das wusste sie sehr genau. Etwas viel Ernsteres als Freundschaft lauerte im Dickicht ihrer Empfindungen, und es brauchte nicht mehr viel, um es ans Licht zu bringen.

Sein Moment der Erleuchtung kam erst später.

Als der letzte rote Schein der Sonne am Horizont verschwunden war, setzten sie sich im Salon zum Abendessen hin. Nachdem den ganzen Tag eine sengende Hitze geherrscht hatte, wehte jetzt der Wind durch die offene Schiebetür herein und senkte die Temperatur um sehr willkommene zwei, drei Grad.

Corrado bereitete Nudeln mit Pesto zu, Jo einen gemischten Salat mit Thunfisch und Ei und zündete schließlich auf dem Tisch eine Kerze an. Als er die Pasta vor sie hinstellte, war sie gerührt, weil er Farfalle gewählt hatte, die wegen ihrer Ähnlichkeit mit Schmetterlingen so hießen. Sie zeigte ihre Freude darüber, und er lächelte.

»Das ist das Mindeste, was ich tun kann. Und es macht mich wirklich froh, dass du doch noch einen Großen Schillerfalter fotografieren konntest. Er ist wirklich schön.«

»Aber ziemlich abstoßend im Hinblick auf seine Nahrung. Er mag am liebsten Aas und Kot.«

»Das sollte man nicht meinen, wenn man ihn so ansieht. Erstaunlich, dass ein so schönes Tier solches Zeug frisst.«

»Genau genommen frisst er nicht. Er saugt die Nahrung mit seinem Rüssel auf. Und wusstest du, dass Schmetterlinge mit den Füßen schmecken? Sie haben da Sensoren und wissen schon, wie eine Blüte schmeckt, wenn sie darauf landen.«

Er blickte von seinem Teller auf und lächelte wieder. »Ich verstehe, warum du sie so interessant findest.«

»Das sind komplexe kleine Tiere. Die meisten Menschen sehen nur ihre Schönheit, doch es steckt viel mehr in ihnen.«

»Genau wie bei dir, Jo. Ich kann ehrlich behaupten, dass ich von deinem Aussehen sofort beeindruckt war. Aber ich habe auch sehr schnell gemerkt, dass dahinter ein ganz besonderer Mensch steckt.«

»Freut mich zu hören. Man soll nie nach dem Äußeren gehen.« Sie legte die Gabel hin und dachte nach. »An diesem Punkt bricht dein Argument mit dem limbischen System zusammen, oder? Menschen haben mehr zu bieten als körperliche Attraktivität. Unsere engsten Verwandten im Tierreich, die

Zwergschimpansen zum Beispiel, sind nur interessiert an sexueller Befriedigung und Reproduktion. Menschen verlangen mehr als das, und da kommt ins Spiel, was in ihnen steckt.«

Kurz trafen sich ihre Blicke, und Jo sah ihm an, dass sie ihn verunsichert hatte. Er schaute auf seinen Teller, aß jedoch nicht weiter. Es dauerte eine Weile, bis er seine Gedanken geordnet hatte, aber Jo wartete das still ab.

»In den letzten Tagen habe ich viel über mein limbisches System nachgedacht. Und das ist nur deine Schuld.« Er trank einen Schluck Rotwein, und Jo fragte sich angespannt, was jetzt kam. »Ich war ein restlos glücklicher Hedonist, nur auf Lustgewinn und materiellen Erfolg aus. Ich habe für den Augenblick gelebt, bis du kamst. Weißt du, was, Jo?« Er sah auf, und in seinen hypnotischen blauen Augen spiegelte sich das Kerzenlicht. »Du hast das wahrscheinlich gar nicht bemerkt, doch dein Kuss im Regen, als wir nass bis auf die Haut getanzt haben, so flüchtig er war, er hat mich in den Grundfesten erschüttert. So etwas habe ich vorher noch nie empfunden.«

Inzwischen hatte auch Jo das Interesse an ihren Nudeln verloren. Sie nahm ebenfalls einen Schluck von ihrem Wein, bevor sie auf sein Geständnis einging. »Also fandest du ihn schön?«

»Schön? Es war fantastisch. Es war, als hätte mich ein elektrischer Schlag getroffen und wäre mir bis ins Gehirn gefahren.«

»Also läuft es doch wieder aufs limbische System hinaus?«

»Auf weit mehr. Es war, als hätte er meine gesamte Großhirnrinde geentert und übernommen. Seitdem – vielleicht schon vorher, ich weiß es nicht mehr – kann ich nur noch an dich denken.«

Das gefiel Jo, obgleich das auch verwirrend war. Konnte der Kater das Mausen am Ende doch lassen? Und wenn ja, war das der Impuls, den ihre überanstrengten Emotionen brauchten, um zu akzeptieren, dass sie ihn liebte – und zwar schon eine ganze

Weile? Sie nutzte die Gelegenheit, da er gerade so offen war, und fragte ihn etwas, das sie seit Wochen immer wieder beschäftigte.

»Sag mir eins, Corrado. Als wir uns an meinem letzten Abend in Rom alle zusammen auf eine Pizza treffen wollten, warum bist du nicht gekommen? Was war passiert?«

Er antwortete nicht gleich, und als er es tat, klang er so ratlos wie vorher. »Ich habe dich auf der Piazza Navona mit diesem Mann gesehen. Inzwischen weiß ich von Angie, dass er dein Ex war, doch in dem Moment wusste ich es eben nicht. Jedenfalls hatte das eine seltsame Wirkung auf mich.« Er sah sie an. »Ich war eifersüchtig. Weißt du, wie sich das anfühlt?«

Sie beschloss, einen unbeschwerten Ton beizubehalten – soweit das möglich war. »Das weiß ich sogar genau, Corrado. Glaubst du mir, dass ich sogar auf eine römische Polizistin eifersüchtig war?«

Er brachte ein kleines Lächeln zustande. »Das tut mir leid. Aber die Sache ist die, ich werde nicht eifersüchtig. Eifersucht ist unvernünftig. Werden Zwergschimpansen eifersüchtig, wenn ein Weibchen Sex mit einem anderen Männchen hat? Nein, natürlich nicht.«

»Ich brauchte dich nicht erst beim Sex mit der Polizistin zu sehen, um Eifersucht zu empfinden.« Sie gab sich Mühe, ihr Lächeln beizubehalten.

»Natürlich nicht, doch du weißt, was ich meine. Warum sollte es für mich eine Rolle spielen, dass du mit einem anderen Mann zusammen warst? So bin ich nicht.«

»Und das hat dir zu schaffen gemacht?«

»Ja. Ich musste ständig daran denken und habe überlegt, was das bedeutet. Ich war reichlich verwirrt und wusste, dass es ein Fehler wäre, mit euch essen zu gehen. Darum habe ich dir abgesagt. Tut mir leid, Jo. Wenn es dich tröstet, ich habe einen trübseligen Abend verbracht. Frag Daisy. Sie wird es dir erzählen.«

Sie lächelte. »Dann warst du ja doch nicht ganz allein. Aber warum hat dir das derart zugesetzt? Hatten wir nicht klar vereinbart, nur gute Freunde zu sein? Da gibt es keinen Grund für Eifersucht.«

»So war es geplant, nicht wahr?« Er klang enttäuscht. »Heute Nachmittag am Strand bin ich endlich dahintergekommen, was mit mir los ist, warum ich am Flughafen bereit war, mein Leben für deins zu opfern. Es widerspricht meinen Erfahrungen und meiner Überzeugung, aber wie Sherlock Holmes sagt, wenn man das Unmögliche ausgeschlossen hat, muss das, was übrig bleibt, die Wahrheit sein, so unwahrscheinlich es einem auch vorkommt.« Er hob den Blick und sah ihr in die Augen. »Jo, ich hätte nie gedacht, dass ich das mal sagen würde, doch ich sehe keine andere Erklärung. Das muss Liebe sein.«

Jetzt, da er das Wort ausgesprochen hatte, das sie aus seinem Munde nicht erwartet hätte, fühlte sie sich befreit und zugleich überwältigt. Die unterdrückten Gefühle von Tagen und Wochen strömten in ihr Bewusstsein, und sie war nahe daran, in Tränen auszubrechen. Endlich konnte sie sich eingestehen, was sie schon die ganze Zeit wusste. Sie hielt ihre Emotionen in Schach und lächelte ihn an.

»Liebe – das ist deine wissenschaftliche Schlussfolgerung, nachdem du alle Daten ausgewertet hast?«

Sie freute sich, ihn allmählich lächeln zu sehen. »Ich sehe keine andere Erklärung. Wissenschaftlich betrachtet, ist das Unsinn, aber Sherlock Holmes hat recht, nicht wahr?«

»Dir ist doch klar, dass das die unromantischste Liebeserklärung aller Zeiten ist?«

»Ich bedaure, doch du musst bedenken, dass ich auf dem Gebiet ein blutiger Anfänger bin.« Er lächelte noch immer, aber ihr entging nicht, wie besorgt er dabei wirkte. »Nach allem, was ich in den entsprechenden Filmen gesehen habe, ist das jetzt der Moment für dich, mir zu sagen, dass du genauso empfindest ... oder auch nicht ...« Am Ende des Satzes klang er immer unsicherer, und sie bekam Mitleid mit ihm. Sie bemühte sich, ihre wachsende Aufregung im Zaum zu halten, und lächelte ihn ermutigend an.

»Als Wissenschaftlerin möchte ich keine voreiligen Schlüsse ziehen und denke, wir sollten auf den experimentellen Beweis nicht verzichten.« Während sie sprach, stand sie auf und ging um den Tisch herum zu ihm. Er wollte ebenfalls aufstehen, doch sie drückte ihn sanft auf den Stuhl zurück, beugte sich hinunter und legte die Arme um seine Schultern. Ganz sanft legte sie die Lippen auf seinen Mund und schloss die Augen. So blieb sie einige Sekunden lang, bis er sich rührte und die Arme hob. Er zog sie auf seinen Schoß und küsste sie zum ersten Mal richtig. Sie ließ sich darauf ein und erwiderte den Kuss leidenschaftlich.

Die Nudeln waren längst kalt, und der Hund wurde allmählich unruhig. Corrado unterbrach den Kuss und behielt sie im Arm, ohne die Augen zu öffnen. Draußen war es dunkel geworden, und im Salon brannte nur die Kerze. Jo strich mit den Fingerspitzen über Corrados Gesicht, verweilte bei seinen Lippen, seinen Wangen und schließlich bei den Lidern. Während seine Augen geschlossen waren, gab sie ihm die Antwort.

»Nach einer praktischen Untersuchung der Beweise komme ich zu dem eindeutigen Schluss, dass es Liebe sein muss.« Sie küsste ihn sanft auf die Lider und lehnte sich zurück, um tief durchzuatmen. In den letzten vierundzwanzig Stunden war alles auf diesen Moment hinausgelaufen. »Aber es gibt ein Problem.« Daraufhin machte er die Augen auf. »Ein großes Problem. Ich muss nach New York ziehen.«

»Das liegt nicht am Ende der Welt. Für wie lange?«

»Ich gehe beruflich dorthin, also vielleicht für immer.«

»Verstehe.« Sein Ton sagte alles. Er schaute wie ein junger Hund, der allein in der Wohnung zurückgelassen wird.

Sie saß auf seinem Schoß und streichelte immer wieder sein Gesicht, während sie ihm von Professor Dietrich und ihrem Jobangebot erzählte. Corrado unterbrach sie mit keinem Wort. Als sie fertig war, zog er sie an sich und küsste sie auf den Mund und ganz sanft im ganzen Gesicht, sodass sie ein wohliger Schauder nach dem anderen durchrieselte. Schließlich ließ er sie los und sagte etwas Überraschendes.

»Tja, das ist gar keine Frage. Solch ein Angebot darfst du nicht ausschlagen.«

»Nicht?« Sie war verblüfft. Sie hatte vorher in Gedanken alle möglichen Szenarien durchgespielt, wie er versuchen würde, sie umzustimmen, von Bestechung bis hin zu Tränen. »Aber dann liegen Tausende Kilometer zwischen uns.«

»Ich weiß, doch inzwischen kenne ich dich ganz gut. Du hast mal gesagt, du wärst nicht ehrgeizig, und das glaube ich dir sogar. Aber du bist Feuer und Flamme für deine Arbeit und die Zukunft des Planeten. Ich liebe dich – das kannst du mir glauben –, doch ich würde niemals wollen, dass du etwas aufgibst, was dir so wichtig ist. Du würdest es früher oder später bereuen. Außerdem weiß ich, wie gut du in deinem Fachgebiet bist, und die Natur braucht jede Hilfe, die sie kriegen kann. Also ja, du musst den Job annehmen.«

»Und was heißt das für uns?«

Er schwieg für ein paar Augenblicke, und als er antwortete, merkte sie ihm an, dass er sich Mühe gab, tapfer zu sein. »Da kann ich nur Tennyson zitieren: ›Es ist besser, geliebt und verloren zu haben, als niemals geliebt zu haben.‹«

»Aber wir haben uns noch gar nicht geliebt.«

»Das zumindest können wir ganz leicht ändern.«

21

In den nächsten zehn Tagen verbrachten sie die meiste Zeit im Wasser, am Strand und im Bett. Wohin sie auch gingen, sie waren immer zusammen, und Jo war noch nie so glücklich gewesen.

Nur leider hing die New-York-Frage wie ein Damoklesschwert über ihnen.

Mit der Zeit wurde sie mit Corrado vertrauter, obwohl das Gespenst der Trennung im Hintergrund lauerte und einen Schatten über die schönste Zeit ihres Lebens warf. Nachdem sich ihre Gefühle wochenlang entwickelt und angestaut hatten, durfte sie sie endlich ausleben und war darüber immens erleichtert – und glücklich.

Was Corrado anging, so gab er sich Mühe, den Augenblick zu genießen, ohne weiter als ein, zwei Tage in die Zukunft zu denken. Aber oft genug sah sie ihn mit ernstem Gesicht. Umso mehr glaubte sie, dass er sie von ganzem Herzen liebte. Es hatte fast etwas Komisches, einen eingefleischten Hedonisten diese Erfahrung machen zu sehen. Ab und zu ertappte sie ihn dabei, dass er sie anstarrte wie Daisy ein Paar Würstchen, und wenn Jo dann lächelte, errötete er. Morgens beim Aufwachen stellte sie fest, dass er sie im Schlaf betrachtet hatte. Er lag auf einen Ellbogen gestützt neben ihr mit einem Ausdruck inniger Liebe. Und dafür liebte sie ihn umso mehr.

Sie wusste nun ohne jeden Zweifel, dass sie ihn sehr liebte und ihre Zeit des Leugnens ein für alle Mal vorüber war. Angie und Victoria hatten recht gehabt: Ihre schlechten Erfahrungen mit Christian besagten nicht, dass es die Liebe nicht gab. Die gab es sehr wohl, und sie war ein wundervolles Gefühl.

Nach ein paar weiteren müßigen Tagen rings um Argentario segelten sie zu anderen Inseln, zuerst nach Giannutri, einer winzigen, auf der kaum eine Handvoll Häuser standen, aber mit der schönsten Küste, die Jo je gesehen hatte. Dank eines günstigen Windes brauchten sie vom Festland nur knapp drei Stunden. Jo übernahm versuchsweise das Ruder, während Corrado angelte. Sie gingen in einer kleinen Bucht vor Anker, wo das Wasser in atemberaubenden Blautönen leuchtete, vom tiefsten Ultramarin zu Königsblau, Kornblumenblau und hellem Türkis. Die Wellen brachen sich leise rauschend auf dem Sand, und die Möwen schrien.

Sie schwammen im warmen Wasser, tauchten und sammelten winzige blaue und gelbe Muscheln. Am Abend trugen sie einen kleinen Grill auf den Strand und grillten den Fisch, den Corrado beim Segeln gefangen hatte. Sie tranken Weißwein aus dem Kühlschrank und drückten die Flasche in den nassen Sand, damit sie kühl blieb, während sie Arm in Arm zusahen, wie die Sonne unterging. Wenn es das Paradies gibt, dachte Jo in der Dämmerung, dann sieht es so aus wie diese Bucht.

Nach ein paar idyllischen Tagen fuhren sie weiter zu der größeren, belebteren Insel Giglio, wo sie sich im Haupthafen von Porto Giglio mit der Jacht am Ponton in eine Lücke zwängten. Am Abend gingen sie in ein Restaurant am Kai, umgeben von lärmenden Gruppen, doch sie waren glücklich mit ihrer Zweisamkeit und beachteten die anderen nicht weiter. Auf dem Rückweg zur Jacht kaufte Corrado ihr eine Kette aus den winzigen blauen und gelben Muscheln, die sie schon aus jener Bucht kannten. Am nächsten Tag füllten sie ihre Vorräte auf und segelten um die Insel herum zu einer kleinen Meeresbucht, wo sie vor Anker gingen. Dort faulenzten sie wieder einige Tage und sahen oft stundenlang keine Menschenseele.

Von dort segelten sie nach Argentario zurück und legten in Porto Santo Stefano an, wo Corrado mit seinem Finanzchef verabredet war. Der Hafen war groß und voller Touristen, Autos und dröhnender Motorräder, nach den stillen entspannenden Tagen ein kleiner Schock.

Solange Corrado bei seinem Geschäftsessen war, ging Jo mit Daisy über die Landzunge spazieren. Gegen Mittag setzte sie sich in den Schatten eines knorrigen, dornigen Baumes, dessen Äste mit den Jahren in Windrichtung zum Meer hin gewachsen waren. Über das tiefblaue Wasser hinweg sah sie die toskanische Küste im Bogen nach Norden gehen, einen zusammenhängenden, von Kiefernwald gesäumten Sandstrand. Als sich der Hund neben ihr niederließ, rief sie Victoria an.

»Vic, hallo, wie läuft es bei dir?«

»Großartig, danke. Ich habe von George gehört, dass du ihm und seinen Kollegen bei einer großen Sache geholfen hast. Alles sehr geheim, aber er meint, er hätte das ohne dich nicht geschafft.«

Über Markus durfte sie kein Wort sagen, doch sie erzählte von dem silbernen Van und dem Mann, der sie mit der Pistole bedroht hatte. Dass Corrado sich zwischen Jo und den Gangster gestellt hatte, fand Victoria viel aufregender als die Bedrohung oder die Entführung.

»Du weißt, was das bedeutet, nicht wahr, Jo?«

»Das kann nur Liebe sein.«

»Genau. Und sagst nur du das oder auch er?«

»Das sagen wir beide.« Jo erzählte, wie die vergangenen Tage verlaufen waren, und Victoria stieß einen leisen Pfiff aus.

»Ich wusste ja, er würde sich noch ändern! Und du … nach all dem Unsinn von wegen: Liebe gibt es gar nicht! Siehst du, Tante Vic weiß es besser.«

»Du hast wie immer recht gehabt. Danke, Tante Vic.«

»Und hast du ihn im Bett ›ausprobiert‹, um ganz sicherzugehen? Wie ist das gelaufen?«

Jo grinste breit. »Absolut fantastisch.«

»Gut. Und was passiert jetzt? Du hast demnächst das Vorstellungsgespräch bei Professor Wieheißtsienochgleich. Was wirst du ihr sagen?«

»Das ist die große Frage, Vic. Selbst Corrado meint, ich muss den Job annehmen, weil ich es sonst ewig bereue.«

»Also wirst du es tun?«

»Ehrlich, ich weiß es nicht. Es ist nun mal so, dass ich total verrückt nach ihm bin. Ich finde es unvorstellbar, von ihm getrennt zu sein.«

»Er wird dich bestimmt regelmäßig in den Staaten besuchen können.«

»Wir haben schon darüber gesprochen. Ja, natürlich können wir uns ab und zu sehen. Doch realistisch betrachtet ist das für ein paar Monate okay, vielleicht sogar für ein Jahr, aber wenn ich länger in New York bleibe, wird die Beziehung in die Brüche gehen.«

»Was willst du also tun? Das ist eine echte Zwickmühle.«

»Erzähl mir was Neues. Ich kann nur verlieren, egal, wie ich mich entscheide.«

Den restlichen Tag verbrachte Jo mit der Qual der Wahl. Sollte sie sich für den Mann entscheiden, den sie liebte, oder für den Job, den sie liebte? Sie war sicher nicht die erste Frau, die vor dem Dilemma stand, aber das erleichterte ihr die Entscheidung nicht. Schließlich setzte sie sich auf einen wohlverdienten Eisbecher in ein Café mit Blick über den Hafen. Sie rief ihre Mutter an, um sie um Rat zu fragen.

»Hallo, Mum. Ich bin's.«

»Hallo, mein Schatz. Wo bist du?«

»Ich bin für ein paar Stunden an Land. In Porto Santo Stefano. Schau es dir im Internet an. Es ist schön. Die ganze Gegend ist herrlich. Corrado hat heute ein Geschäftsessen, darum bin ich mit dem Hund spazieren gegangen.«

»Und wie läuft es zwischen euch?«

»Es ist unglaublich, Mum. Das sind die schönsten zwei Wochen meines Lebens.«

»Da bin ich aber froh. Und wie kommst du mit Corrado aus? Er benimmt sich hoffentlich.«

»Er ist wunderbar. Es gibt nur ein großes Problem.« Sie holte tief Luft. »Ich verliebe mich gerade in ihn, und in sieben Tagen reise ich wieder ab. Und dann ziehe ich bald nach Amerika …« Sie wartete auf ein herzhaftes »Hab ich ja gesagt« von ihrer Mutter, doch das blieb aus.

»Und er ist auch dabei, sich in dich zu verlieben?« Ihr Ton war unerwartet sanft.

»Ich glaube ja.«

»Und denkst du, er betrachtet dich nur als eine weitere Eroberung?«

»Ganz bestimmt nicht. Es ist mehr als das, da bin ich mir sicher.«

»Nun, dann freue ich mich für dich, Joanne. Heißt das, du nimmst den Job bei der UNO nicht an?«

»Doch, Mum, den muss ich annehmen. Selbst Corrado rät mir dazu.«

»Er scheint ein vernünftiger Bursche zu sein.«

»Er ist vernünftig und einfühlsam, ich kann es dir gar nicht beschreiben … er ist perfekt.« Gegen ihren Willen kamen ihr die Tränen. Daisy musste ihr etwas angemerkt haben, denn im nächsten Moment legte sie Jo eine Pfote auf den Schoß. Jo blickte in ihre braunen Augen und lächelte. »Und leider muss ich nicht nur auf ihn verzichten, sondern auch auf seine wunderbare Hündin.«

»Du kennst ja das Sprichwort: ›Wer mich liebt, liebt auch meinen Hund.‹«

»Das hat er auch gesagt, und das tue ich.«

»Steht für dich schon fest, dass du nach New York gehst?«

»Ich weiß nicht. Was meinst du denn dazu, Mum?« Zum ersten Mal in ihrem Leben fragte sie ihre Mutter wegen eines Mannes um Rat.

»Ich kann die Situation von außen nicht beurteilen, Liebes. Das musst du selbst entscheiden.« Es folgte ein kurzes Schweigen. »Ich würde sagen, es gibt Tausende Jobs auf der Welt, doch nur sehr wenige perfekte Männer. Wenn du wirklich glaubst, dass er der Richtige für dich ist, dann solltest du dich vielleicht für ihn entscheiden. Ich habe das jedenfalls getan, weißt du?«

»Wirklich?«

»Als ich deinen Vater kennenlernte, stand ich mitten im Examen. Das weißt du sicher. Ich hatte vor, in Geschichte zu promovieren und einen Lehrauftrag anzunehmen. Stattdessen habe ich deinen Vater geheiratet, und du kamst zur Welt und nach dir Angela, und ich kann mich nicht beklagen. Ihr seid beide so gut geraten. Und natürlich habe ich die Stelle am St. Margaret's bekommen. Das war nicht die Oxford University, aber dennoch eine gute Anstellung.«

»Du meinst also, ich sollte mich für ihn entscheiden?«

»Das liegt allein bei dir. Ich erzähle dir nur, was *ich* getan habe, Joanne.«

Jo und Corrado hatten vereinbart, sich um drei Uhr an der Jacht zu treffen. Während sie mit Daisy durch die belebten Gassen bergab ging, achtete sie kaum auf den Weg und nahm ihre Umgebung nur am Rande wahr. Sie war vollauf mit ihrem Dilemma beschäftigt, bis sie schließlich am Kai stand. Da fällte sie allmählich die Entscheidung. Corrado zurückzulassen wäre einfach unerträglich. Ihre Mum hatte recht: Gute Männer waren schwer zu finden. Sie wollte bei ihm bleiben.

Es musste für sie doch auch eine Stelle in Italien geben. Heute Abend würde sie sich im Internet nach etwas Passendem umsehen. In Rom hatten etliche internationale und europäische Organisationen ihren Sitz, zum Beispiel die FAO, die Ernährungs- und Landwirtschaftsorganisation der Vereinten Nationen. Eine von denen suchte doch sicher eine Mitarbeiterin mit ihren Fähigkeiten.

Corrado kam erst um Viertel nach drei und entschuldigte sich dafür. Sie hätten mehr besprechen müssen als gedacht und seien gerade erst fertig geworden, sagte er. Seinem Gesichtsausdruck nach zu urteilen, hatte er ein paar stressige Stunden hinter sich. Darum brühte sie ihm eine Tasse Tee auf und setzte sich mit ihm aufs Sofa. Daisy legte sich neben ihre Füße. Jo überlegte, ihm schon zu erzählen, wie sie sich entschieden hatte, beschloss dann aber abzuwarten, bis sie sich die Stellenangebote im Internet angesehen hatte.

Da sie genug hatten von den Menschenscharen in den engen Gassen, stockten sie ihre Vorräte auf und fuhren zurück aufs Meer, um die Nacht ein paar Kilometer westlich von Porto Santo Stefano in einer einsamen Bucht zu verbringen. Unterwegs an der felsigen Küste begegneten sie einer Delfinschule, die eine halbe Stunde lang neben ihnen herschwamm. Jo machte das überglücklich. Allerdings fiel ihr auf, dass Corrado noch immer ein wenig deprimiert wirkte.

Als sie vor Anker lagen, ging sie zum Kühlschrank und schenkte ihnen zwei Gläser Prosecco ein, um ihn aufzuheitern. Damit setzte sie sich zwischen ihn und Daisy auf das Sonnendeck.

»Wie war denn dein Treffen mit dem Finanzchef? Ist alles in Ordnung? Du bist seitdem so still.«

Er löste den Blick von den Felsen und drehte den Kopf zu ihr. Die blauen Augen lächelten, doch sie sah darin noch etwas anderes. Bedauern vielleicht. Sie fragte sich, ob das mit der Besprechung zu tun hatte oder ob er ebenfalls an die bevorstehende Trennung dachte.

»Entschuldige, dass ich mit den Gedanken woanders bin. Nein, alles ist gut. Wir sind die Geschäftszahlen durchgegangen. Ich dachte, wir hätten genug Spielraum, um zu expandieren, aber er rät mir, damit zu warten.« Er zuckte mit den Schultern. »Das ist schade.«

»Nimm es nicht so tragisch.« Sie legte die Hand auf seinen Arm. »Angie meint, dass deine Firma erstaunlich schnell gewachsen ist. Da ist es wohl unvermeidlich, dass die Kurve auch mal flacher wird.«

Er rang sich ein Lächeln ab. »Da hast du natürlich recht. Ich hatte nur gehofft ...« Er trank einen Schluck und stellte das Glas ab. »Wie auch immer, wir haben hervorragend zu Mittag gegessen, und das ist doch auch etwas. Außerdem ist Paolo ein guter Freund. Reden wir nicht weiter über das Geschäft. Es gibt Schöneres, was wir tun können.«

Als er sich zu ihr drehte, stellte Jo ihr halb leeres Glas zur Seite und legte sich auf ihn, stützte sich auf die Unterarme und zog rechts und links die Knie an. So blickte sie ihm in die Augen und dachte an die verschiedenen Methoden, ihn aufzumuntern. Die erste war verbal. Für die nächsten würden sie in die Kabine hinuntergehen, auch wenn sie in einer einsamen Bucht lagen.

»Ich habe heute mit meiner Mutter gesprochen. Weißt du, was sie sagt? Sie meint, es gibt Tausende guter Jobs in der Welt, doch nur sehr wenige gute Männer.«

»Sie ist offenbar eine vernünftige Frau.«

»Und du bist ein guter Mann.«

»Bist du sicher? Meine Erfolgsbilanz lässt doch eher zu wünschen übrig.«

»Ich bin mir sicher. So sehr sogar, dass ich mich entschieden habe, den Job bei der UNO sausen zu lassen und mich in Italien nach etwas umzusehen, vorzugsweise in Rom.« Sie gab ihm einen Kuss. »Es ist eigentlich ganz einfach. Ich kann mir ein Leben ohne dich nicht mehr vorstellen.«

Er drückte sie so fest an sich, dass sie fast keine Luft bekam. Dann strahlte er sie an und klang bewegt. »Ich kann mir ein Leben ohne dich auch nicht mehr vorstellen. Aber überleg dir gründlich, was du aufgibst. Wir sprechen hier über deine Lebensaufgabe.«

»Doch auch über dich. Es muss etwas Passendes in Rom geben. Ich werde im Internet auf Stellensuche gehen. Wir werden sehen. Und jetzt …« Sie küsste ihn und flüsterte ihm ins Ohr, was sie sich zur Aufmunterung ausgedacht hatte.

Er legte den Arm um sie und presste sie an sich. »Ich liebe dich, Jo. Ich liebe dich.«

22

Im Lauf der zweiten Woche wurde klar, dass es in Rom und Umgebung nur sehr wenige wissenschaftliche Stellen bei Umweltorganisationen gab. Da die sorglosen Tage auf der Jacht sich dem Ende zuneigten und sie bald abreisen musste, durchkämmte Jo das Internet, fand aber nichts Passendes. Jeden Abend sprach sie darüber mit Corrado. Ihn überraschte das nicht.

»Seit der Finanzkrise 2008 ist Italien in Schwierigkeiten. Die Arbeitslosigkeit ist stark gestiegen, und die jungen Leute verlassen scharenweise das Land, um woanders zu arbeiten. Das hat auch mein Finanzchef neulich zu mir gesagt. Meiner Firma geht es ganz gut, doch wir müssen uns klug verhalten. Er hat mich überzeugt, nicht zu expandieren. Er ist ein guter Mann und ein alter Freund. Er weiß, wovon er redet.«

»Ja, aber die Regierung und die großen internationalen Organisationen müssen doch auch Leute einstellen.«

»Natürlich, es gibt jedoch auf jeden angebotenen Job Hunderte Bewerber, und bedenke, wir sind in Italien.« Er tippte sich mit dem Finger an die Nase und seufzte.

»Was meinst du damit?«

»Dass die Stellen nicht an die besten Kandidaten gehen. Leute kennen immer irgendwen, ziehen ein paar Fäden, fordern einen Gefallen ein. Das stinkt, doch so läuft es.« Er richtete seine hypnotischen Augen auf sie und schaute sie ernst an. »Überlege es dir gut, bevor du den Job bei der UNO sausen lässt. Der ist eine Riesenchance für dich.«

»Aber er würde mich von dir wegbringen.«

»Nicht unbedingt für immer. Vielleicht für ein Jahr, und dann tut sich hier etwas Besseres auf. Und außerdem kann ich dich in New York besuchen kommen.«

»Aber ich will dich, Corrado. Ich habe es mir gründlich überlegt. Der Gedanke, mich von dir zu trennen, ist mir unerträglich.«

Er lächelte und küsste sie, doch in seinen Augen sah sie, wie besorgt er war.

Sie verbrachten ihre vorletzte Nacht wieder in der Bucht an der Südseite von Argentario, wo er seine »Erleuchtung« gehabt hatte. Es wurde ein bittersüßer Abend. Auch diesmal grillten sie am Strand, schwammen, legten sich in die Sonne und spielten mit dem Hund. Und dabei war ihnen ständig bewusst, dass morgen ihre letzte gemeinsame Nacht bevorstand, zumindest die vorerst letzte.

Jo wurde immer unruhiger. In der kommenden Woche stand ihr Termin mit Professor Dietrich an. Sie hatte zwar entschieden, den Job nicht anzunehmen, so reizvoll er auch sein mochte, doch sie wäre wesentlich glücklicher damit, wenn es wenigstens ein paar wenige freie Stellen in Italien für sie gäbe. Von London aus könnte sie sich bewerben und zu den Vorstellungsgesprächen nach Rom fliegen. Leider gab es praktisch keine. Die einzige verfügbare Stelle in Rom war die einer Rezeptionistin bei einer kleinen Stiftung, und damit wäre Jo völlig unterfordert.

Corrado und sie sprachen das immer wieder durch, doch es blieb bei ihrem Dilemma: entweder den Job nehmen und auf den Mann verzichten – den Mann, der für sie der richtige war – oder den Mann nehmen und die Karriere in den Wind schreiben.

Ihren letzten gemeinsamen Abend verbrachten sie in der Marina von Porto Ercole. Sie aßen in demselben Restaurant am

Hafen und bestellten sich wieder Bruschetta und gegrillte Garnelen und Tintenfisch. Hinterher unternahmen sie mit Daisy einen langen Spaziergang am Ufer entlang und kehrten schließlich in gedrückter Stimmung auf die Jacht zurück. Ihr Liebesspiel war noch schöner und überwältigender als sonst, und Jo schlief körperlich und seelisch erschöpft mit salzigen Tränenspuren auf den Wangen ein.

Am nächsten Morgen beim Frühstück sprachen sie kaum ein Wort. Jo packte ihre Tasche. Corrado würde am folgenden Wochenende nach Porto Ercole zurückfahren und die Jacht holen. Daher nahmen sie beide Abschied von ihrem behaglichen Urlaubsdomizil, das sie zwei Wochen lang miteinander geteilt hatten, aber Jo verabschiedete sich mit Tränen in den Augen. Sie hakte sich bei Corrado unter und ging mit ihm den Ponton entlang zu seinem abgestellten Wagen, der jetzt mit Sandstaub bedeckt war.

Doch erst als sie am Flughafen ankamen, fing sie richtig an zu weinen. Noch immer wegen Corrado, aber aus den falschen Gründen. Er fand einen freien Parkplatz gegenüber dem Terminal, machte jedoch keine Anstalten auszusteigen.

Nachdem er den Motor ausgeschaltet hatte, drehte er sich zu ihr. Sein sonnengebräuntes Gesicht wirkte abgespannt, sein Blick ungewöhnlich ernst. »Jo, wir müssen reden.«

Sie lächelte ihn an, fühlte sich aber ziemlich verunsichert. So hatte sie ihn noch nicht erlebt. Er trommelte nervös mit den Fingern auf dem Lenkrad und wollte ihr offenbar nicht in die Augen sehen. Eine bange Ahnung überkam sie.

»Jo, ich weiß nicht, wie ich es sagen soll. Es gibt wohl keine schonende Art, also sage ich es geradeheraus.« Kurz schaute er sie an und gleich wieder weg. »Was diese Liebessache angeht, ich fürchte, ich habe mir etwas vorgemacht … und dir.«

Jo richtete sich abrupt auf. »Wie meinst du das?«

»Du wusstest vor diesem Urlaub, was für ein Mann ich bin, nicht wahr? Jeder hat es dir gesagt. Ich selbst habe es dir gesagt. Du hast es gewusst.« Er schwieg für einen Moment, und sie sah seine Kiefermuskeln spielen. »Ich habe es ehrlich nicht darauf angelegt, dich zu täuschen. Wirklich nicht. Ich habe geglaubt, diesmal wäre es anders. Ehrlich, ich dachte, das könnte … Liebe sein.«

Er stockte wieder und holte ein paar Mal tief Luft. Jo war, als hätte ihr jemand in den Magen getreten, und als Corrado weiterredete, wurde ihr am ganzen Körper kalt.

»Wir hatten eine großartige Zeit miteinander. Ich fand den Urlaub jedenfalls großartig. Und der Sex mit dir war der beste, den ich je hatte.« Jo versuchte noch, diese Äußerung zu verarbeiten, doch mit dem nächsten Satz gab er ihr den Rest. »Aber es war nur Sex. Das weiß ich jetzt. Es hat keinen Sinn, sich weiter etwas vorzumachen. Ich fürchte, ich bin immer noch derselbe alte Hedonist. Ich habe mich nicht verändert, so gern ich das dir zuliebe auch glauben wollte. Ich will nun mal, was ich will, und ich kann dir nicht geben, was du willst und was du verdienst. Jo, nimm den UNO-Job an. Geh nach Amerika und vergiss mich. Du brauchst einen ganz anderen Mann als mich.«

»Also ist es vorbei …?« Ihre Stimme klang schwach und brüchig. Sie räusperte sich und versuchte es noch mal. »Aber nach allem, was gewesen ist …«

»Ich weiß, Jo. Ich habe es versucht, glaub mir. Doch es hat keinen Zweck. Ich bin nicht der Richtige für dich. Du magst das jetzt noch nicht erkennen, aber das wirst du noch, verlass dich drauf. Vergiss mich und geh und lebe dein Leben in Amerika.«

Natürlich argumentierte sie, bettelte sogar, doch er blieb stur bei seiner Auffassung, dass das, was sie als Liebe gedeutet hatte, in Wirklichkeit nur sexuelle Lust gewesen war. Sie hielt ihm all die schönen Momente vor Augen, die sie miteinander erlebt hatten, aber das trieb ihr nur die Tränen in die Augen, und weiter erreichte sie nichts.

Um am Ende nicht schluchzend neben ihm zu sitzen, stieg sie aus, umarmte den sichtlich betrübten Hund und hob ihre schwere Tasche aus dem Kofferraum. Jo wehrte Corrados Hand ab, als er sie ihr abnehmen wollte, und ließ ihn stehen. Sie schleppte sie selbst in die Flughafenhalle und drehte sich kein Mal nach ihm um.

Benommen ließ sie die Wartezeit im Flughafen über sich ergehen. Eine halbe Stunde lang saß sie in einer Toilettenkabine und versuchte, mit dem Weinen aufzuhören, aber ohne Erfolg. Irgendwann kamen keine Tränen mehr, vermutlich jedoch nur, weil sie dehydriert war. Denn besser fühlte sie sich nicht.

Ihr Flug wurde aufgerufen. Sie folgte den Schildern zu ihrem Gate und stellte sich ans Ende der Warteschlange. Unter den Passagieren sah sie viele gut gelaunte Gesichter, sie selbst empfand nur Leere.

Innerhalb von drei Minuten hatte Corrado ihr den Boden unter den Füßen weggezogen. Sie fühlte sich einem Zusammenbruch nahe. Nachdem Christian plötzlich Schluss gemacht hatte, war es ihr nicht so schlecht gegangen wie jetzt. In den vergangenen zwei Wochen hatte sie tiefe Gefühle für Corrado entwickelt und war überzeugt gewesen, dass er für sie genauso empfand. Sie liebte ihn von ganzem Herzen, so viel stand fest, und trotzdem hatte er mit ein paar kurzen Sätzen all das weggeworfen und sie mit Füßen getreten.

Das Flugzeug war nur halb besetzt. Sie hatte das Glück, allein auf drei Plätzen zu sitzen. Und für ihre fehlenden Sitznachbarn war das vielleicht auch ein Glück, denn sonst hätten sie neben einer Frau gesessen, die während des ganzen Fluges in ihr Taschentuch schluchzte.

Nach der Landung bugsierte sie ihr Gepäckstück unsanft durch das Terminal und in den Zug nach London. Im Hauptbahnhof angekommen, fühlte sie sich zu ausgelaugt, um in die U-Bahn-Station hinunterzugehen, und entschied sich für eine teure Taxifahrt.

Nachdem sie ausgestiegen war, schaffte sie es kaum, die Haustür aufzuschließen. Wie gut, dass Justin und Kevin auch gerade nach Hause kamen! Im Eingangsflur trafen sie aufeinander, und die beiden sahen ihr sofort an, wie miserabel es ihr ging.

Justin nahm ihr die schwere Tasche ab, während Kevin sie am Ellbogen stützte und mit ihr die Treppe hochstieg. Sie nahmen sie mit in ihre Wohnung, setzten sie auf das Sofa, und Kevin gesellte sich zu ihr. Justin brachte eine Kanne Tee und drei Tassen und nahm auf ihrer anderen Seite Platz. Ihre Freundlichkeit war so rührend und lieb, dass Jo sich erneut die Augen ausweinte.

Eine Tasse heißer Tee und einer von Justins Brownies konnten den Tränenstrom schließlich eindämmen, und allmählich erzählte sie ihnen die Geschichte bis zu ihrem bitteren Ende.

Die beiden waren schockiert. Kevin tat wie immer seine Meinung kund.

»Der Typ ist ein totaler Mistkerl. Wie konnte er nur? Und du hast bis zum letzten Tag nicht gemerkt, dass alles nur Schein war?«

»Bis zur letzten Minute nicht. Ich dachte, zwischen uns läuft es gut. Ja, er wirkte am Ende belastet, aber das war ich auch, denn schließlich ging ein wunderschöner Urlaub zu Ende. Seine Eröffnung kam für mich wie ein Blitz aus heiterem Himmel.«

Kevin und Justin bestanden darauf, dass sie blieb, und bestellten bei einem Lieferdienst ein Curry. Sie öffneten eine Flasche Wein, doch Jo lehnte ab. In ihrem Zustand war Alkohol das Letzte, was sie brauchte.

Sie drängten sie aber zu essen, und nach der Mahlzeit ging es ihr etwas besser. Dann stellte Kevin ihr die große Preisfrage.

»Was wird nun aus dem Job in Amerika? Wirst du ihn annehmen?«

Jo lehnte sich zurück und dachte nach. Noch vor ein paar Stunden hatte sie sich zurechtgelegt, wie sie es Professor Dietrich mitteilen wollte, dass sie das Jobangebot doch nicht annahm. Inzwischen hatte sich die Lage geändert. Da Corrado sich als Täuscher oder bestenfalls als Selbsttäuscher erwiesen hatte, hielt sie nichts mehr auf dieser Seite des Atlantiks. Als sie vor zwei Wochen abgereist war, hatte sie noch zu Justin und Kevin gesagt, dass ihre Entscheidung, den UNO-Job anzunehmen, ein wichtiger Karriereschritt für sie sei. Jetzt gab es keinen Grund mehr, ihn abzulehnen. Sie nickte nachdenklich.

»Natürlich werde ich ihn annehmen.«

»Du wirst uns fehlen, Prinzessin.«

»Ihr werdet mir auch furchtbar fehlen.«

»Besorg dir eine große Wohnung, damit wir dich besuchen kommen können.«

»Auf jeden Fall.«

Für den nächsten Tag hatte sie sich vorgenommen, nach Oxford zu fahren und ihre Eltern zu besuchen. In der Nacht schlief sie kaum. Daher hatte sie viel Zeit zum Nachdenken, und als sie in den frühen Morgenstunden wach lag und an die Decke starrte, während sie immer wieder mit den Tränen rang, war sie zu einigen Entscheidungen gelangt. Sie stemmte sich aus dem Bett und ging duschen.

Angie und Mario würden nächsten April heiraten, und Corrado würde dabei sein, wie sie auch. Es ging kein Weg daran vorbei. Sie konnte die Hochzeit ihrer Schwester genauso wenig sausen lassen wie er die Hochzeit seines Bruders. Also würde sie ihn wiedersehen.

Angie hatte vermutlich übertrieben, als sie Corrado mit der Mafia gedroht hatte, aber Jo wollte es lieber nicht darauf ankommen lassen. Deshalb würde sie ihre Gefühle für ihn herunterspielen und allen – auch ihren Eltern – erzählen, dass sie einen schönen Urlaub verlebt hatte, dass sie beide weiterhin bloß Freunde blieben und dass es nur vernünftig sei, die Stelle in New York anzunehmen, ein besonnener, selbstbewusster Karriereschritt. Schließlich hatte sie die Reise vor zwei Wochen genau mit diesem Entschluss angetreten.

Sie fühlte sich nicht imstande, mit ihrer Schwester zu telefonieren, da alles noch zu frisch und schmerzhaft war. Stattdessen schickte sie ihr eine kurze E-Mail und schrieb, der Urlaub sei schön gewesen, sie sei wohlbehalten zu Hause angekommen und werde den neuen Job annehmen. Nachdem sie sehr mit sich gerungen hatte, schrieb sie auch eine E-Mail an Corrado.

Bin gut zu Hause angekommen. Ich folge Deinem Rat und gehe nach Amerika. Damit wegen Deines Verhaltens keine Spannungen in der Familie aufkommen, werde ich allen erzählen, wir hätten schöne Ferien gehabt, mehr nicht. Es ist nicht nötig, die Dinge noch unangenehmer zu machen, als sie schon sind.
Ich hoffe, dass wir uns vor der Hochzeit nicht sehen müssen und auch danach möglichst wenig begegnen.
Jo

Als sie auf *Senden* tippte, fühlte sie sich vor allem bitter enttäuscht. Je mehr sie darüber nachdachte, desto mehr fand sie, dass der große Tennyson von Liebe absolut keine Ahnung hatte.

23

Am fünften Oktober flog Jo von Heathrow nach New York. Als das Flugzeug die Startbahn entlangfuhr und beschleunigte, blieben die Tränen zwar aus, aber ihre Stimmung war arg gedämpft. Ihre Abschiedsparty vor zwei Tagen hatte sie mit gemischten Gefühlen gefeiert. Selbst der Anblick eines sichtlich verärgerten Ronald hatte sie nicht aufheitern können. Der September war furchtbar gewesen und wäre noch furchtbarer geworden, wenn sie nicht so viel hätte regeln müssen, bevor sie in Übersee ein neues Leben anfing.

Professor Dietrich hatte das Treffen mit ihr kurz gehalten, wofür Jo ihr dankbar war. Auch drei Tage nach ihrer Rückkehr aus Rom hatte sie sich noch wacklig gefühlt, aber ein Lächeln aufgesetzt und so getan, als könnte sie sich für die neue Arbeit begeistern. Hoffentlich hatte Professor Waltraud Dietrich ihr nichts angemerkt! Zu der großzügigen Umzugsregelung gehörte auch, dass sie eine bestimmte Menge an persönlichem Besitz durch einen Kurierdienst in die Staaten senden durfte. Auszuwählen, was sie benötigte, und alles andere auf den Dachboden ihrer Eltern zu verbannen hatte sie auf andere Gedanken gebracht, und sie dachte nicht mehr ständig an Corrado und das, was hätte werden können oder was tatsächlich zwischen ihnen gewesen war, bis er es zerstört hatte.

Sie hatte nichts mehr von ihm gehört, bis auf eine kurze Antwort auf ihre E-Mail.

Liebe Jo,
ich bin absolut einverstanden. Offiziell hatten wir zusammen einen schönen Urlaub und mehr nicht.
Tut mir leid.
Corrado

Sie weinte, als sie das las, und selbst jetzt, einen ganzen Monat später, trieb der Gedanke an diese E-Mail ihr noch die Tränen in die Augen. Nach all dem Schönen, was sie zusammen erlebt hatten, nach all der Liebe, hatte er nur zwanzig mickrige Worte für sie übrig? Seitdem herrschte jedenfalls Funkstille.

Jo war kategorisch bei der offiziellen Geschichte geblieben, wonach sich zwischen ihr und ihm nichts Besonderes abgespielt hatte. Demzufolge sagte sie auch zu jedem, dass es eine leichte, vernünftige Entscheidung gewesen sei, den Job bei der UNO anzunehmen, selbst wenn das für ihr Leben einen Umbruch bedeutete. Wie es sich tatsächlich verhielt, wussten nur Kevin und Justin und natürlich Victoria.

Die hatte auf die vorhersehbare Weise reagiert.

»Was für ein mieser, scheinheiliger kleiner Scheißkerl! Als du mich von der Insel da unten angerufen hast, hast du so glücklich geklungen, du warst total selig. Ich habe zu George gesagt, dass du endlich den perfekten Mann gefunden hast.«

»Und das habe ich wirklich geglaubt, Vic.«

»Und dann wartet er seelenruhig ab, bis ihr vor dem Flughafen steht, und lässt die Bombe platzen, dass es ihm doch nur um Sex ging und er dich gar nicht liebt.« Victoria schnaubte. »Du machst Angie besser klar, dass es keine gute Idee ist, mich nächstes Jahr zur Hochzeit einzuladen. Wenn ich Corrado sehe, raste ich aus, und keiner kann mich für meine Handlungen verantwortlich machen. Und ich will ihr die Hochzeit nicht verderben, indem ich dem Bruder des Bräutigams eine reinhaue.«

Jo musste lächeln. »Das kann ich nicht tun, Vic. Offiziell haben wir nämlich einen tollen Urlaub verbracht und sind die besten Freunde. Ich kann es nicht riskieren, Angie reinen Wein einzuschenken. Sie würde ihn vierteilen, und auch Mario würde ihm den Kopf abreißen. Das könnte die Familie spalten. Nein, bei der Hochzeit werden du und ich schön brav sein. Ein freundliches Lächeln, ein paar höfliche Worte, und das war's. Wenn wir die Hochzeit hinter uns haben, werden Corrado und ich uns hoffentlich kaum sehen müssen.«

Allerdings war ihr anzuhören, wie sehr sie das bedauerte, sie merkte es ja selbst.

Gott sei Dank bescherte ihr der Oktober noch mehr Arbeit als der September. Jo lebte sich in New York gut ein, ohne sich allzu viel mit ihrem Seelenzustand zu beschäftigen. Ihr neues Büro lag in einem modernen Gebäude am Stadtrand, und bald lernte sie die Kollegen ihrer Abteilung kennen und mochte sie. Sie war die Jüngste im Team, und als solche wollte sie jeder unter seine Fittiche nehmen. Sie wurde oft zum Lunch eingeladen und aß Burger, Pizza, Bagels und viel ausländische Küche von Couscous bis zu Tacos. Deshalb kam es ihr äußerst gelegen, dass zu den vielen Vorteilen ihres Jobs auch der freie Zugang zu einem gut bestückten Fitnesscenter gehörte, das sogar über ein Schwimmbecken verfügte. Da konnte sie nach der Arbeit die vielen Kalorien wieder verbrennen. Den Boxsack nutzte sie gern, wenn ihre Gedanken mal zu einem gewissen gut aussehenden römischen Chemiker abdrifteten.

Mitte November wurde das Wetter schlecht, die Temperaturen fielen in den Keller, und Jo musste sich neue Garderobe kaufen gehen. Sie war aus dem warmen englischen Sommer angereist und hatte zuvor die Hitze in Italien erlebt; da hatte sie völlig unterschätzt, wie kalt es in New York werden konnte. Bald war sie mit dicken Strumpfhosen, pelzgefütterten Stiefeln und einem mollig warmen, langen Daunenmantel gerüstet.

Die Wohnung, die man ihr besorgt hatte, war groß und komfortabel und überraschenderweise erschwinglich. Sie gewöhnte sich an das amerikanische Alltagsleben, an die amerikanische Aussprache, an Milch in Vier-Liter-Behältern, an die täglichen U-Bahn-Fahrten und achtete sogar darauf, Straßen nur an der Ampel zu überqueren.

An einem denkwürdigen Abend wurde sie zu Professor Waltraud Dietrich nach Hause eingeladen. Sie waren nur zu zweit, abgesehen von den drei anhänglichen Katzen, die die leidige und ungeahndete Angewohnheit hatten, während der Mahlzeit auf den Esstisch zu springen. Offensichtlich waren sie Waltrauds Ersatzkinder und als solche völlig verzogen.

Waltraud war eine gute Köchin und herzliche Gastgeberin. Jo konnte sich mühelos mit ihr unterhalten, und das war wahrscheinlich auch der Grund dafür, dass sie ihr von Corrado erzählte. Tatsächlich vertraute sie ihr die ganze traurige Geschichte an. Zum Glück gelang ihr das, ohne dass ihr der Blick verschwamm und sie sich die Nase putzen musste. Wie sich herausstellte, hatte Waltraud schon geahnt, dass etwas vorgefallen war.

»Bei unserem Gespräch in London habe ich Ihnen angemerkt, dass Sie eine unschöne Erfahrung hinter sich haben. Sie sahen erschöpft aus, unglücklich … geradezu deprimiert, um ehrlich zu sein. Es freut mich, dass Sie inzwischen heiterer sind, doch an dem Tag war ich um Sie besorgt. Haben Sie seitdem mit ihm gesprochen?«

»Nein.« Jo schüttelte den Kopf. »Offiziell sind wir gute Freunde. Darauf haben wir uns verständigt, damit der Familienfrieden gewahrt bleibt. Davon abgesehen haben wir keinen Kontakt.«

Waltraud hörte gelassen zu und beobachtete ebenso gelassen, wie die flauschigste der Katzen mit einem Brötchen spielte, das sie vom Tisch gestohlen hatte. »Wenn er Ihnen nicht das Herz gebrochen hätte, wären Sie dann hergekommen?«

Jo zupfte ein Katzenhaar vom Rand ihres Glases und trank einen Schluck. »Um ganz ehrlich zu sein, nein. Ich hatte mich kurz vor der Abreise aus Italien entschieden, Ihnen ganz herzlich zu danken und die Stelle auszuschlagen. Ich sehe jetzt, dass ich völlig von ihm betört war. Ich hatte keine Jobalternative in Italien gefunden und war trotzdem bereit, mir diese einmalige Chance entgehen zu lassen, und das nur für die Liebe … oder für das, was ich dafür gehalten habe.« Sie begegnete Waltrauds Blick. »Das klingt vielleicht, als wäre der Job für mich nur zweite Wahl, und das tut mir leid. So sehe ich ihn gar nicht. Ich habe nur nicht mehr vernünftig denken können.«

»So ist das mit der Liebe.«

Die kurze Feststellung überraschte Jo. Sie wusste, dass Waltraud unverheiratet war, und hatte angenommen, sie wäre ebenfalls eine Verfechterin der Ansicht, dass Liebe eine Illusion oder zumindest unvernünftig sei. Doch nun hatte sie das Wort ganz ohne Verachtung ausgesprochen, sogar mit einem Beiklang von Wehmut. Jo hörte gespannt zu, als Waltraud aus ihrer Vergangenheit erzählte.

»Vor langer Zeit stand ich selbst mal vor dieser Entscheidung. Ich war ungefähr in Ihrem Alter und habe an der Universität Graz gearbeitet. Zu der Zeit ging ich mit einem Mann aus, den ich sehr mochte. Klaus. Ich liebte ihn sogar. Dann wurde mir plötzlich eine Stelle in den Vereinigten Staaten angeboten. In Österreich war das Leben in jenen Jahren noch hart, und jeder riet mir, die Stelle anzunehmen. Als ich Klaus davon berichtete, wissen Sie, was er tat?«

Jo berührte es, die bedeutende alte Dame von so persönlichen Dingen sprechen zu hören, und schüttelte wortlos den Kopf.

»Er hat mich gebeten, ihn zu heiraten.« Waltraud trank einen Schluck Wein und überzeugte die kleinere der beiden schwarzen Katzen mit sanften Worten, den Tisch zu verlassen. »Ich habe es mir durch den Kopf gehen lassen. Ich habe lange und gründlich überlegt und am Ende abgelehnt. Ich habe den Job genommen, und wir haben einander Lebewohl gesagt.«

»Aber danach ist es für Sie doch gut gelaufen, nicht wahr? Sie haben es sicher nicht bereut?«

Waltraud sah Jo an und schüttelte wehmütig den Kopf.

»Doch, Jo, jeden Tag. Mein Leben lang.« Jo war verblüfft. Waltraud ließ ihr jedoch keine Zeit, das in Worte zu fassen. »Er ist ein sehr erfolgreicher Wissenschaftler oder war es mal, denn jetzt ist er pensioniert, soviel ich weiß. Er hat eine Frau geheiratet, die ich aus der Schulzeit kannte, und hat drei prächtige Söhne bekommen. Er hat ein sehr glückliches Leben geführt.«

»Aber waren Sie nicht auch glücklich?«

»Doch, durchaus. Ich habe viel erreicht und vieles, wofür ich dankbar sein kann. Aber ich werde immer bereuen, dass ich Klaus verlassen habe.« Nach kurzem, nachdenklichem Schweigen blickte sie auf. »Wenigstens hat Corrado Ihnen die Entscheidung abgenommen, nicht wahr?«

Noch auf dem Heimweg ging Jo dieser Satz durch den Kopf. In gewisser Weise hatte Corrado für sie entschieden. Wie hatte er sich ausgedrückt? »Du würdest es früher oder später bereuen.«

Wenn sie jetzt mit einem gewissen Abstand an den Moment zurückdachte, sah sie, dass er recht gehabt hatte. Ihre Arbeit in New York gefiel ihr mit jedem Tag besser. Hier hatte sie die Möglichkeit, anzuwenden, was sie gelernt hatte, und etwas zu bewirken. Sie ging nicht so weit zu behaupten, dass ihre Arbeit für den Erhalt des Planeten unverzichtbar war, aber sie war dennoch wichtig. In gewisser Weise hatte Corrado ihr einen Gefallen getan, auch wenn es sich seinerzeit nicht so angefühlt hatte.

Als sie nach Hause kam, schrieb sie ihm eine E-Mail.

Lieber Corrado,
ich werde unsere idyllischen Tage auf Deiner schönen Jacht nie vergessen. So wenig wie Dich und natürlich Daisy. Und ich werde immer mit Zuneigung an Euch denken.
Du hattest recht. Ich hätte wissen müssen, worauf ich mich einlasse. Du hattest mich selbst gewarnt. Ich bereue nichts, was zwischen uns war, werde aber immer bedauern, wie es endete. Das waren die schönsten Tage meines Lebens. Danke dafür.
Ich liebe meine neue Stelle und bin froh, dass ich sie angetreten habe.
Ich schreibe das, damit Du weißt, dass ich Dich nicht hasse. Eine Weile dachte ich, es wäre so, aber es ist nicht wahr.
Ich wünsche Dir ein glückliches, erfolgreiches Leben.
Jo

Sie klickte auf *Senden* und saß noch ein paar Minuten vor dem Laptop, bis eine Träne auf die Tastatur fiel. Sie klappte ihn zu und wusste, sie hatte das Richtige getan.

24

Zwei Tage später bekam sie von Corrado eine Antwort. Sie war nicht lang, doch im Ton nicht mehr so knapp wie die vorige.

Liebe Jo,
ich war erfreut und erleichtert, von Dir zu hören. Seit unserem Abschied habe ich viel an Dich gedacht. Es tut mir wirklich leid, wie es endete, und ich bitte Dich noch einmal, meine Entschuldigung anzunehmen.
Ich freue mich sehr, dass Du mit deiner Arbeit glücklich bist. Ich weiß, Du hast viel zu bieten, und bin sicher, dass der Planet Dich braucht.
Hoffentlich können wir gute Freunde bleiben.
Corrado (und Daisy)

Sie las die E-Mail einige Male und ließ Erinnerungen hochkommen, aber diesmal weinte sie nicht.

Auch wenn sie nahe dran war.

Am nächsten Tag in der Mittagspause rief sie ihre Schwester an. Seit dem Sommer hatten sie sich nur ein paar E-Mails geschrieben, und jetzt telefonierten sie endlich mal wieder. Jo hatte das immer wieder aufgeschoben, weil sie befürchtet hatte, in Tränen auszubrechen und am Ende alles auszuplaudern. Nachdem sie aber mit Corrado ins Reine gekommen war, fühlte sie sich stark genug für ein Gespräch mit ihrer Schwester.

»Hallo, Angie. Hast du Zeit, ein bisschen zu telefonieren?«

»Jo, hallo. Ja, na klar. Wie spät ist es bei euch?«

»Kurz nach eins. Ich mache gerade Mittagspause.«

Sie plauderten über den *Country Club*, das Wetter und die Pferde, dann kam Angie auf ihren Schwager zu sprechen.

»Wie man hört, habt ihr beide einen schönen Urlaub gehabt. Corrado hat uns alles über eure Fahrt zu den Inseln erzählt. Er staunt, wie gut du schwimmst. Aber wie ich ihn kenne, hat er vielleicht nur deinen Bikini bestaunt.«

»Das war ein wunderbarer Urlaub. Unvergesslich. Hast du ihn kürzlich mal gesehen?«

»Schon seit zwei Wochen nicht. Mario trifft ihn häufiger, da sie allerhand wegen des Spa zu besprechen haben. Es geht ihm gut. Mario meint allerdings, dass er stiller geworden ist. Er denkt, Corrado geht mal eine Weile auf Abstand zu den Frauen. Vielleicht hast du einen größeren Eindruck hinterlassen, als du ahnst.«

Jo ging nicht darauf ein. »Und seine süße Daisy? Ich bin total vernarrt in die Hündin, weißt du?«

»Sie ist so lieb wie immer. Hast du mit Corrado in letzter Zeit mal gesprochen?«

»Wir haben uns nur gemailt.«

»Hat er erwähnt, dass er in Kürze in die Staaten fliegt?«

»In die Staaten?«

»Nach Kalifornien, soviel ich weiß. Geschäftlich, nur für ein paar Tage.«

»Und wann soll das sein?«

»Keine Ahnung. Sehr bald, glaube ich. Frag ihn doch selbst. Ach, übrigens, Jo, ich wollte dir diese Woche auch noch eine E-Mail schreiben, nämlich wegen Weihnachten. Da Dad jetzt wieder gut zu Fuß ist, habe ich die beiden überreden können, zu Weihnachten für ein paar Tage herzukommen. Besteht die Chance, dass du auch kommen kannst? Ich weiß, du bist praktisch gerade erst in New York gelandet, aber es wäre schön, die Familie vereint zu sehen.«

Und zu der vereinten Familie gehörte auch ihr künftiger Schwippschwager.

Jo wich erst mal aus. »Das klingt wunderbar, Angie. Ich werde mit meiner Vorgesetzten sprechen und hören, was sie sagt. Amerikaner halten nicht viel von Urlaubsanspruch, doch zwei freie Tage müssten eigentlich drin sein. Mal sehen, was sich machen lässt.«

Als sie aufgelegt hatte, saß sie eine Zeit lang da und grübelte wegen des Familientreffens an Weihnachten und machte sich Gedanken wegen Corrados USA-Besuch. Wahrscheinlich würde er nicht nach New York kommen, denn der Flug von Kalifornien dauerte vier Stunden. Aber was, wenn doch? Trotz aller Enttäuschung dachte sie über ein Treffen nach.

Wenn er es vorschlug, was würde sie antworten? Immerhin war da die »offene Wunde«, wie Victoria es genannt hatte, und die würde bei dem Wiedersehen von Neuem schmerzen. Andererseits konnte Jo nicht leugnen, dass sie ihn tatsächlich gern wiedersähe, obwohl ihre Vernunft strikt dagegen war. Wie er sagen würde: Das limbische System will, was es will …

Am Abend schrieb sie ihm noch einmal, und er antwortete kurz darauf, obwohl es in Italien nach Mitternacht war. Sie erwähnte das Gespräch mit Angie und fragte ihn beiläufig nach seinem Besuch in Kalifornien. Was er antwortete, war enttäuschend oder beruhigend, je nachdem, mit welchem Teil ihres Gehirns sie es betrachtete.

Liebe Jo,
ja, das war geplant, ist aber schon überholt. Der Mann, den ich sprechen muss, kommt in zwei Wochen nach Europa, und wir treffen uns in Genf. Du kennst ihn vielleicht – Professor Richard Paris von der UCLA. Ich glaube, er hat auch an der Save-the-Planet-Tagung in Rom teilgenommen.

Hat Angie mit Dir über Weihnachten gesprochen? Ich weiß, dass Eure Eltern zu Besuch kommen. Wirst Du auch herkommen? Wenn ja, soll ich dann lieber wegbleiben? Ich möchte es Dir nicht unnötig schwer machen, auch wenn ich Dich sehr gern wiedersehen würde. Deine Entscheidung.
Corrado

Jo überlegte eine Stunde lang, was sie antworten sollte. Sie war sich ziemlich sicher, dass sie zu Weihnachten mindestens eine Woche freibekommen würde, auch wenn sie Angie etwas anderes weisgemacht hatte, und ein Treffen mit der ganzen Familie fände sie schön. Corrados Angebot war rücksichtsvoll, aber Weihnachten war ein Familienfest, nicht die Zeit für Einsamkeit, selbst wenn einem ein liebenswerter Labrador Gesellschaft leistete. Nach zwei Tassen Tee und einer Scheibe Toast hatte Jo sich entschieden.

Lieber Corrado,
ich hoffe, dass ich zu Weihnachten nach Rom kommen kann. Danke für Dein Angebot wegzubleiben, aber ich möchte Dich nicht ausgerechnet zu dieser Zeit von Deiner Familie fernhalten. Ich werde sicher damit klarkommen, Dich zu sehen, sofern ich überhaupt da sein werde.
Und Richard (Ricky) Paris kenne ich tatsächlich ganz gut. Er ist ein sehr netter Mensch. Warum triffst Du Dich mit ihm (oder muss das geheim bleiben)?
Jo

Sie hörte erst am nächsten Tag wieder von ihm. Denn in Italien war es sehr spät gewesen, als ihre E-Mail bei ihm eingegangen war. Seine Antwort war interessant.

Liebe Jo,
danke für Dein Entgegenkommen. Ich hoffe sehr, Dich wiederzusehen, und verspreche, mich von meiner besten Seite zu zeigen.
Was Professor Paris betrifft: Wir haben uns über die Verwertung von Plastikmüll unterhalten. Er ist auf dem Gebiet international anerkannt. Ich werde ihn von Dir grüßen.
Wenn Du Weihnachten kommst, kann ich Dir einen herzlichen Empfang von Deiner vierbeinigen Freundin versprechen. Sie liegt gerade vor meinen Füßen und träumt bestimmt von Dir. Ich auch.
Corrado

Ich auch. Jo starrte auf die zwei Worte und wunderte sich, was die zu bedeuten hatten. Am Ende siegte nüchternes Denken über das limbische System, und Jo sagte sich, dass das sexuell gemeint war und er bloß an ihre schönen – ihre wahnsinnig schönen – gemeinsamen Nächte gedacht hatte. Wenn sie ganz ehrlich war, hatte sie sich auch dahin zurückgeträumt. Dennoch war es am besten, das zu ignorieren, und deshalb ging sie nicht darauf ein. Schließlich hatte er klargemacht, dass zwischen ihnen nichts mehr laufen würde.

Während die Tage verstrichen, erkannte Jo, dass sie beim Familientreffen in Rom dabei sein wollte, auch wenn sie dadurch Corrado begegnen würde. Sie erwähnte das Treffen gegenüber Waltraud und freute sich zu hören, dass nichts dagegensprach, ihr freizugeben. Ende November, als Jo nach passenden Flügen schaute und stöhnte, weil die Preise wegen der Weihnachtszeit in die Höhe geschossen waren, schneite Waltraud mit einer sehr guten Nachricht in ihr Büro.

»Wir hatten doch neulich über Ihr Familientreffen in Rom gesprochen, nicht wahr? Jetzt überlege ich, wie Sie wohl dazu stehen, zwei Fliegen mit einer Klappe zu schlagen. Ein Freund bei der Europäischen Kommission hat mich gerade kontaktiert und gefragt, ob wir einen Klimawandelexperten zu dem Gipfel in Mailand schicken können. Der findet am zweiundzwanzigsten Dezember statt, ausgerechnet! Weiß der Himmel, warum sie uns erst auf den letzten Drücker fragen! Unter normalen Umständen würde ich sagen, das können wir nicht mehr einrichten, aber vielleicht passt es Ihnen. Sie könnten dann nach dem Gipfel gleich nach Rom weiterfliegen und nach den Feiertagen zurückkommen.« Sie lächelte Jo an. »Und die EU zahlt Ihre Flüge samt Spesen.«

Das war fantastisch und zugleich beängstigend. »Was wird dort von mir erwartet?«

»Ich leite die Briefing-Unterlagen an Sie weiter. Meinem Eindruck nach brauchen Sie nur bei einer Expertenrunde auf dem Podium zu sitzen und Fragen der Staatschefs zu beantworten.«

Jo schluckte. »Staatschefs?«

»Ja. Und bevor Sie daran zweifeln: Sie werden das hervorragend machen. Glauben Sie mir, ich würde Sie nicht dafür vorschlagen, wenn ich nicht wüsste, dass Sie dem gewachsen sind. Und dass Sie Italienisch sprechen, ist für Sie auch von Vorteil. Außerdem kann ich Sie mit einem Berg Statistiken versorgen, mit denen Sie die Politiker aus dem Konzept bringen können, falls es schwierig wird.« Sie grinste. »Ehrlich, Sie werden das gut machen. Sie haben ja Ihr Können schon beim italienischen Fernsehen bewiesen. Sie wissen also, dass es gut läuft, falls man an Sie herantritt.«

Jo atmete tief durch und sagte zu. Als der Tag der Abreise näher rückte, wurde sie immer nervöser. Denn es waren gleich zwei Dinge, die sie beunruhigten: der Gipfel und das Wiedersehen mit Corrado. Sie hätte nicht entscheiden können, was beängstigender für sie war.

Wenige Tage vor Weihnachten flog sie nach Mailand. Sie reiste in der Business-Class und saß bemerkenswert bequem. Sie konnte sogar ein paar Stunden schlafen.

Bei ihrer Ankunft wartete ein schwarzer Mercedes mit Chauffeur auf sie und brachte sie zum Hotel in der Innenstadt. Anschließend hatte sie ein paar Stunden freie Zeit und besichtigte die Kathedrale und bummelte durch die Geschäfte. Alles war weihnachtlich dekoriert, und die Mailänder waren in Feiertagslaune. Am Abend nahm sie am Eröffnungsumtrunk teil und war entzückt, ein sehr vertrautes Gesicht in der Menge zu sehen.

»Jo, hi. Großartig, dass wir uns hier sehen.« Ricky umarmte sie herzlich.

»Ricky! Ich wusste gar nicht, dass du bei dem Gipfel bist.« Jo hauchte ihm einen Kuss auf die Wangen.

»Wir gehören wohl beide zu der Expertenrunde.«

»Na, dann verlasse ich mich auf deine Unterstützung. Ich bin mächtig nervös.«

»Völlig grundlos. Du wirst deine Sache gut machen. Und, hey, wir haben neuerdings einen gemeinsamen Freund. Ich habe mich vor ein paar Tagen in der Schweiz mit Corrado getroffen, und dabei fiel dein Name.« Er lächelte sie herzlich an. »Vielleicht ist es unpassend, das zu sagen, aber ich hatte den Eindruck, dass er viel an dich denkt, Jo.« Sein Lächeln wurde noch breiter. »Richtig viel.«

Jo wurde rot, tat jedoch, als wäre nichts passiert. »Er wird mein Schwippschwager. Wir verstehen uns gut. Soweit ich weiß, hattet ihr Geschäftliches zu besprechen.«

Ricky wirkte einen Moment lang verlegen. »Das stimmt, doch ich kann dir vorerst nichts darüber sagen. Aber ja, eine spannende Sache.«

Jo wurde neugierig und nahm sich vor, Corrado danach zu

fragen. Wenigstens wusste sie dadurch, worüber sie mit ihm reden konnte, wenn sie einander begegneten.

Das Gipfeltreffen verlief gut, und Jo war froh, weil sie kein Fernsehinterview zu geben brauchte. Nachdem alle Staatschefs und Umweltminister aus den europäischen Ländern eingetroffen waren, dauerte das Treffen selbst nur drei Stunden und schloss mit einem späten Mittagessen, nach dem Jo die surreale Erfahrung machte, der Britischen Premierministerin im Vorraum der Damentoilette zu begegnen. Aus irgendeinem Grund war ihr nie in den Sinn gekommen, dass auch Premierminister mal zur Toilette mussten.

Am Nachmittag war alles vorbei, und sie verabschiedete sich wieder einmal von Ricky und wünschte ihm und seiner Familie frohe Weihnachten. Jo wurde mit einer schwarzen Limousine zum Mailänder Hauptbahnhof gebracht, wo sie in den schnittigen Hochgeschwindigkeitszug nach Rom stieg.

Die Fahrt dauerte nicht mal drei Stunden. Als sie in Rom ausstieg, sah sie Angie am Ende des Bahnsteigs stehen. Sie war halb erleichtert und halb enttäuscht, weil sie nicht von Corrado abgeholt wurde. Nachdem sie sich glücklich umarmt und begrüßt hatten, gingen sie zu dem Kiss-and-Ride-Parkplatz, wo Mario mit dem Wagen wartete.

Jo umarmte ihn und merkte, wie sehr sie sich freute. Es tat ungeheuer gut, die beiden wiederzusehen.

Kurz nach acht kamen sie im *Country Club* an. Ihre Eltern waren im Haus von Marios Eltern auf der anderen Seite des Anwesens untergebracht, Jo bei Angie und Mario. Sie stellte ihren Koffer ab, machte sich frisch, und dann gingen sie zum Hotel hinüber, um mit den anderen in einem gesonderten Raum zu Abend zu essen.

Als Jo das Zimmer betrat, kam eine glückliche Daisy auf sie zugestürmt. Jo ließ sich auf ein Knie nieder und schloss die

Hündin genauso begeistert in die Arme. Und natürlich dachte sie, als sie sich wieder aufrichtete, dass ihr Besitzer auch nicht weit sein konnte.

»Joanne, mein Schatz, du bist bestimmt erschöpft.« Ihre Mutter kam und drückte sie an sich. »Wie geht es dir?«

»Gut, Mum, danke. Der Jetlag ist gar nicht so schlimm wie erwartet.«

Sie ließ sie los und begrüßte ihren Vater und dann Marios Eltern. Schließlich sah sie sich um und entdeckte Corrado.

Trotz der schmerzlichen Enttäuschung, die sie in den vergangenen Monaten durchgemacht hatte, durchfuhr sie eine Freude, die sich nicht wegdiskutieren ließ. Selbst ihr störrisches Unterbewusstsein war dagegen machtlos. Er sah so umwerfend aus wie immer. Statt T-Shirt und Shorts hatte er einen schicken grauen Anzug für den Abend gewählt. Sie selbst trug noch das schlichte, aber sehr schicke blaue Kleid, das sie vor einer Woche bei Macy's gekauft hatte, und war froh, dass sie sich nicht umgezogen hatte. Erst als sie auf Corrado zutrat, merkte sie, dass es dieselbe Farbe hatte wie seine Augen.

Ihr blieb keine Zeit, um darüber nachzudenken, wieso sie zu dieser Farbe gegriffen hatte, denn er streckte ihr gerade die Hand hin. Ihr fiel ein, dass sie den Schein wahren und sich als beste Freunde präsentieren mussten, und deshalb ignorierte sie die Hand, nahm ihn bei den Schultern und küsste ihn auf die Wangen. Sehr zur Freude ihres limbischen Systems und zum Ärger ihres Unterbewusstseins.

»*Ciao*, Corrado.« Wie gut, dass ihre Stimme ausgeglichen klang!

Er lächelte sie an. »*Ciao*, Jo. Es tut gut, dich wiederzusehen.« Es klang, als meinte er das ehrlich.

Sie konnten sich nicht weiter unterhalten, da sein Vater, der eifrige Gastgeber, sie alle zu Tisch bat. Jo landete auf einem

Platz zwischen ihrer Mutter und Mario, Corrado am anderen Ende der Tafel, sodass sie während des Essens kaum ein Wort wechseln konnten.

Es schmeckte ausgezeichnet, und die beiden Familien kamen einander näher. Jo war beeindruckt, als ihre Mutter ihr eingerostetes Italienisch bemühte, um sich mit Marios Mutter zu unterhalten, während Marios Vater ein recht verständliches Englisch zustande brachte. Die beiden Väter schienen sich gut zu verstehen.

Angie strahlte aus allen Poren, sodass Jo sich fragte, ob ihre Schwester schwanger war. Doch da sie Wein trank, lag das wohl eher an ihrer Freude, dass die Eltern sie besuchten und mit den künftigen Schwiegereltern bereits warm wurden. Ab und zu merkte Jo, dass Corrado sie ansah, aber meistens wich sie seinen Blicken aus.

Schließlich wurden die Dessertteller abgeräumt, und Kaffee und Liköre kamen auf den Tisch. Mario kündigte an, mit seinen künftigen Verwandten eine Besichtigungstour durch Rom zu unternehmen, und bot Jo an, sich anzuschließen. Sie lehnte ab, denn sie war nun doch erschöpft vom vielen Reisen und dem Gipfeltreffen und hatte beschlossen, am nächsten Morgen auszuschlafen. Anschließend wollte sie den Tag mit ihrer Schwester verbringen, mit ihr Neuigkeiten austauschen und einiges für die Weihnachtsparty vorbereiten, die in Marios Haus stattfinden sollte. Offenbar waren jede Menge Freunde eingeladen, von denen Jo einige noch von der Poolparty im Sommer kannte. Das schien eine Ewigkeit her zu sein.

Gegen halb elf hoben sie die Tafel auf, und Jo wünschte allen eine gute Nacht, auch Corrado und dem Hund, und begab sich mit Mario und Angie ins Haus hinüber. Nachdem sie sich ausgezogen hatte und ins Bad ging, stieß sie einen großen Seufzer aus. Sie war ungeheuer froh, weil Corrado und sie relativ entspannt miteinander umgehen konnten. Allerdings würde sie bis zum Rückflug in die Staaten noch weitere fünf Tage überstehen müssen.

25

Die Weihnachtsparty begann um acht. Jo hatte den ganzen Nachmittag Möbel gerückt, Kanapees zubereitet, Weihnachtsschmuck aufgehängt und Gläser und Teller bereitgestellt. Corrado hatte sie nicht mehr zu Gesicht bekommen. Jo hatte mit dem Gedanken gespielt, ihrer Schwester doch zu erzählen, was sich während der Segeltour entwickelt und wie es geendet hatte, entschied sich aber wieder dagegen. Die Stimmung war gerade so gut, und sie wollte keine Wellen schlagen.

Es wurde eine ziemlich große Party. Mario hatte sogar eine mobile Disco bestellt. Das Wetter blieb den Abend über trocken, und es war zwar nicht so kalt wie in New York, aber auch beileibe kein milder Sommerabend. Auf der Party ging es hoch her, die Räume heizten sich auf, und bald standen alle Terrassentüren offen; etliche Gäste begaben sich nach draußen und tanzten sogar dort.

Jo hatte gut geschlafen und fühlte sich relativ entspannt – abgesehen von der leisen Angst, sich früher oder später allein mit Corrado wiederzufinden. Er erschien mit Daisy gegen halb acht, aber sie hatten noch alle Hände voll zu tun, sodass sie ihm nur kurz zuwinkte. Das war ihr sehr recht. Sie wusste wirklich nicht, wie sie reagieren würde, sobald sie mit ihm allein war. Aber es überraschte sie, dass sie kaum noch wütend auf ihn war. Vielleicht weil inzwischen einige Zeit vergangen war oder weil die Monate in New York für sie erfolgreich verlaufen waren? Schwer zu sagen. So oder so, sie würde das Gespräch mit ihm so lange wie möglich aufschieben.

Angie hatte ihr im Vorfeld von der geplanten Party erzählt,

sodass Jo zwei entsprechende Kleider eingepackt hatte – ein dünnes und ein dickeres für den Fall, dass es kalt wurde. Sie hatte das dünnere angezogen und war froh darüber, als es im Haus immer wärmer wurde und sie von etlichen feierfreudigen Römern auf die Tanzfläche geholt wurde. Nach einem besonders ausgelassenen Tanz bedankte sie sich bei ihrem Tanzpartner und ging auf die Terrasse, um frische Luft zu schnappen.

Es tat gut, eine Pause einzulegen. Sie setzte sich auf den Rand eines großen Tontopfes unter einen Olivenbaum und entspannte sich. Es war kalt, aber nicht eisig. Ihr Moment der Ruhe war schon bald vorbei, weil ein älterer Mann sich zu ihr gesellte. Er hatte ein Glas Wein in der Hand, und nach der Farbe seiner Wangen zu urteilen, hatte er schon mehrere Gläser getrunken. Er streckte ihr lächelnd die Hand hin.

»Guten Abend. Ich heiße Paolo. Sie waren ganz allein hier draußen, und ich dachte, ich frage mal nach, ob es Ihnen gut geht.«

Sie stand auf und schüttelte ihm die Hand. »Guten Abend, Paolo. Das ist nett von Ihnen. Ich heiße Jo. Ich bin Angies Schwester, und ja, es geht mir gut. Mir war nur nach ein bisschen Abkühlung.«

Paolo trat einen Schritt zurück und betrachtete sie mit neuem Interesse. Und nicht nur das, er ging sogar um sie herum und musterte sie eingehend von Kopf bis Fuß. Sobald er ihren verwunderten Gesichtsausdruck sah, erklärte er das rasch.

»Bitte entschuldigen Sie. Ich musste mir die berühmte Jo, die Herzensbrecherin, mal genauer ansehen.«

Jo zog die Brauen hoch. »Sie müssen mich mit jemandem verwechseln, Paolo.«

Er trank einen großen Schluck Wein, und Jo wünschte, sie hätte auch ihr Glas mitgebracht. Hier lagen alle Voraussetzungen für eine peinliche Unterhaltung vor.

»Sie sind doch die Jo, die mit Corrado im August segeln gegangen ist, richtig?«

Sie nickte und fragte sich, woher er das wusste. Im nächsten Moment bekam sie die Antwort.

»Verzeihung, das muss ich erklären. Ich bin Corrados Finanzchef und kenne ihn seit Jahren. Wir sind gut befreundet.«

»Verstehe. Sie sind der Mann, mit dem sich Corrado in Porto Santo Stefano zum Essen getroffen hat.«

»Genau.« Er leerte sein Glas und sah sich nach einer Flasche zum Nachschenken um, mit Erfolg. »Er hat viel über Sie gesprochen. Es war sonnenklar, dass er sich bis über beide Ohren in Sie verliebt hatte. Und dann sind Sie einfach auf und davon und haben ihn sitzen lassen. Das hat ihm das Herz gebrochen.«

Jo war verdattert. »Ich habe nichts dergleichen getan. Ich habe lediglich ein Jobangebot in New York angenommen, das ist alles.« Sie war drauf und dran zu erzählen, dass Corrado ihr geraten hatte, es anzunehmen, und dass vielmehr er ihr das Herz gebrochen hatte. Doch sie fand, das ging Paolo eigentlich nichts an.

»Nun ja, jedenfalls haben Sie ihm das Herz gebrochen.« Er schüttelte traurig den Kopf, und Jo wurde allmählich wütend.

»Wie können Sie das behaupten? So ist es überhaupt nicht gewesen.« Sie hörte, dass ihre Stimme plötzlich schrill klang, und beruhigte sich ganz bewusst. »So war es wirklich nicht. Aber wieso glauben Sie, dass er Liebeskummer hat? Mir kommt es so vor, als ginge es ihm ganz gut.«

Jetzt machte Paolo den Eindruck, als bereute er, das Thema angefangen zu haben. »Das scheint nur so. In den letzten Monaten habe ich viel Zeit mit ihm verbracht. Er war sehr niedergeschlagen. Wir haben viel über Sie gesprochen, und jedes Mal setzte ihm das zu.«

»Sie haben über mich gesprochen?«

Er schaute schuldbewusst. »Es tut mir leid, das war unangebracht. Bitte vergessen Sie, was ich gesagt habe. Das war überflüssig.«

Plötzlich schaute er so verlegen, dass er ihr leidtat.

»Schon vergessen, Paolo. Machen Sie sich keine Gedanken. Ich glaube zwar, dass Sie sich irren, doch sprechen wir nicht weiter darüber.«

Er brachte ein Lächeln zustande und wandte sich zum Gehen. »Ich bedaure es, Jo. Ich hätte den Mund halten sollen. Es geht mich nichts an. Aber ich sehe, warum er so vernarrt in Sie ist. Sie sind eine Schönheit … umwerfend …«

Jo lächelte ihn an. »Danke, Paolo.«

Nachdem er sich zurückgezogen hatte, war sie mit den Gedanken nur noch bei dem, was er gesagt hatte. Wieso hatte er im Präsens gesprochen, als es um Corrados Vernarrtheit ging? Das war doch längst vorbei, wenn es überhaupt je so gewesen war, oder?

In dem Moment kam Angie mit einer Flasche Prosecco und zwei Gläsern nach draußen. »Jo, ich muss mich mal setzen. Diese Schuhe bringen mich um. Erinnere mich, nie wieder solche Absätze zu tragen, schon gar nicht, wenn getanzt wird.« Sie ging mit Jo zu einem Tisch und setzte sich. Mit einem Seufzer der Erleichterung streifte Angie die Schuhe ab und füllte die Gläser. »Also, Schwesterherz, wie läuft es denn so?«

»Es geht mir gut, Angie. Doch ich hatte gerade eine sonderbare Unterhaltung mit einem gewissen Paolo, Corrados Finanzchef.«

»Ich habe ihn gesehen. Er hat wohl schon ein paar Gläschen zu viel intus. Er ist ein netter Typ und gut mit Corrado befreundet, aber er hatte immer ein Alkoholproblem. Wieso, was hat er dir erzählt?«

Jo holte tief Luft. »Corrado hat angeblich Liebeskummer, und das ist meine Schuld.«

Angie trank einen Schluck und überlegte. »Du hörst dir besser an, was Corrado dazu sagt, doch eines kann ich dir versichern: Seit du weg bist, ist er nicht mehr er selbst.«

»Aber … Liebeskummer? Dafür ist er gar nicht der Typ.«

»Bisher nicht, doch Mario und ich haben uns in letzter Zeit Sorgen um ihn gemacht.«

»Du meinst, er ist tatsächlich durcheinander?«

»Durcheinander, geistesabwesend, stiller, anders. Auf der Jacht muss etwas passiert sein. Aber er sagt nur immer wieder, dass es ein wunderbarer Urlaub war, mehr nicht.«

Jo war insgeheim erfreut zu hören, dass er ihre Bitte, die Familie nicht mit ihren Problemen zu belasten, respektiert hatte, und zugleich war sie erstaunt. Erneut überlegte sie, ihrer Schwester haarklein zu berichten, was passiert war, und diesmal verhinderte das jemand anderes. Sie setzte schon zum Reden an, als Mario zu ihnen kam, gefolgt von Daisy.

»Angie, uns geht der Prosecco aus. Ich dachte, wir hätten genug in den Kühlschrank gepackt, aber anscheinend trinken heute alle das Gleiche. Corrado und ich fahren schnell zum Restaurant rüber und holen Nachschub. Ich habe Häppchen zum Überbacken in den Ofen geschoben. Kannst du die im Auge behalten, solange ich weg bin?«

Angie sprang auf, und Jo folgte ihr. Auf dem Weg ins Haus sah sie Corrado mit dem Autoschlüssel in der Hand. Das brachte Angie auf eine Idee.

»Jo, würde es dir etwas ausmachen, Corrado zu helfen? Auf diese Weise kann Mario hierbleiben und sich mit mir um die Gäste kümmern.«

Jo war einverstanden und bemerkte Marios dankbare Miene.

»Danke, Jo. Das ist lieb von dir. Corrado soll nach Loretta fragen. Ich habe sie gerade angerufen.«

Jo begab sich mit Daisy zu Corrado und erklärte ihm die Planänderung. Er nickte nur und ging mit ihr zu seinem Fiat. Sie sprangen mit dem Hund hinein und fuhren los.

»Du siehst wunderbar aus, Jo.«

»Danke.« Sie wusste nicht, was sie sonst sagen sollte.

Ein paar Meter vor dem Restaurant ergriff er wieder das Wort und klang diesmal zaghaft. »Jo, es tut gut, dich wiederzusehen. Können wir miteinander reden?«

»Tun wir das nicht gerade?«

»Ich meine, sich zusammensetzen und richtig reden.« Er fuhr zur Rückseite des Hauses und hielt neben der Küchentür. »Bitte …«

Jo antwortete nicht, ihr schwirrte der Kopf. Ihr war klar gewesen, dass das früher oder später passieren musste, sie wusste jedoch nicht, wie sie reagieren sollte. Einerseits hätte sie liebend gern mehr über seinen angeblichen Liebeskummer erfahren, andererseits war sie nicht bereit, ihn wieder in ihrem Leben aufzunehmen, nachdem sich gezeigt hatte, was für ein Mann er war.

Die Küchentür ließ sich öffnen, und es war eine Sache von ein paar Minuten, die vier Kisten Prosecco zu dem aufgeregten Hund in den Kofferraum zu laden. Kurz darauf fuhren sie bereits wieder zu Marios Haus hinüber. Keiner sprach ein Wort. Dort angekommen, fällte Jo eine Entscheidung.

»Ja, wir können reden, Corrado, aber wir wissen schon, wo wir jetzt stehen. Das hast du klar ausgedrückt. Also, meinetwegen reden wir, auch wenn das mit uns vorbei ist. Du willst, was du willst, und ich will etwas anderes.«

Sie trugen die Kisten ins Haus und füllten den Kühlschrank auf. Als sie fertig waren, blickte er sie an.

»Daisy braucht jetzt ihren Spaziergang. Hast du Lust mitzukommen?«

»Mit Daisy gehe ich immer gern.«

Sie verließen das Haus durch die Hintertür und schlenderten die Auffahrt entlang, weg vom Fluss, damit Daisy nicht auf die Idee kam, ins Wasser zu springen. Was ein triefend nasser Labrador bei Gästen in Cocktailkleidern und Anzügen anrichten konnte, war etwas, das unbedingt verhindert werden musste. Ab und zu verschwand der Hund in der Dunkelheit rechts oder links der Auffahrt und kehrte wie ein Geist mit grün leuchtenden Augen wieder zurück.

Jo spürte, dass die nervöse Spannung zwischen Corrado und ihr wuchs. Sie selbst war so angespannt, dass sie sich erinnern musste, weiterzuatmen. Endlich fing Corrado an zu reden. Jo hörte aufmerksam und mit wachsender Verblüffung zu.

»Jo, du sollst etwas wissen: Dir zu raten, den Job in New York anzunehmen, ist mir so schwergefallen wie noch nichts in meinem Leben.« Er sprach leise und angestrengt.

»Für mich war es auch kein Zuckerschlecken, von dem Mann, der mich angeblich liebte, plötzlich verlassen zu werden, weißt du?« Sie klang auch nicht entspannter.

»Ich weiß, Jo, und das tut mir ungeheuer leid. Aber was soll ich sagen? Es wäre verrückt gewesen, den UNO-Job abzulehnen zugunsten einer ungewissen Zukunft in Italien.« Er ging langsamer und wandte sich ihr zu. »Wenn ich dir gestanden hätte, wie ich tatsächlich empfunden habe, wärst du dann gegangen? Ich habe mich im Lauf der Jahre Frauen gegenüber ziemlich schäbig verhalten – auch wenn ich zu meiner Vereidigung sagen kann, dass ich es nicht darauf angelegt habe –, aber ich weiß genau, ich würde niemals etwas tun, was dir schadet.«

»Und mir das Herz zu brechen und mich als Häufchen Elend zurückzulassen fällt in deinen Augen nicht in diese Kategorie?« Sie klang zwar verbittert, war jedoch neugierig, wohin das führen würde.

»Ich weiß. Das muss schrecklich für dich gewesen sein. Für mich war es auch furchtbar, glaub mir. Aber das war die einzige Möglichkeit. Ich sage es noch mal: Du musstest den Job annehmen. Hättest du das nicht getan und wärst an der Rezeption irgendeiner kleinen Firma gelandet, hättest du es irgendwann bereut. Und das durfte ich nicht zulassen.«

»Also soll das heißen, du hast mir absichtlich das Herz gebrochen, um mich vor späterem Kummer zu bewahren?«

»Damit du nicht in einem Monat, einem Jahr oder fünf Jahren in einen Zustand gerätst, wo dein Bedauern in Groll gegen mich, den Verursacher, umschlägt. Ohne mich warst du frei und konntest dich für das Richtige entscheiden. Ich musste mich zurückziehen und dich gehen lassen.«

Jo blieb stehen und versuchte, das alles zu begreifen. »Tja, das hat gewirkt. Ich habe den Job angenommen und bedauere nichts.« Kaum hatte sie das ausgesprochen, merkte sie, dass das nicht ganz stimmte. »Na ja, eigentlich doch. Nur nicht im Hinblick auf den Job. Der ist erfüllend, macht mich zufrieden. Darauf habe ich zehn Jahre lang hingearbeitet. Aber ich kann gar nicht in Worte fassen, wie sehr ich es bedauert habe, dass der Mann, den ich liebte und von dem ich glaubte, dass er mich auch liebt, mich so kaltherzig abserviert hat.«

»Ich liebe dich, Jo, nach wie vor.« Das sagte er so leise, dass sie es kaum hörte. »Ich habe keinen Augenblick aufgehört, dich zu lieben.«

Jetzt war sie völlig baff. Während sie mühsam zu begreifen versuchte, was er ihr da zu erklären versuchte, spürte sie den Labrador an ihrer Seite, warm und tröstlich. Sie beugte sich hinunter und strich ihm über die Ohren. Währenddessen redete Corrado weiter.

»Hätte ich das anders erreichen können, hätte ich das getan. Ganz ehrlich, Jo. Ich habe mir den Kopf darüber zerbrochen. Weißt du noch, dass ich mich mit meinem Finanzchef in Porto Santo Stefano zu einem Arbeitsessen getroffen habe?«

»Mit Paolo? Ich habe ihn vorhin kennengelernt. Er hat mir vorgeworfen, ich hätte dir das Herz gebrochen.«

Corrado schnaubte verärgert. »Er hatte kein Recht, dir das zu sagen.« Er schwieg, bis er seinen Ärger niedergerungen hatte. »Jedenfalls ist es so: Ich wusste, dass du den Job in Amerika annehmen musst und eine Fernbeziehung höchstens ein paar Monate hält. Da stand ich vor der simplen Wahl: dir in die USA zu folgen oder Schluss zu machen.«

»Mir zu folgen? Das hast du in Erwägung gezogen?«

»Mehr als das. Darum ging es bei dem Treffen mit Paolo. Ich überlege schon seit einiger Zeit, nach Übersee zu expandieren. Und welches Land käme besser infrage als der größte Konsumgütermarkt der Welt? Ich wollte mit Paolo besprechen, ob es möglich ist, unsere Pläne vorzuziehen und früher in die USA zu expandieren. Wie du weißt, habe ich nicht die Antwort bekommen, auf die ich gehofft habe. Paolo ist ein alter Freund und trinkt leider zu viel, doch er ist ein brillanter Finanzchef. Er hat mir anhand der Zahlen klargemacht, dass es zu riskant wäre, es sei denn, wir finden einen amerikanischen Partner, und zu der Zeit kannten wir niemanden, der in Betracht gekommen wäre. Er riet mir, ein paar Jahre zu warten, und so blieb mir keine Alternative. Ich war mir sicher, du würdest den Job nur annehmen, wenn ich mit dir Schluss mache. Deshalb habe ich mich dazu überwunden. Ich habe dir das Herz gebrochen und dabei auch mir selbst.«

Jo war schwindlig geworden. »Können wir uns hier irgendwo setzen?« Plötzlich bekam sie weiche Knie.

Corrado nahm sie beim Arm und führte sie ein Stückchen

weiter zu einer Bank, die unter einer alten Laterne stand. Dort setzten sie sich, und Daisy legte sich vor sie. Jo überlief ein Schauder, und sie merkte jetzt erst, dass ihr kalt war. Er musste es auch gemerkt haben, denn er zog sich das Jackett aus und hängte es ihr um die Schultern. Sie bedankte sich leise, und so saß sie eine gute Minute lang da und ging in Gedanken immer wieder seine Worte durch. Als sie dann sprechen wollte, klang sie bewegt und heiser.

»Ich soll also glauben, dass alles, was du am Flughafen im Auto zu mir gesagt hast, gelogen war?« Sie fand das unfassbar. »Du hast behauptet, dass du mich doch nicht liebst, damit ich den Job in New York annehme?«

»Ja.« Seine Stimme klang nicht kräftiger als ihre. Jo hörte Daisy verwirrt winseln. Sie konnte es ihr nachfühlen.

»Also, wenn das wahr ist, dann wüsste ich gern, wieso du mir das jetzt sagst? Es ist zu spät. Nun liegen fünftausend Kilometer zwischen uns.«

»Nicht unbedingt.« Er redete immer noch leise, klang aber nun kräftiger, zuversichtlicher.

»Wie meinst du das?« Jo brannten die Augen, und sie musste sich räuspern, um sprechen zu können.

»Ich habe mich ja mit Professor Paris in der Schweiz getroffen. Dabei sind wir uns geschäftlich einig geworden. Ich habe vor zwei Tagen den Vertrag zum Unterschreiben bekommen. Richard Paris vertritt einen großen amerikanischen Umweltkonzern, wie du wahrscheinlich weißt, und wir wollen jetzt zusammen eine Firma gründen, die sich auf die Verwertung von Plastikmüll spezialisiert. Übrigens sagte er, dass einige der Ideen, an denen wir arbeiten, von dir stammen.« Er holte tief Luft. »Und die neue Fabrik soll am Stadtrand von New York stehen.«

Jo drehte sich zu ihm, damit sie ihm ins Gesicht sehen konnte.

»Du und Ricky gründet eine Fabrik in New York?«

Er nickte und sah sie an. Im orangefarbenen Schein der Laterne wirkten seine blauen Augen grün. »Und ich werde dorthin ziehen, um den Bau persönlich zu überwachen.«

»Du ziehst nach …?« Allmählich fügte sich in ihrem Kopf alles zusammen, sie hörte fast die Rädchen schnurren. War es möglich, dass ihr Unterbewusstsein und ihr limbisches System sich endlich einig waren?

»Ja, Jo. Ich habe dir mal gesagt, dass ich mir nicht vorstellen kann, ohne dich zu leben. Die letzten drei Monate haben mir brutal gezeigt, dass es tatsächlich unmöglich ist.« Kurz schwieg er. »Darf ich mal eben was aus der Tasche nehmen, bitte?«

Er griff in die Innentasche seines Jacketts, das sie wärmte, und zu ihrer Verblüffung ging er vor ihr auf ein Knie nieder. Plötzlich spürte sie nichts mehr von der Kälte und sah sprachlos zu, wie er eine kleine Schachtel aufklappte. Er entnahm ihr einen Ring, der im Lampenschein funkelte. Daisy guckte genauso erstaunt wie Jo.

»Joanne Margaret Green, willst du mich heiraten?«

Jo war nahe daran, in Tränen auszubrechen, aber sie zwang sich, rational zu bleiben. »Du hast mich verlassen, du hast mir das Herz gebrochen, und jetzt willst du mich heiraten?«

Er nickte unsicher, und ihr quoll das Herz über. Ihre Willenskraft knickte ein, die Tränen flossen ihr über die Wangen, und sie barg das Gesicht in den Händen und schluchzte. Einen Augenblick später passierte zweierlei: Corrado legte die Arme um sie, und zugleich spürte sie zwei Pfoten auf ihrem Schoß und eine kalte Hundeschnauze an ihrem Gesicht, die sie winselnd beschnüffelte. Das machte ihr die Realität bewusst. Sie wischte sich Tränen ab und sah zwei Augenpaare vor sich, nur eine Handbreit von ihrem Gesicht entfernt. Bei einem tiefen Atemzug wandte sie sich den blauen Augen zu und lächelte so breit wie noch nie.

»Ja, Corrado. Ja, ich will es von ganzem Herzen.«

Sie näherte sich seinen Lippen, und dabei traf sie fast eine feuchtkalte Nase, als Daisy – zweifellos gefangen von der Stimmung des Augenblicks – ihre Schnauze zwischen sie schob. Jo drückte sie kurz an sich und schob sie dann sanft beiseite. Sie sah Corrados Augen leuchten, und ein Strahlen breitete sich auf seinem Gesicht aus.

Als sich ihre Lippen den seinen näherten, hörte sie seine zärtliche Stimme. »Du weißt, was man sagt: Wer mich liebt, liebt auch meinen Hund.«

»Das tue ich.«

Epilog

Die Szenerie war zauberhaft, und egal, wohin Jo schaute, überall lag Liebe in der Luft.

Besonders an ihrem Tisch.

Sie saßen unter demselben Schirm an der Westseite der Piazza Navona im Zentrum von Rom. Sie trank Prosecco, er ein kaltes Bier. Die Sonne stand tief und schien nicht mehr auf den Platz, aber die Julihitze stieg noch vom Kopfsteinpflaster auf. In der Fußgängerzone waren scharenweise gut gelaunte Leute unterwegs, viele Touristen, die plauderten und lachten, aber auch viele Römer. Ein Römer saß auch bei ihr am Tisch.

Sie griff hinüber und nahm seine Hand. »Wirst du das alles vermissen?«

Er sah sie an und drückte ihre Finger. »Ich liebe meine Stadt, doch New York ist ein guter Ersatz.«

»Und wir werden oft hierher reisen, ja?«

»Natürlich. Und solange ich mit dir zusammen bin, ist es mir egal, wo ich lebe.«

»Und du wirst das Haus behalten?«

»Aber sicher. Wir werden ein Bett brauchen, wenn wir in Rom sind.« Er sah ihr in die Augen. »Außerdem, wer weiß, was die Zukunft bringt?«

»Weiß Daisy, dass ihr nächsten Monat ein langer Flug bevorsteht?« Jo sah zu der Hündin hinunter, die neben ihren Füßen leise schnarchte.

Corrado schüttelte den Kopf und lächelte. »Sie weiß nicht mal, dass sie einen Reisepass hat. Doch sie wird schon zurechtkommen. Solange sie mit dir und mir zusammen sein kann, ist sie glücklich.«

»Und du hast keine Angst vor dem nächsten Samstag?«

Er schüttelte wieder den Kopf. »Warum sollte ich? Dich zu heiraten ist mein größter Wunsch.«

»Wenigstens hast du schon mal dabei zugesehen und weißt, was dich erwartet.« Angies und Marios Hochzeit hatte im Frühjahr stattgefunden. Die Freunde und Verwandten waren hin und weg gewesen von der malerischen kleinen Kirche in dem genauso malerischen englischen Dorf.

»Und dann kommen die Flitterwochen.« Corrado legte einen Arm um sie. »Drei Wochen auf der *Ippona* mit meinen beiden Mädchen. Ich bin ein sehr glücklicher Mann.« Er zog sie an sich und küsste sie zärtlich auf den Mund.

Sie rieb die Wange an seiner und sah dann in diese erstaunlich blauen Augen, während sie unter dem Tisch eine Hand auf sein nacktes Knie legte. »Weißt du, was, Corrado?«, fragte sie grinsend. »Eine Menge neurochemischer Stoffe ist gerade in meinem limbischen System angekommen. Da findet definitiv eine biochemische Reaktion statt.«

Er küsste sie, diesmal drängender. »Ich liebe dich auch, Jo.«

Danksagung

Tausend Dank an Michael Bhaskar, Kit Nevile und das ganze wunderbare Team bei Canelo für die Hilfe und Ermutigung. Besonderer Dank gilt meiner Lektorin Federica Leonardis für ihr Wissen über Rom und die englische Grammatik, Robin Fox bei ButterfliesinItaly.com, weil er mich über *Lepidoptera* aufgeklärt hat, und Stephen Leger, der alles über Luxusjachten weiß.

Eine unerwartete Liebe an der paradiesischen Küste Südenglands

Marcia Willett
LIEBE MIT BLICK
AUFS MEER
Roman
Aus dem Englischen
von Barbara Röhl
304 Seiten
ISBN 978-3-404-18473-6

Es ist Sommer in Salcombe, und das verträumte Küstenstädtchen mit Blick auf die im türkisblauen Wasser schaukelnden Boote lädt zum Verweilen ein. Cara hat nach einem schmerzvollen Verlust ihre Londoner Wohnung aufgegeben, um hier einen Neuanfang zu wagen. Auch Cosmo findet sich in Salcombe wieder, als er nach einem Zwist mit seiner ehrgeizigen Partnerin Rebecca kurzfristig einen Auftrag dort annimmt. Und Max würde das paradiesische Örtchen niemals freiwillig verlassen. Doch seine Frau Judith will das gemeinsame Haus verkaufen, um nach Oxford zu ihren Enkeln zu ziehen. Sie alle sehen einem Sommer voller Überraschungen entgegen …